高等院校学前教育专业系列教材

幼儿园 安全教育与管理

白国芬 崔 晔 主 编

赵福葵 徐 莹 副主编

清华大学出版社
北京

内 容 简 介

本书根据《中华人民共和国未成年人保护法》等法律法规，结合师资能力培养要求，介绍幼儿园安全教育与管理工作的相关政策法规、幼儿园消防安全、自然灾害突发事件应对、公共卫生安全、日常生活安全、出行安全、社会安全等学前安全教育知识，在介绍的过程中，注重幼儿园安全教育与管理的途径和方法。

本书遵照幼儿学前安全教育的教学规律，教育活动均配有视频，具有知识性、应用性和可操作性，既可作为高等院校和各类职业院校学前教育专业必修基础课程的教材，也可用于幼儿园教师从业在职岗位培训，并为广大幼儿园管理者及家长提供学习指导。

图书在版编目（CIP）数据

幼儿园安全教育与管理/白国芬，崔晔主编. —北京：清华大学出版社，2022.4（2024.1重印）
高等院校学前教育专业系列教材
ISBN 978-7-302-60609-3

Ⅰ. ①幼…　Ⅱ. ①白…②崔…　Ⅲ. ①幼儿园－安全管理－高等学校－教材　Ⅳ. ①G617

中国版本图书馆 CIP 数据核字（2022）第 060030 号

责任编辑：王剑乔
封面设计：常雪影
责任校对：袁　芳
责任印制：刘海龙

出版发行：清华大学出版社
　　　　网　　　址：https://www.tup.com.cn，https://www.wqxuetang.com
　　　　地　　　址：北京清华大学学研大厦 A 座　　　　邮　　编：100084
　　　　社 总 机：010-83470000　　　　　　　　　　邮　　购：010-62786544
　　　　投稿与读者服务：010-62776969，c-service@tup.tsinghua.edu.cn
　　　　质量反馈：010-62772015，zhiliang@tup.tsinghua.edu.cn
　　　　课件下载：https://www.tup.com.cn，010-83470410
印 装 者：三河市科茂嘉荣印务有限公司
经　　销：全国新华书店
开　　本：185mm×260mm　　　印　张：15.25　　　字　数：328千字
版　　次：2022年5月第1版　　　　　　　　　印　次：2024年1月第2次印刷
定　　价：49.00元

产品编号：094360-01

高等院校学前教育专业系列教材

编 审 委 员 会

学前教育是终身学习的开端，是国民教育体系的重要组成部分。办好学前教育关系到亿万儿童的健康成长，关系到千家万户的切身利益，关系到社会和谐，也关系到国家和民族的未来，因此学前教育得到国家的高度重视。学前教育专业涉及幼儿生理、心理、智力、语言、行为、美术、音乐等各个方面，是综合性非常强的跨专业学科。随着国家全民素质教育工程的启动实施，我国幼教事业发展迅猛，社会各方面对幼儿学前教育教师的要求越来越高。

为了加强对学前教育工作和学前教师的管理，我国自 1990—2012 年相继制定实施了《幼儿园管理条例》《幼儿园教育指导纲要（试行）》《幼儿园教师专业标准》《幼儿园工作规程》等规定，教育部制定了《3—6 岁儿童学习与发展指南》，用于规范学前教育行为，强化学前教师培养，提高学前教育质量。

2018 年，国务院发布了《国务院关于学前教育深化改革规范发展的若干意见》（以下简称《意见》），《意见》中就公众关心的"入园难、入园贵"问题，明确了 2035 年中长期目标，提出"到 2035 年，全面普及学前三年教育"的目标。这意味着未来 10 ~ 15 年将是我国幼儿园数量增长的加速期。

幼儿园的极速增加将再次扩大学前教育人才缺口。为加强学前教育师资队伍建设，《意见》同时提出，"完善教师培养体系，办好一批幼儿师范专科学校和若干所幼儿师范学院，支持师范院校设立并办好学前教育专业。"这对各类本科、高职高专院校的学前教育专业来说是一个加速发展的新契机，但同时《意见》也对学前教育专业的教育教学质量提出了更高、更新的要求。

为此，我们组织首都师范大学、北京教育学院、唐山师范学院、北京朝阳社区学院、郑州幼儿师范高等专科学校、北京石景山社区学院、哈尔滨师范大学、北京联合大学、河北科技大学、北京东城职业学院、北京城市学院、北京西城经济科学大学等 10 多所高等院校，多年从事学前教育教学的专家教授和幼儿园专职教师共同精心编写了本系列教材，旨在严格规范幼儿学前教育与教学，更好地服务于我国学前教育事业。

本系列教材根据《中华人民共和国教育法》规定的国家教育方针，全面贯彻党的学前教育要求，以高等院校大学本科、高职高专等各类职业教育院校学历教育为主，兼顾幼儿园、社会幼儿教育机构在职岗位培训，并为参加学前教育专业资格取证考试人员提供参考辅导。本系列教材包括《幼儿学前教育》《幼儿心理与行为》《舞蹈》《幼儿舞蹈欣赏与创编》《幼儿英语》《幼儿歌曲编配与弹唱》《幼儿美术基础》《幼儿手工制作》《幼儿美术线描》《幼儿音乐剧》《幼儿园安全教育与管理》等。

　　本系列教材作为"幼儿学前教育"专业特色教材，融入了学前教育较新的实践教学理念，力求严谨，注重与时俱进；在吸收国内外幼儿教育权威专家学者最新科研成果的基础上，依照幼儿学前教育所涉及的领域和施教规律，全面贯彻国家新近颁布实施的《意见》等幼儿教育法规及管理规定，按照幼儿园学前教育及社会幼儿培训机构用人的需求模式，加强学前教育师资培训，注重结合幼儿教学遇到的各种问题，强化德、智、体、美、劳等全面教育发展，突出培养创新精神和实践应用能力，并注重教学内容和教材结构创新。

　　本系列教材的出版，对开展优质优教、创建和谐社会，对帮助学前教育专业学生加强素质培养、提高教学能力、毕业后顺利就业具有特殊意义。

牟惟仲

2022 年 1 月

前　言

　　幼儿园安全教育与管理是学前教育重要的组成部分，也是一门综合性非常强的学科，涉及食品、公共卫生、交通、保健、日常生活、消防、自然灾害突发事件安全等。幼儿园安全事故和意外伤害已成为影响幼儿健康成长的重大障碍，因此它已成为幼儿园高度关注的问题。幼儿园安全教育与管理工作是保证幼儿身心健康发展的首要任务，也是切实保护好祖国的花朵、办好人民满意学前教育的重要内容和有力保障。

　　幼儿安全教育既是高等教育学前教育专业中非常重要的核心基础课程，也是幼儿园管理人员和社会各类幼儿培训从业者所必须掌握的关键知识技能。秉承"安全第一、全面统筹、未雨绸缪、防患未然、标本兼治"的原则，我们组织多年从事幼儿园安全教育教学的专家教授和幼儿园专职教师共同精心编撰了此教材，旨在加强和规范幼儿园安全教育与管理，更好地服务于我国学前教育。

　　本书作为学前教育专业的特色教材，以习近平新时代中国特色社会主义思想为指导，严格按照教育部关于"加强职业教育、突出应用能力培养"的教学改革要求，结合幼儿园安全管理的实际特点，既注重理论知识、教学方法的讲授，又强化幼儿安全教育与管理的训练。

　　全书共八章，以学习者应用能力培养为主线，根据《中华人民共和国未成年人保护法》《中华人民共和国食品安全法》《幼儿园管理条例》《幼儿园工作规程》《幼儿园教育指导纲要（试行）》《幼儿园教师专业标准》《托儿所幼儿园卫生保健工作规范》等，具体介绍幼儿园安全教育与管理概述、幼儿园安全教育与管理工作的相关政策法规、幼儿园消防安全教育与管理、自然灾害突发事件的安全教育、幼儿园公共卫生安全教育与管理、幼儿园日常生活安全教育与管理、幼儿出行安全教育与管理、社会安全教育等学前安全教育体系知识。

　　本书由李大军筹划并组织，由白国芬和崔晔担任主编，赵福葵和徐莹担任副主编，白国芬统改稿，由张利教授主审。编者写作分工如下：牟惟仲编写序言，白国芬、崔晔编写第一章和第二章，白国芬、赵福葵编写第三～五章，白国芬、徐莹编写第六章和第七章，崔晔、徐莹编写第八章，张立、鲁欣负责法律法规文件的整理，冯晓童、闫旭、李艳萍、何丹负责案例的整理，刘静玉、刘昱负责视频录制，李晓新负责文字修改并制作课件。

　　在教材编写过程中，我们参阅了国内外关于幼儿园安全教育与管理的最新书刊、网站资料以及国务院、教育部新近颁布实施的学前教育相关法规和管理规定，收集了北京市海淀区富力桃园幼儿园、北京市西城区虎坊路幼儿园等的教学实践案例，并得到学前教育界有关专家、教授的具体指导，在此一并致谢。

为了配合教学，本书备有电子课件，读者可以从清华大学出版社网站（www.tup.com.cn）免费下载使用。因编者水平有限，书中难免存在疏漏和不足，恳请广大读者批评、指正。

编 者

2022 年 2 月

目　录

第一章

幼儿园安全教育与管理概述

第一节　幼儿园安全教育与管理的内涵

在《幼儿园教育指导纲要（试行）》中明确指出："幼儿园必须把保护幼儿的生命和促进幼儿的健康放在工作的首位。"这不仅是因为幼儿正处于身体发育和各项机能发展的迅速时期，同时，也是幼儿初步形成安全感的重要阶段。由于幼儿身心尚未发育成熟，还需要教师与幼儿的家人的精心呵护与照顾。

也正因为如此，针对幼儿的安全教育与其他学段的安全教育有一个重要的区别，就是不能把幼儿当作独立的主体去实施教育，使其掌握方法与具备能力，而是需要把教师、家长也作为安全教育与管理的对象，共同实现保护幼儿身心健康发展的目的。

一、幼儿园安全教育

（一）幼儿园安全教育的定义

幼儿园安全教育是指在幼儿保教保育的全人教育中，保障幼儿人身安全，促进幼儿心理健康发展，引导幼儿形成安全意识并学会基本安全防范与自我保护的方法。

（二）幼儿园安全教育的原则

1. 针对性原则

这里的针对性原则包括两方面：一方面是针对班级近期开展的教育主题等，有针对性地选择内容；另一方面是指针对教育内容，教师要根据幼儿的年龄特点，选择适宜的教育形式与方式。

2. 系统性原则

幼儿园安全教育要避免知识碎片化、简单化的教育方式，要将幼儿安全教育的知识与内容进行系统化设计，保障幼儿在园三年能够系统学习和了解与幼儿相关的各方面安全教育的内容，增强幼儿的自我防护意识与能力。

3. 多样性原则

幼儿园安全教育要借助多种教学手段，如图文、影像、音像等，通过直观、形象、易理解、易操作等多种方式，让幼儿感知危险，防患于未然，还可以采取区域活动、主题活动、集体教育活动、家园活动等多种方式开展，要注重日常教育的作用。

总之，幼儿园安全教育与管理的内容广泛、涉及幼儿园工作的方方面面。因此，这项工作与幼儿园的每位工作人员都密不可分，横向涉及到幼儿园的各个角落，纵向涉及到幼儿一日生活的各个环节，应积极与园所的管理、卫生保健、保育、教育工作相结合，共同为幼儿身心健康发展保驾护航。

二、幼儿园安全管理

（一）幼儿园安全管理的定义

幼儿园安全管理包括幼儿园建立幼儿安全和幼儿安全教育管理机构、筹措经费、规划设备、制定规章制度、检查并评价幼儿安全教育情况等，并通过各种管理措施和活动形式，预防幼儿意外伤害事件的发生。

（二）幼儿园安全管理的原则

1. 预防为主原则

在幼儿园安全管理工作中，"预防为主"是最根本的一项原则。为此，幼儿园要根据国家相应的法律、法规，并结合幼儿园实际情况制定保障幼儿园安全的相关预防性的制度与措施，排查与消除各种安全隐患，防止安全事故和意外伤害事件的发生，力争做到未雨绸缪，防患于未然的目的。

2. 安全第一原则

幼儿园安全管理要坚持从幼儿园实际出发，不能主观臆断。既要尊重科学，也要尊重现实，始终把安全管理作为管理工作的重中之重，不能掉以轻心。

3. 家园并重原则

幼儿的生活离不开家庭与幼儿园两方面的教育与引导，因此，需要幼儿园、家庭两道安全防范机制，幼儿园要适当组织家长参与到幼儿安全教育中，帮助家长引领幼儿梳理正确的自我安全防范意识。

三、幼儿园安全教育与管理的意义

幼儿园安全工作是幼儿园一切工作顺利开展的前提，也是幼儿园可持续发展的基础。因此，做好幼儿园安全管理与教育工作，具有十分重要的意义。

（一）幼儿园安全教育与管理是依法治国的根本需求

在《中华人民共和国未成年人保护法》《幼儿园工作规程》《幼儿园教育指导纲要（试行）》等法规与幼儿教育纲领性文件中，明确规定了保护幼儿安全的重要性，体现了党和政府对幼儿发展的高度重视，把维护幼儿的安全与合法权益，对幼儿开展安全教育和管理确定为幼儿园的重要工作，让依法治校践行依法治国。

拓展知识

《中华人民共和国未成年人保护法》第三章　学校保护

第二十五条　学校应当全面贯彻国家教育方针，坚持立德树人，实施素质教育，提高教育质量，注重培养未成年学生认知能力、合作能力、创新能力和实践能力，促进未成年学生全面发展。

学校应当建立未成年学生保护工作制度，健全学生行为规范，培养未成年学生遵纪守法的良好行为习惯。

第二十六条　幼儿园应当做好保育、教育工作，遵循幼儿身心发展规律，实施启蒙教育，促进幼儿在体质、智力、品德等方面和谐发展。

第二十七条　学校、幼儿园的教职员工应当尊重未成年人人格尊严，不得对未成年人实施体罚、变相体罚或者其他侮辱人格尊严的行为。

第二十八条　学校应当保障未成年学生受教育的权利，不得违反国家规定开除、变相开除未成年学生。

学校应当对尚未完成义务教育的辍学未成年学生进行登记并劝返复学，劝返无效的，应当及时向教育行政部门书面报告。

第二十九条　学校应当关心、爱护未成年学生，不得因家庭、身体、心理、学习能力等情况歧视学生。对家庭困难、身心有障碍的学生，应当提供关爱；对行为异常、学习有困难的学生，应当耐心帮助。

学校应当配合政府有关部门建立留守未成年学生、困境未成年学生的信息档案，开展关爱帮扶工作。

第三十条　学校应当根据未成年学生身心发展特点，进行社会生活指导、心理健康辅导、青春期教育和生命教育。

第三十一条　学校应当组织未成年学生参加与其年龄相适应的日常生活劳动、生产劳动和服务性劳动，帮助未成年学生掌握必要的劳动知识和技能，养成良好的劳动习惯。

第三十二条　学校、幼儿园应当开展勤俭节约、反对浪费、珍惜粮食、文明饮食等宣传教育活动，帮助未成年人树立浪费可耻、节约为荣的意识，养成文明健康、绿色环保的生活习惯。

第三十三条　学校应当与未成年学生的父母或者其他监护人互相配合，合理安排未成年学生的学习时间，保障其休息、娱乐和体育锻炼的时间。

学校不得占用国家法定节假日、休息日及寒暑假期，组织义务教育阶段的未成年学生集体补课，加重其学习负担。

幼儿园、校外培训机构不得对学龄前未成年人进行小学课程教育。

第三十四条　学校、幼儿园应当提供必要的卫生保健条件，协助卫生健康部门做好在校、在园未成年人的卫生保健工作。

第三十五条　学校、幼儿园应当建立安全管理制度，对未成年人进行安全教育，完善安保设施、配备安保人员，保障未成年人在校、在园期间的人身和财产安全。

学校、幼儿园不得在危及未成年人人身安全、身心健康的校舍和其他设施、场所中进行教育教学活动。

学校、幼儿园安排未成年人参加文化娱乐、社会实践等集体活动，应当保护未成年人的身心健康，防止发生人身伤害事故。

第三十六条　使用校车的学校、幼儿园应当建立健全校车安全管理制度，配备安全管理人员，定期对校车进行安全检查，对校车驾驶人进行安全教育，并向未成年人讲解校车安全乘坐知识，培养未成年人校车安全事故应急处理技能。

第三十七条　学校、幼儿园应当根据需要，制定应对自然灾害、事故灾难、公共卫生事件等突发事件和意外伤害的预案，配备相应设施并定期进行必要的演练。

未成年人在校内、园内或者本校、本园组织的校外、园外活动中发生人身伤害事故的，学校、幼儿园应当立即救护，妥善处理，及时通知未成年人的父母或者其他监护人，并向有关部门报告。

第三十八条　学校、幼儿园不得安排未成年人参加商业性活动，不得向未成年人及其父母或者其他监护人推销或者要求其购买指定的商品和服务。

学校、幼儿园不得与校外培训机构合作为未成年人提供有偿课程辅导。

第三十九条　学校应当建立学生欺凌防控工作制度，对教职员工、学生等开展防治学生欺凌的教育和培训。

学校对学生欺凌行为应当立即制止，通知实施欺凌和被欺凌未成年学生的父母或者其他监护人参与欺凌行为的认定和处理，对相关未成年学生及时给予心理辅导、教育和引导；对相关未成年学生的父母或者其他监护人给予必要的家庭教育指导。

对实施欺凌的未成年学生，学校应当根据欺凌行为的性质和程度，依法加强管教。对严重的欺凌行为，学校不得隐瞒，应当及时向公安机关、教育行政部门报告，并配合相关部门依法处理。

第四十条　学校、幼儿园应当建立预防性侵害、性骚扰未成年人工作制度。对性侵害、性骚扰未成年人等违法犯罪行为，学校、幼儿园不得隐瞒，应当及时向公安机关、教育行政部门报告，并配合相关部门依法处理。

学校、幼儿园应当对未成年人开展适合其年龄的性教育，提高未成年人防范性侵害、性骚扰的自我保护意识和能力。对遭受性侵害、性骚扰的未成年人，学校、幼儿园应当及时采取相关的保护措施。

第四十一条　婴幼儿照护服务机构、早期教育服务机构、校外培训机构、校外托管机构等应当参照本章有关规定，根据不同年龄阶段未成年人的成长特点和规律，做好未成年人保护工作。

（二）安全是幼儿园一切工作的前提

"安全工作无小事"，一旦安全出了问题，其他工作也将失去应有的价值。对于幼儿园的管理者来说，幼儿园安全管理是幼儿园全面管理工作的重中之重。因此，对幼儿园安全管理与教育工作意义重大。

（三）幼儿园安全教育与管理是孩子健康发展的重要保障

3—6岁幼儿由于年龄小，缺乏生活经验，动作不协调，容易发生各种意外伤害事故。因此，幼教领域高度重视安全工作，在《儿童权利公约》中明确指出，要将幼儿的生存权、受保护权作为基本权利，位居首位；在《幼儿园教育指导纲要（试行）》中也明确指出，幼儿园必须把保护幼儿的生命和促进幼儿的健康放在工作的首位。可见，幼儿园的安全教育与管理工作对幼儿发展的重要意义。

（四）幼儿园安全工作关乎千家万户

幼儿的安全关乎与之相关联的每一个家庭。由于幼儿处于身心健康发展的快速时期，且安全意识与自我保护意识不足。因此，加强管理，保障幼儿身心健康，对其开展适宜的安全教育就显得格外重要。

第二节　幼儿园安全教育与管理途径和方法

幼儿园安全教育与管理工作的落实是一套自上而下的完整体系，包括园所的安全管理工作体系、安全教育师资培训、安全教育实践以及安全教育相关的家园互动。从管理、教育两个方面为幼儿的健康发展提供保障与支持，为幼儿营造安全、健康的成长环境，培养幼儿基本的安全知识和自我保护意识与能力。

一、建立健全安全管理工作体系

健全的安全管理工作体系，从内容上来说，要涵盖设备设施安全、安全保卫、卫生保健、教育教学、师德、财务等方面，为幼儿的身体、心理健康提供管理上的保障；

从形式上来说，包括幼儿园安全管理工作制度、幼儿园安全管理相关工作预案以及幼儿园安全管理的工作机制建设。

（一）幼儿园安全管理工作制度

幼儿园安全管理工作制度是幼儿园管理的基础，是幼儿园实施依法治校的重要依据。制度建设为幼儿园一切工作有条不紊地开展提供保障。在制度建设过程中，要以教育部及各级教育主管部门、卫生保健相关机构制定的相关管理制度为依据，结合幼儿园的实际情况制定适宜本园管理工作的制度，这样才能保障制度的科学、有效，使依法办园成为依法治国在基层学校最有效的落实。

（二）幼儿园安全管理工作预案

预案是安全管理工作体系中重要的一环，对于加强和改进幼儿园安全检查工作，保障全校师幼健康、平安地学习、工作与生活，打造平安校园，防范师生安全事故发生，并能快速、及时、妥善处理突发安全事故，切实有效降低安全事故的危害等有十分重要的作用。

总体而言，幼儿园相关的安全预案包括两方面内容——面对传染病突发、意外事故、舆情爆发等，怎样才能更有效地控制局面，把对幼儿的身心安全影响降到最低；面对大型运动会、文艺演出、社会实践活动等，怎样才能有效预防意外事故的发生，保障活动安全有序地进行。只有对上述事项做到未雨绸缪，管理者才能在遇到突然事件时有条不紊地开展工作。

（三）幼儿园安全管理工作机制

为保障制度的落实，幼儿园要建立安全管理的长效机制，以日常记录、日常检查、随机抽查、定期排查等方式保障各项安全管理制度的落实，就其中发现的问题以集体决策、责任落实的方式不断改进，以机制建设与落实促进幼儿园的安全管理科学、有效地落到实处。

二、幼儿园安全教育师资培训

教师是园所发展的关键因素，是实施安全教育的重要人力资源。因此，对教师开展必要的安全教育培训，让教师理解并掌握安全教育的意义、内容、方法等，是实施安全教育的重要前提。

（一）幼儿园安全教育师资培训的内容

综合来说，对教师开展安全培训的内容大致包括以下六个方面。

（1）幼儿安全管理相应的政策法规。

（2）日常伤害事故的预防及应对措施（看护不力、建筑伤害、物品管理、玩具伤害、第三人伤害、园内活动伤害、园外活动伤害、性侵等）。

（3）公共卫生事件的预防及应对。

（4）公共安全事件的预防及应对（防恐、防爆知识以及演练）。

（5）自然灾害事故灾难的预防及应对（火灾、地震、防洪知识以及演练）。

（6）危机处理方略小结（问题根源、快速应对、心理恢复工作）等。

（二）幼儿园安全教育师资培训的步骤与方式

从培训形式上看，对教师开展的培训基本分为两类：一类是有目的、有计划预设的培训内容，是幼儿园管理者根据园所发展整体规划设计好的培训体系，即预设的内容；另一类是根据幼儿园实际需要引发的案例型培训，集中解决某一类问题，即生成的内容。

就预设的培训而言，对教师开展安全培训需要经历五个步骤：①明确培训的目标；②选择适宜的机构或专家；③制定与协商培训方案；④实施培训；⑤开展教学实践与研究。

例如，对教师开展关于公共卫生事件的预防及应对培训，幼儿园管理者首先明确培训的目标，以此为出发点，寻找适宜的培训机构，与该机构洽谈培训需要，并约定方案初稿提交的时间。然后幼儿园与培训机构商讨培训方案，无异议后面向全体教师培训。教师围绕培训内容开展教学实践，开展的过程可以以实验班切入，边实践边研讨，不断完善活动设计，再全园推广，以培训为前提，以行动研究推动安全教育的深入。

就生成的内容而言，一般情况下可以先采用导师带徒弟的方式共同解决问题，再以案例剖析的方式进行集中培训。例如，对于户外运动中的意外伤害，就此引发的家园沟通问题，可以团队集体共同解决，发挥经验教师的引领作用，在解决完本次事件后，详细总结事故产生的原因、过程、解决方法等，以案例的方式对全体教师进行培训，促进教师举一反三，掌握危机处理的技巧。

三、开展幼儿园安全教育工作实践

学前领域高度重视安全工作，在《幼儿园工作规程》《幼儿园教育指导纲要（试行）》及《3—6岁儿童学习与发展指南》中都有明确的规定。其中，在《3—6岁儿童学习与发展指南》的健康领域专门提出了"具备基本的安全知识和自我保护能力"的幼儿发展目标，提出了幼儿在不同年龄应具备的发展水平，并在"教育建议"部分详细列举了对幼儿开展安全教育的知识点与基本方法。以上述纲领性文件精神为基础，广大基层教育实践者开展了形式多样、内容丰富的安全教育工作探索。

（一）安全集体教育活动

安全集体教育活动是教师有目的、有计划地引导全体或多个幼儿围绕某一特定内容开展的教育活动。因为其目的性、计划性强，适合开展面向全体幼儿的安全教育，教师可以通过精心的设计，以游戏、故事、表演等方式对幼儿实施社会交往、自然灾害、食品安全、交通安全等诸方面的安全教育，促进幼儿健康发展。

（二）安全教育社会实践

安全宣传日（月或周）、安全演习、专题运动会等专题的社会实践活动是幼儿园开展安全教育的重要途径，这样的社会实践活动因为涉及更多的班级、更多的幼儿甚至家长可以参与到活动中来，因此其内容更加丰富、多样、深入，且多为实践性活动，适宜幼儿学习"以亲身体验为主"的基本特点使教育效果更加显著。

除此之外，教师还会在区域活动、环境创设、户外活动、进餐、加餐等一日活动的诸多环节中渗透安全教育，提高幼儿的安全意识与自我保护能力。

四、开展安全相关的家园工作

家庭是幼儿园的重要合作伙伴，在实施安全教育的过程中，应该本着尊重、平等、合作的原则，争取家长的理解、支持和主动参与，并积极支持与帮助家长提高教育能力。因此，根据实际需要，有目的地组织家园活动，对于面向幼儿开展安全教育、给幼儿的成长营造安全的环境有十分重要的意义。在实践中，经常开展的家园工作有签订安全协议、开展安全宣教活动、亲子教育活动等方式。

（一）签订安全协议

寒假、暑假等假日来临，以及亲子春游、秋游等大型社会实践活动前，幼儿园往往会和家长签订《安全协议书》，这不但是一种安全责任的签署，更是一种比较郑重的安全宣教方式，在协议书中会进行详尽的安全提醒，提高家长的安全意识及安全防护能力。

范例

新生入园，家长签订《安全协议书》

尊敬的家长：您好！

欢迎您的孩子来到幼儿园，从此，我们之间将架起一道重要的桥梁。孩子们身心健康的发展是我们共同的心愿，我们将付出所有的爱心、耐心和细心，让快乐伴随孩子成长每一天。"安全第一"是贯穿幼儿生活中的基本原则之一。做好幼儿园安全工作，确保每一位入园儿童的安全，是幼儿园义不容辞的责任。希望在您积极的配合下，我们共同努力使孩子在幼儿园健康安全地成长，有以下各项事宜提醒您注意：

一、与班级教师保持密切联系，及时向教师反馈幼儿的思想、生活及身体情况，家长必须详细地把幼儿的健康状况告知园方，以便园方能做好及时的处理工作，如有先天性的遗传疾病（心脏病、癫痫、高热惊厥、哮喘等）、食物过敏、药物过敏等。家长如有隐瞒，出现问题后果自负。如发现幼儿健康状况不符合入园要求的，我园不予录取，请您待幼儿病情痊愈后，出具指定医院的体检健康证明和病情诊断／复查证明，重新申请入园，我园将优先考虑。

二、早晨送幼儿入园时，家长应自觉带幼儿接受保健老师的晨检。配合幼儿园对幼儿进行安全教育、管理和保护。为了保证幼儿在园期间的安全，请您在幼儿入园时不要给幼儿携带任何零食（糖果、果冻等）、危险物品（如刀、小珠子、有毒及具有危险性的玩具和用具等），更不要给幼儿佩戴任何饰物（如项链、手链、耳环、玉器等），以防其遗失或因饰物造成伤害。如因家长给幼儿携带或穿着以上不安全物品导致幼儿受伤，园方不承担责任，后果由家长自负。

三、家长应了解幼儿园的作息时间，必须将幼儿亲自送到幼儿园教师手中，离园时从教师手中接走幼儿，不能让幼儿自己入园、离园。接送幼儿时需出示接送卡或进行人脸识别。接送幼儿，应由幼儿法定监护人亲自接送，如有困难委托他人接送时，应具备完全行为能力（年满18岁的正常人）。若临时委托时，接送前打电话将委托人姓名、年龄、特征及与孩子之间的关系告诉本班教师，方可履行接送手续，否则后果自负。

四、如果幼儿身体不适，需要保健医喂药，您必须亲自严格填写幼儿服药记录单，如有不清楚，我园不予幼儿喂食。接收的药物我们会按时给幼儿喂药。如遇国家重大传染病期间，幼儿园不予喂药，带病幼儿请自行居家隔离，待身体痊愈后方可入园。

五、如果幼儿因某种原因不能来园，请您于当日早晨7:30以前及时向本班教师请假，以便我们做好孩子的考勤工作。如请病假，请具体说明病因和体温。

六、当您为幼儿选择衣物、鞋子的时候，请您为幼儿挑选穿着简单、宽松、方便运动的衣物和鞋子（不要穿着有绳子的鞋子、裤子、帽衫和裙子等），夏季不要穿着露脚趾的凉鞋，冬季不要穿着雪地靴及高筒靴，防止幼儿在户外活动时受伤。为防止幼儿衣物拿错、放错、丢失，请您在幼儿所有衣物和鞋子上绣上名字，最好能教会幼儿自己辨认衣物的特征。

七、家长接送幼儿时不要聚在一起聊天而忽视看管幼儿，避免发生意外事故。家长不能携带有污染性、有毒性的危险品入园，不能在园内吸烟及打闹。为防止一切意外事故的发生，防止传染病的传播与蔓延，放学后禁止在园内逗留，如劝告制止不从者，发生事故，幼儿园概不负责。

八、为了加强家园联系，家长须告知详细住址及监护人电话号码，保证遇有特殊情况能随时联系。如有变更请及时告知园方班内教师。如因法定监护人联系方式变更未及时告知园方，出现一切问题后果自负。

九、我们的联系方法有多种，请家长选择最适合自己的形式与教师进行沟通。在教育过程中，有建议和意见请随时向园长热线反映交流，以便我们更好地做好工作。

此协议双方签字（盖章）后生效，有效期至幼儿毕业离园为止。

幼儿姓名：　　　　　　　　　　　　　　班级：

甲方：(盖章)　　　　　　　　　　　　　乙方：(家长签字)

甲方联系电话：×××××××× (门卫)　　乙方联系电话：

　　年　月　日　　　　　　　　　　　　　年　月　日

(北京启喑实验学校附属幼儿园)

📒 范例

暑假前致家长的一封信

尊敬的家长朋友：

您好！首先感谢您一直以来对我园安全工作的关心和支持。假期即将来临，本次假期时间是＊＊月＊＊日至＊＊月＊＊日，开学时间是9月1日，假期时间大约＊＊天，为了使您的孩子度过一个安全、快乐、祥和的假期，幼儿园全体教师真诚地期待您能够全力履行监护人的职责。请家长朋友们在假期里做好孩子的安全教育工作，给孩子讲解关于安全的相关知识和技能，加强孩子安全意识和自我保护意识，提高孩子们的避险防灾和自救能力，严防意外事故的发生。

科学做好孩子假期一日生活安排，加强对孩子假期生活的关心与指导，使孩子在假期中能够健康、快乐成长。现将幼儿在假期方面的安全做一提示，请您和孩子在我们的温馨提示中有所领悟、有所收获。

一、做好疫情防控

（1）居家期间，请家长提示孩子要加强自我防护，坚持"防疫三件套"，牢记"防护五还要"。要坚持佩戴口罩、社交距离、个人卫生；牢记口罩还要戴、社交距离还要留、咳嗽喷嚏还要遮、双手还要经常洗、窗户还要尽量开。

（2）请家长朋友积极响应政府号召，凡是符合疫苗接种条件的，要尽早接种疫苗，要尽量避免到人群聚集、空间密闭、通风较差场所活动。

（3）非必要，不出京。若有出京情况，请提前与班内教师联系，进行行程上报。

（4）旅行期间，乘坐飞机、火车、汽车、轮船等交通工具时要遵守秩序和乘务人员管理要求，全程佩戴口罩，做好手部卫生，并妥善保存票据，以便查询。

（5）旅途过程中出现头痛、乏力、嗅觉味觉减退或丧失、干咳、发热等症状，做好防范感染他人的措施，应立即到就近的医疗机构就诊，并取消或中止旅行。

二、做好各种安全预防

1. 做好溺水安全预防

居家期间，天气炎热，是溺水事故高发的关键时间节点，请家长履行监护职责，强化防溺水安全教育，教育孩子做到以下"六不准"。

第一，不到不熟悉的水域游泳。

第二，不到无安全设施无救援人员的水域游泳。

第三，不在无家长或教师带领的情况下游泳。

第四，不擅自与他人结伴游泳。

第五，不私自下水游泳。

第六，不擅自下水施救。不提倡未成年人舍己救人。

2. 做好交通安全预防

北京的机动车保有量已达到600万辆，路况比较复杂，交通安全防范意识淡薄是交通安全事故的主要原因，请家长朋友们切实旅行监护职责，教育孩子遵守交通法规，并做到以下几点。

（1）一定要遵守交通法，宁停三分不抢一秒，学会看交通信号等，不抢行，不翻越隔离墩。

（2）横穿马路要走人行横道，注意观察过往车辆，先看左后看右，看清楚了再迈步子。

（3）在交通要道口，注意观察交通信号灯的变化，务必不要闯红灯。生而为人，不可漠视规矩。遵守规矩是自由的前提和保障，而不守规矩带来的只有灾难。

（4）不做低头族。走路时千万不要玩手机，不仅对视力不好，同时也影响你对周围事物的感知力，让你无法正确判断周围环境的安全性，一旦遭遇意外，后果不堪设想。

（5）不在机动车盲区内玩耍打闹，坐自行车、摩托车时不要乱动，以免手或脚被车轮夹伤。

（6）坐公交车和私家车时，不要将头、手、脚伸到窗外去，以免被过往车辆或路边的树木、电线杆等物撞上、擦伤，乘坐私家车和其他车辆时要系好安全带。车停稳后，观察一下机动车的两侧是否有行人和自行车，如果没有再下车。

（7）乘坐地铁时，自觉遵守地铁乘车规范。不在地铁上吃东西。

（8）上下汽车时，不要拥挤，排队等候；车未停稳，请勿上下，不要从机动车车头前通过，从车尾走。

（9）若外出旅游，不要乘坐证照不全、驾驶员驾驶水平不高、安全性能较差的车辆等交通工具。

三、做好防火安全预防

请家长朋友教育孩子熟知用火、用电、用气常识，时刻注意用电、用气安全。使用电器要正确操作，特别要规范手机和幼儿使用电子设备充电，规范使用燃气设备并注意开窗通风，不玩火。居家生活要注意关火、关电、关气源，当闻到家中有燃煤气味时，不要开灯，打开所有的门窗，关闭燃煤气管道开关，直到燃煤气味完全消失再开灯。最后到室外安全地带拨打燃煤气公司 24 小时服务电话进行报修。

四、做好饮食安全预防

夏季是肠道传染病的高发季节，请家长提示孩子尽量少吃或不吃现制现售的冷冻饮品。特别不宜喝冰镇的碳酸饮料，饮料在结冰的时候，体积增大，压缩了二氧化碳的容身之地，压力差超过了瓶子的承受能力，开瓶的瞬间瓶内聚集的二氧化碳压力会让饮料剧烈喷出，就会导致瓶子爆炸。另外，阳光直射、加热和高温储存也容易引起碳酸饮料爆炸，希望家长们注意家里饮料的存放方式。

家长和孩子在购买冷饮时，要看清楚生产日期、保质期、生产厂家及地址，不购买"三无"及山寨食品，不在街头流动摊点购买冷饮，防止误食不卫生食品、过期变质食品，造成食物中毒。

五、做好居家安全预防

请家长一定教育自己的孩子养成朴素的生活习惯，不要向人炫耀自己或家中如何有钱，更不能随便带陌生人到家中"参观"。

不要相信那些自称有"悲惨遭遇"的街头乞讨者。外出要有监护人陪同，不要随意逗留在外，回家是最安全的。如果在途中发现有人盯梢跟踪，应及时将其甩掉并报警。不要接受陌生人请吃、请玩，更不要坐陌生人的车回家，以免上当受骗。

六、做好极端天气预防

每年的6月1日以后，北京市将正式进入汛期，降水将明显增多，雷阵雨频次增加，大风、冰雹、雷电等强对流天气时有发生。家长务必提示孩子在暑假期间及时关注天气预报和预警信息，避免在高温、强风、雷电、冰雹等极端天气条件下外出活动，降低中暑、落物砸伤、雷击风险。野外遭遇雷电天气，千万不要靠近山顶、制高点以及空旷区域，尽量避开电线、旗杆、树木等高大物体。

为了安全起见，大风出行时要注意安全，远离围墙，防范高空坠物，并远离建筑工地、高建筑物等场所。山区有发生泥石流、崩塌滑坡等地质灾害的危险，请注意防范。

七、做好网络安全预防

信息社会，每个人的生活都与网络息息相关。孩子们的戒备心不强，很容易上当受骗，务必提高防备，注意个人信息的保护。

请家长务必提示孩子不要把自己微信及QQ的账号密码告诉他人，尤其对方让你提供验证码时务必格外小心！不要随意转发或点入不是经官方渠道发布的游戏链接，更不要轻易将个人信息填入。对明显低于市场价格的优惠要格外留意，避免落入骗子的圈套。不要轻信网友。

八、做好心理安全方面的预防

居家"宅"家期间，少了与同伴沟通说笑的机会，有些孩子会出现烦躁的现象，表现为情绪低落，迷茫困惑，家长要及时给予安慰和鼓励，引导孩子保持积极向上的乐观心态，让家成为孩子的心灵港湾，多宽容，多鼓励，多微笑。教育孩子遇到问题自己尽力解决，同时学会请他人帮助解决。遇到挫折不气馁，相信天生我才必有用，学会感恩，管理情绪，开心过好每一天，坚持良好的生活习惯。不参与无资质社会培训机构培训。

儿童是祖国的花朵，国家的未来，呵护儿童的安全是警方、学校、家庭共同的责任。各位家长，生命重于一切，希望您能加强对孩子的教育监督，切实担负起监护孩子的责任，杜绝事故发生，我们家园齐心协力做好孩子的安全教育，每个人都要绷紧安全这根弦，掌握一定的自防自救能力，从而创造一个平安、祥和、文明、和谐的家庭环境和社会环境。相信您的孩子一定会在我们双方的协作下度过一个安全、快乐、祥和的假期。最后，衷心祝家长们生活愉快、工作顺利、身体健康、幸福美满。非常感谢您对我们工作的支持！

（北京启喑实验学校附属幼儿园）

（二）开展安全宣教活动

以"月报""宣传栏""宣传手册"等方式向家长开展安全宣教工作，是幼儿园围绕安全教育开展家园工作的重要方式。其中，"月报"常常由卫生保健部门定期向家长发放，内容涉及饮食安全、传染病预防、安全小常识等方面；"宣传栏"常常设置在幼儿园大门两侧，供家长接送幼儿时间浏览，介绍一些与季节、地理位置等密切相关的安全常识，提醒家长注意幼儿生活中的安全隐患；"宣传手册"常常与"安全宣传月"等大型实践活动联合使用，其内容更加全面、丰富、具体，系统性强。

（三）亲子教育活动

与安全相关的亲子教育活动是幼儿园面向家长开展安全教育的另一种主要方式。教师通过精心设计的教育活动，让家长与幼儿切身感受到某一方面的安全隐患及预防措施，切实提高家长的安全意识与安全防护能力。

思考题

1. 什么是幼儿园安全教育？幼儿园安全教育的原则有哪些？
2. 什么是幼儿园安全管理？幼儿园安全管理的原则有哪些？
3. 安全家园工作的方式有哪些？

第二章

幼儿园安全教育与管理工作的相关政策法规

教学目标

了解指导幼儿园安全教育与管理工作开展的相关政策法规。

章前导语

安全是幼儿园各项工作的基础，受到各部门及广大群众高度重视。为保障幼儿园的安全管理科学有效，各级教育主管部门制定了一系列的政策法规，内容涉及建筑规范、安全保卫、卫生保健、师德规范等方面，这些政策法规是检查、指导幼儿园工作的依据，也是幼儿园制定各项规章制度的基础。

本章详细介绍与幼儿园安全相关的政策法规，以便大家借鉴参考。

第一节 幼儿园安全教育与管理工作的相关政策法规条文

一、建筑标准类

政策法规

托儿所、幼儿园建筑设计规范 [1]（节选）

第一章 总 则

第 1.0.3 条 托儿所、幼儿园的规模应符合表 1.0.3-1 [2] 的规定，托儿所、幼儿园的每班人数应符合表 1.0.3-2 的规定。

---

[1] 此标准制定于 2019 年 10 月 1 日，由中华人民共和国住房和城乡建设部颁布。
[2] 此表号为《托儿所、幼儿园建筑设计规范》中的表号，不宜改动。下同。

表1.0.3-1 托儿所、幼儿园的规模

规　模	托儿所（班）	幼儿园（班）
小型	1～3	1～4
中型	4～7	5～8
大型	8～10	9～12

表1.0.3-2 托儿所、幼儿园的每班人数

名　称	班　别	人数（人）
托儿所	乳儿班（6～12月）	10人以下
	托小班（12～24月）	15人以下
	托大班（24～36月）	20人以下
幼儿园	小班（3～4岁）	20～25
	中班（4～5岁）	26～30
	大班（5～6岁）	31～35

第二章　术　语

第2.0.5条　生活用房（living room）供婴幼儿班级生活和多功能活动的空间。

第2.0.6条　生活单元（unit of living room）供婴幼儿班级独立生活的空间。

第2.0.9条　多功能活动室（multi-functional room）供全园婴幼儿共同进行文艺、体育、家长集会等多功能活动的空间。

第2.0.11条　喂奶室（nursing room）供母亲直接哺乳的空间。

第2.0.13条　晨检室（厅）（morning inspection room）供婴幼儿入园时进行健康检查的空间。

第三章　基地和总平面

第一节　基　地

第3.1.3条　托儿所、幼儿园的服务半径宜为300m。

第二节　总　平面

第3.2.2条　四个班及以上的托儿所、幼儿园建筑应独立设置。三个班及以下时，可与居住、养老、教育、办公建筑合建，但应符合下列规定：

1A 合建的既有建筑应经有关部门验收合格，符合抗震、防火等安全方面的规定，其基地应符合本规范第3.1.2条规定。

2. 应设独立的疏散楼梯和安全出口。

5. 建筑出入口及室外活动场地范围内应采取防止物体坠落措施。

第3.2.3条　托儿所、幼儿园应设室外活动场地，并应符合下列规定：

1. 幼儿园每班应设专用室外活动场地，人均面积不应小于$2m^2$。各班活动场地之间宜采取分隔措施。

2. 幼儿园应设全园共用活动场地，人均面积不应小于$2m^2$。

2A 托儿所室外活动场地人均面积不应小于$3m^2$。

2B　城市人口密集地区改、扩建的托儿所，设置室外活动场地确有困难时，室外活动场地人均面积不应小于 $2m^2$。

4. 共用活动场地应设置游戏器具、沙坑、30m跑道等，宜设戏水池，储水深度不应超过 0.30m。游戏器具下地面及周围应设软质铺装。宜设洗手池、洗脚池。

第3.2.8条　托儿所、幼儿园的活动室、寝室及具有相同功能的区域，应布置在当地最好朝向，冬至日底层满窗日照不应小于 3h。

第3.2.8A条　需要获得冬季日照的婴幼儿生活用房窗洞开口面积不应小于该房间面积的 20%。

第四章　建 筑 设 计
第一节　一 般 规 定

第4.1.1条　托儿所、幼儿园建筑应由生活用房、服务管理用房和供应用房等部分组成。

第4.1.2条　托儿所、幼儿园建筑宜按生活单元组合方法进行设计，各班生活单元应保持使用的相对独立性。

第4.1.3条　托儿所、幼儿园中的生活用房不应设置在地下室或半地下室。

第4.1.3A条　幼儿园生活用房应布置在三层及以下。

第4.1.3B条　托儿所生活用房应布置在首层。当布置在首层确有困难时，可将托大班布置在二层，其人数不应超过 60 人，并应符合有关防火安全疏散的规定。

第4.1.5条　托儿所、幼儿园建筑窗的设计应符合下列规定：

2. 当窗台面距楼地面高度低于 0.90m 时，应采取防护措施，防护高度应从可踏部位顶面起算，不应低于 0.90m。

第4.1.7条　严寒地区托儿所、幼儿园建筑的外门应设门斗，寒冷地区宜设门斗。

第4.1.8条　幼儿出入的门应符合下列规定：

1. 当使用玻璃材料时，应采用安全玻璃。

4. 门下不应设门槛；平开门距离楼地面 1.2m 以下部分应设防止夹手设施。

6. 生活用房开向疏散走道的门均应向人员疏散方向开启，开启的门扇不应妨碍走道疏散通行。

第4.1.9条　托儿所、幼儿园的外廊、室内回廊、内天井、阳台、上人屋面、平台、看台及室外楼梯等临空处应设置防护栏杆，栏杆应以坚固、耐久的材料制作。防护栏杆的高度应从可踏部位顶面起算，且净高不应小于 1.30m。防护栏杆必须采用防止幼儿攀登和穿过的构造，当采用垂直杆件做栏杆时，其杆件净距离不应大于 0.09m。

第4.1.11条　楼梯、扶手和踏步等应符合下列规定：

6. 楼梯踏步面应采用防滑材料，踏步踢面不应漏空，踏步面应做明显警示标识。

第4.1.12条　幼儿使用的楼梯，当楼梯井净宽度大于 0.11m 时，必须采取防止幼儿攀滑措施。楼梯栏杆应采取不易攀爬的构造，当采用垂直杆件做栏杆时，其杆件净距不应大于 0.09m。

第4.1.17条　托儿所睡眠区、活动区，幼儿园活动室、寝室，多功能活动室的室内最小净高不应低于表 4.1.17 的规定。

表 4.1.17　室内最小净高

房 间 名 称	净高 / m
托儿所睡眠区、活动区	2.8
幼儿园活动室、寝室	3.0
多功能活动室	3.9

注：改、扩建的托儿所睡眠区和活动区室内净高不应小于 2.6m。

第 4.1.17A 条　厨房、卫生间、试验室、医务室等使用水的房间不应设置在婴幼儿生活用房的上方。

第 4.1.17B 条　城市居住区按规划要求应按需配套设置托儿所。当托儿所独立设置有困难时，可联合建设。

第二节　托儿所生活用房

第 4.2.1 条　托儿所生活用房应由乳儿班、托小班、托大班组成，各班应为独立使用的生活单元。宜设公共活动空间。

第 4.2.2 条　托大班生活用房的使用面积及要求宜与幼儿园生活用房相同。

第 4.2.3 条　乳儿班应包括睡眠区、活动区、配餐区、清洁区、储藏区等，各区最小使用面积应符合表 4.2.3 的规定。

表 4.2.3　乳儿班各区最小使用面积

各区名称	最小使用面积 / m^2
睡眠区	30
活动区	15
配餐区	6
清洁区	6
储藏区	4

第 4.2.3A 条　托小班应包括睡眠区、活动区、配餐区、清洁区、卫生间、储藏区等，各区最小使用面积应符合表 4.2.3A 的规定。

表 4.2.3A　托小班各区最小使用面积

各区名称	最小使用面积 / m^2
睡眠区	35
活动区	35
配餐区	6
清洁区	6
卫生间	8
储藏区	4

注：睡眠区与活动区合用时，其使用面积不应小于 50m^2。

第 4.2.3B 条　乳儿班和托小班宜设喂奶室，使用面积不宜小于 10m^2，并应符合下列规定：

1. 应临近婴幼儿生活空间。

2. 应设置开向疏散走道的门。

3. 应设尿布台、洗手池，宜设成人厕所。

第4.2.3C条　乳儿班和托小班生活单元各功能分区之间宜采取分隔措施，并应互相通视。

第4.2.3D条　乳儿班和托小班活动区地面应做暖性、软质面层；距地1.2m的墙面应做软质面层。

第4.2.4条　托儿所和幼儿园合建时，托儿所应单独分区，并应设独立安全出入口，室外活动场地宜分开。

第4.2.5A条　乳儿班和托小班生活单元各功能分区应符合下列规定：

1. 睡眠区应布置供每个婴幼儿使用的床位，不应布置双层床。床位四周不宜贴靠外墙。

2. 配餐区应临近对外出入口，并设有调理台、洗涤池、洗手池、储藏柜等，应设加热设施，宜设通风或排烟设施。

3. 清洁区应设淋浴、尿布台、洗涤池、洗手池、污水池、成人厕位等设施。

4. 成人厕位应与幼儿卫生间隔离。

第4.2.5B条　托小班卫生间内应设适合幼儿使用的卫生器具，坐便器高度宜为0.25m以下。每班至少设2个大便器、2个小便器，便器之间应设隔断；每班至少设3个适合幼儿使用的洗手池，高度宜为0.4～0.45m，宽度宜为0.35～0.4m。

第4.2.6A条　托儿所生活用房除应符合以上条款外，尚应符合本规范第4.3.4条、第4.3.6条、第4.3.7条、第4.3.8条、第4.3.14条、第4.3.15条、第4.3.16条的规定。

第三节　幼儿园生活用房

第4.3.1条　幼儿园的生活用房应由幼儿生活单元、公共活动空间和多功能活动室组成。公共活动空间可根据需要设置。

第4.3.3条　幼儿园生活单元房间的最小使用面积不应小于表4.3.3的规定，当活动室与寝室合用时，其房间最小使用面积不应少于105m²。

表4.3.3　幼儿生活单元房间的最小使用面积

房间名称		房间最小使用面积/m²
活动室		60
寝室		60
卫生间	厕所	12
	盥洗室	8
衣帽储藏间		9

第4.3.5条　设置的阳台或室外活动平台不应影响生活用房的日照。

第4.3.13条　卫生间所有设施的配置、形式、尺寸均应符合幼儿人体尺度和卫生防疫的要求。卫生洁具布置应符合下列规定：

2. 大便器宜采用蹲式便器，大便器或小便器之间应设隔板，隔板处应加设幼儿扶手。厕位的平面尺寸不应小于 0.70m×0.80m（宽×深），坐式便器的高度宜为 0.25～0.30m。

第 4.3.17 条　应设多功能活动室，位置宜临近生活单元，其使用面积宜每人 $0.65m^2$，且不应小于 $90m^2$。单独设置时宜与主体建筑用连廊连通，连廊应做雨篷，严寒地区应做封闭连廊。

第四节　服务管理用房

第 4.4.1 条　服务管理用房宜包括晨检室（厅）、保健观察室、教师值班室、警卫室、储藏室、园长室、所长室、财务室、教师办公室、会议室、教具制作室等房间。各房间的最小使用面积宜符合表 4.4.1 的规定。

表 4.4.1　服务管理用房各房间的最小使用面积

房间名称	面积 / m^2		
	小型	中型	大型
晨检室（厅）	10	10	15
保健观察室	12	12	15
教师值班室	10	10	10
警卫室	10	10	10
储藏室	15	18	24
园长室、所长室	15	15	18
财务室	15	15	18
教师办公室	18	18	24
会议室	24	24	30
教具制作室	18	18	24

注：1. 晨检室（厅）可设置在门厅内；
2. 寄宿制幼儿园应设置教师值班室；
3. 房间可以合用，合用的房间面积可适当减少。

第 4.4.2 条　托儿所、幼儿园建筑应设门厅，门厅内应设置晨检室和收发室，宜设置展示区、婴幼儿和成年人使用的洗手池、婴幼儿车存储等空间，宜设卫生间。

第五节　供应用房

第 4.5.1 条　供应用房宜包括厨房、消毒室、洗衣间、开水间、车库等房间，厨房应自成一区，并与幼儿生活用房应有一定距离。

第 4.5.2A 条　厨房使用面积宜 $0.4m^2$/ 每人，且不应小于 $12m^2$。

第五章　室内环境

第一节　采　光

第 5.1.1 条　托儿所、幼儿园的生活用房、服务管理用房和供应用房中的厨房等均应有直接天然采光，其采光系数标准值和窗地面积比应符合表 5.1.1 的规定。

表 5.1.1　采光系数标准值和窗地面积比

采光等级	场所名称	采光系数最低值 / %	窗地面积比
III	活动室、寝室	3.0	1/5
	多功能活动室	3.0	1/5
	办公室、保健观察室	3.0	1/5
	睡眠区、活动区	3.0	1/5
V	卫生间	1.0	1/10
	楼梯间、走廊	1.0	1/10

第二节　隔声、噪声控制

第 5.2.1 条　托儿所、幼儿园室内允许噪声级应符合表 5.2.1 的规定。

表 5.2.1　室内允许噪声级

房间名称	允许噪声级 dB（A 声级）
生活单元、保健观察室	≤ 45
多功能活动室、办公室	≤ 50

第 5.2.2 条　托儿所、幼儿园主要房间的空气声隔声性能应符合表 5.2.2 的规定。

表 5.2.2　空气声隔声标准

房间名称	空气声隔声标准（计权隔声量）/ dB	楼板撞击声隔声单值评价量 / dB
生活单元、办公室、保健观察室与相邻房间之间	≥ 50	≤ 65
多功能活动室与相邻房间之间	≥ 45	≤ 75

第六章　建筑设备

第一节　给水排水

第 6.1.2 条　托儿所、幼儿园建筑给水系统的引入管上应设置水表。水表宜设置在室内便于抄表位置；在夏热冬冷地区及严寒地区，当水表设置于室外时，应采取可靠的防冻胀破坏措施。供水总进口管道上可设置紫外线消毒设备。

第 6.1.3 条　托儿所、幼儿园建筑给水系统的压力应满足给水用水点配水器具的最低工作压力要求。当压力不能满足要求时，应设置系统增压给水设备，并应符合下列规定：

3. 加压水泵应选用低噪声节能型产品，加压泵组及泵房应采取减振防噪措施；

3A　消防水池、各种供水机房、各种换热机房及变配电房间等不得与婴幼儿生活单元贴邻设置。

第 6.1.5 条　托儿所、幼儿园建筑宜设置集中热水供应系统，也可采用分散制备热水或预留安装热水供应设施的条件。当设置集中热水供应系统时，应采用混合水箱单管供应定温热水系统。当采用太阳能、空气源热泵等制备热水时，热水温度低于 60℃ 的系统应设置辅助加热设施。

第6.1.12A条 托儿所、幼儿园不应设置中水系统。

第6.1.12B条 托儿所、幼儿园不应设置管道直饮水系统。

第二节 供暖通风和空气调节

第6.2.2条 采用低温地面辐射供暖方式时，地面表面温度不应超过28℃。热水地面辐射供暖系统供水温度宜采用35～45℃，不应大于60℃；供回水温差不宜大于10℃，且不宜小于5℃。

第6.2.7条 供暖系统应设置热计量装置，并应在末端供暖设施设置恒温控制阀进行室温调控。

第6.2.9条 托儿所、幼儿园房间的供暖设计温度宜符合表6.2.9的规定。

表6.2.9 托儿所、幼儿园房间的供暖设计温度

房 间 名 称	室内设计温度/℃
活动室、寝室、保健观察室晨检室（厅）、办公室	20
睡眠区、活动区、喂奶室	24
盥洗室、厕所	22
门厅、走廊、楼梯间、厨房	16
洗衣房	18
淋浴室、更衣室	25

第6.2.11条 托儿所、幼儿园建筑通风设计应符合下列表6.2.11-1和表6.2.11-2规定。

表6.2.11-1 房间的换气次数

房 间 名 称	换气次数/（次/h）
活动室、寝室、睡眠区、活动区、喂奶室	3～5
卫生间	10
多功能活动室	3～5

表6.2.11-2 人员所需最小新风量

房 间 名 称	新风量/[m³/（h·人）]
活动室、寝室、活动区、睡眠区	30
保健观察室	38
多功能活动室	30

第6.2.12条 公共淋浴室、无外窗卫生间等，应设置带防止回流措施的机械排风装置。

第6.2.13条 对于夏热冬暖地区、夏热冬冷地区的托儿所、幼儿园建筑，当夏季依靠开窗不能实现基本热舒适要求，且幼儿活动室、寝室等房间不设置空调设施时，每间幼儿活动室、寝室等房间宜安装具有防护网且可变风向的吸顶式电风扇。

第6.2.14条 最热月平均室外气温大于和等于25℃地区的托儿所、幼儿园建筑，宜设置空调设备或预留安装空调设备的条件，并应符合下列规定：

1. 空调房间室内设计参数应符合表6.2.14的规定；

表 6.2.14　空调房间室内设计参数

参　数		冬季	夏季
温度 /℃	活动室、寝室、保健观察室晨检室（厅）、办公室	20	25
	睡眠区、活动区、喂奶室	24	25
风速 (v) / (m／s)		$0.10 \leqslant v \leqslant 0.20$	$0.15 \leqslant v \leqslant 0.30$
相对湿度 / %		30～60	40～60

第三节　建筑电气

第 6.3.1 条　活动室、寝室、图书室、美工室等幼儿用房宜采用细管径直管形三基色荧光灯，配用电子镇流器，也可采用防频闪性能好的其他节能光源，不宜采用裸管荧光灯灯具；保健观察室、办公室等可采用细管径直管形三基色荧光灯，配用电子镇流器或节能型电感镇流器，或采用 LED 等其他节能光源。睡眠区、活动区、喂奶室应采用漫光型灯具，光源应采用防频闪性能好的节能光源。寄宿制幼儿园的寝室宜设置夜间巡视照明设施。

第 6.3.4 条　托儿所、幼儿园的房间照明标准值应符合表 6.3.4 的规定。

表 6.3.4　房间照明标准值

房间或场所	参考平面及其高度	照度标准值 / lx	UGR	Ra
活动室	地面	300	19	
多功能活动室	地面	300	19	
寝室、睡眠区、活动区	0.5m 水平面	100	19	
办公室、会议室	0.75m 水平面	300	19	80
厨房	台面	200	—	
门厅、走道	地面	150	—	
喂奶室	0.5m 水平面	150	19	

第 6.3.5 条　托儿所、幼儿园的房间内应设置插座，且位置和数量根据需要确定。活动室插座不应少于四组，寝室插座不应少于二组。插座应采用安全型，安装高度不应低于 1.8m。插座回路与照明回路应分开设置，插座回路应设置剩余电流动作保护，其额定动作电流不应大于 30mA。

第 6.3.7 条　托儿所、幼儿园安全技术防范系统的设置应符合下列规定：

1. 园区大门、建筑物出入口、楼梯间、走廊、厨房等应设置视频安防监控系统；

2. 周界宜设置入侵报警系统、电子巡查系统；

3. 财务室应设置入侵报警系统；建筑物出入口、楼梯间、厨房、配电间等处宜设置入侵报警系统；

3A　园区大门、厨房宜设置出入口控制系统。

第 6.3.8 条　大、中型托儿所、幼儿园建筑应设置电话系统、计算机网络系统、广播系统，并宜设置有线电视系统、教学多媒体设施。小型托儿所、幼儿园建筑应设置电话系统、计算机网络系统，宜设置广播系统、有线电视系统。

二、人身安全类

政策法规

北京市中小学生人身伤害事故预防与处理条例①

第一章 总 则

第一条 为了预防和处理中小学生人身伤害事故，保护中小学生和学校的合法权益，根据国家有关法律法规，结合本市实际情况，制定本条例。

第二条 在本市行政区域内的中小学校（以下简称学校）教育教学活动期间，在校学生人身伤害事故（以下简称事故）的预防与处理适用本条例。

第三条 保障学生人身安全，预防事故的发生是各级人民政府及其有关部门、学校举办者、学校、学生及其父母或者其他监护人和社会的共同责任。

第四条 事故的处理应当遵循及时、合法、公正的原则。

第五条 市和区教育部门负责组织学校开展安全工作，监督学校落实事故预防措施，指导和协调事故的处理。

第六条 市和区教育部门应当组织学校投保校方责任保险及附加无过失责任保险。保险费用由学校举办者承担。提倡学生父母或者其他监护人为学生办理意外伤害保险。

第二章 事故的预防

第七条 教育部门应当制定学校安全工作和事故预防的管理规范，并组织实施和检查。

第八条 卫生健康部门应当对学校的教育教学设施、教学用具、食品和饮用水的卫生状况依法进行监督和检查，指导学校改进卫生工作。公安机关应当维护学校治安秩序，打击危害校园安全的违法犯罪活动，指导和监督学校做好安全保卫工作。规划自然资源、住房城乡建设、市场监督管理、应急等有关部门以及消防救援机构应当在各自职责范围内做好相关的学校安全工作。

第九条 学校举办者为学校配备的教育教学和生活设施应当符合安全标准。

第十条 在教育教学活动期间，学校依法对学生负有教育、管理和保护的职责。学校应当对学生进行安全和自护自救知识的教育，增强学生的安全意识，提高防范能力。学校应当建立健全事故预防制度，落实事故预防措施，做好日常安全管理工作，消除安全隐患。

第十一条 学校应当履行下列职责：

（一）保证使用中的教育教学和生活设施符合安全标准；对存在安全隐患的设施和设备，应当采取防护、警示措施并及时维修或者更换；对存在重大安全隐患的，应当

---

① 2003年9月5日北京市人民代表大会常务委员会公告第10号自2004年1月1日实施。根据2021年3月12日北京市第十五届人民代表大会常务委员会第二十九次会议通过的《关于修改部分地方性法规的决定》修正。

立即停止使用。

（二）配备消防设备，保持安全通道的畅通。

（三）对校园内存在的易燃易爆及有毒物品依法管理。

（四）在选择与学生的学习和生活有关的产品与服务时，应当选择质量与安全性能符合有关标准和要求的产品与服务。

（五）按照国家课程标准和本市教学要求开展体育、实验和其他教育教学活动。

（六）组织学生参加与其生理、心理特点相适应的劳动、实习、考察、社会实践和其他集体活动，并在可预见的范围内采取必要的安全措施。

（七）对已知患有不适宜从事教育教学及辅助工作的疾病的教职工，不得安排其担任相应的工作。

（八）对已知有特异体质或者疾病不适宜参加某种教育教学活动的学生，给予必要的照顾。

（九）对在校期间突发疾病的学生及时救助。

（十）发现或者知道学生有未到校、擅自离校等与学生人身安全直接相关的情形时，及时告知其父母或者其他监护人，并采取相应措施。

（十一）建立健全住宿学生的管理制度和安全保护措施，设专人负责管理住宿学生的生活和安全保护工作。

第十二条　学校教职工应当遵守工作纪律，不得擅离工作岗位，不得有侮辱、殴打或者体罚、变相体罚及其他伤害学生的行为，不得在工作中违反操作规程及其他有关规定。学校教职工在组织学生参加教育教学活动时，应当根据学生的年龄和认知能力对学生进行安全教育；发现学生行为具有危险性的，应当及时告诫或者制止。

第十三条　学生父母或者其他监护人应当依法履行监护责任，加强对学生的安全教育，配合学校做好学生的教育、管理和保护工作。对有特异体质或者疾病的学生，其父母或者其他监护人应当安排学生进行健康状况检查，并向学校提供书面证明。

第十四条　与学生学习和生活有关的产品与服务的提供者，应当保证其所提供的产品与服务符合国家和本市的相关质量和安全标准。

第十五条　学生应当遵守学校纪律和规章制度，服从学校的教育和管理，不得从事危及自身或者其他学生人身安全的活动。

第三章　事故的处理

第十六条　事故发生后，学校应当立即救护受伤害学生，并及时通知学生父母或者其他监护人。

第十七条　事故发生后，学校应当在二十四小时内将有关情况报告学校所在地的区教育部门；属于重大事故的，应当在二小时内报告区教育部门及有关部门，区教育部门接到报告后，应当在二小时内报告同级人民政府和市教育部门，并及时派人指导、协助事故处理。

第十八条　事故发生后，学校应当及时调查事故原因；必要时，应当保护事故现场及相关证据，并请求公安、卫生健康等部门进行调查和处理。教育部门及有关部门、受伤害学生的父母或者其他监护人调查取证、了解事故情况时，学校应当协助、配合，提供真实情况和证据。

第十九条 对事故的处理，当事人可以通过协商方式解决，也可以按照自愿的原则，书面请求学校所在地的区教育部门协调。经协调，当事人对事故处理达成一致意见的，应当签订事故处理协议。区教育部门自接到请求之日起超过六十日，经协调仍不能达成一致意见的，可以终止协调。当事人不愿协商、协调，或者经协商、协调不能达成一致意见的，可以依法向人民法院提起诉讼。

第二十条 受伤害学生的父母或者其他监护人、参加事故处理的其他人在事故处理过程中，不得扰乱学校正常的教育教学秩序。

第二十一条 事故处理结束后，学校应当将事故处理结果书面报告学校所在地的区教育部门;对重大事故的处理结果，区教育部门应当上报同级人民政府和市教育部门。

第二十二条 事故责任人应当依法承担损害赔偿责任。赔偿范围和标准按照国家和本市有关规定执行。受伤害学生及其亲属的户口、住房、就业、入学等与救助受伤害学生、赔偿相应经济损失无关的事项，不属于学校承担责任的范围。

第二十三条 学校可以本着自愿原则，根据其条件和实际情况，对非因学校责任受到伤害的学生提供帮助。

第四章 法 律 责 任

第二十四条 学校及其教职工有下列情形之一的，由教育部门依法对直接负责的主管人员和直接责任人给予处分；构成犯罪的，依法追究刑事责任:

（一）未履行本条例规定的职责，造成重大事故的;

（二）瞒报、缓报或者谎报事故，造成严重后果的;

（三）妨碍事故调查或者提供虚假情况的。

第二十五条 学校违反本条例，安全管理制度和预防措施不落实、存在重大安全隐患的，教育、卫生健康部门或者公安机关应当责令限期改正，并依法给予行政处罚。

第二十六条 对违反本条例在事故处理过程中，扰乱学校正常教育教学秩序，构成违反治安管理行为的，由公安机关依法处理;给学校造成损失的，应当依法赔偿损失。

第二十七条 对因违反学校纪律或规章制度，造成事故的学生，学校应当依据学籍管理的规定给予相应的处分。

第二十八条 教育、卫生健康部门和公安机关等有关部门及其工作人员未履行本条例规定的法定职责，玩忽职守的，由有关部门对直接负责的主管人员和直接责任人依法给予处分;情节严重，构成犯罪的，依法追究刑事责任。

第五章 附 则

第二十九条 本条例下列用语的含义为:

（一）中小学校是指本市行政区域内经批准设立的全日制小学、初级中学、高级中学、各类中等职业学校、特殊教育学校和专门学校。

（二）中小学生是指在本条第（一）项所列学校中就读的受教育者。

（三）教职工是指本条第（一）项所列学校的校长、教师及其他工作人员。

（四）教育教学活动期间是指在校内活动期间和寄宿制学生住宿期间，以及学校组织安排的校外活动期间。

（五）人身伤害是指死亡、肢体残疾、组织器官功能障碍及其他影响人身健康的损伤。

第三十条 技工学校学生的事故预防与处理由本市人力资源社会保障部门依照本条例，负责组织、监督、指导和协调。

第三十一条 学前教育机构中的学龄前儿童，少年宫、少年儿童活动中心、少年科技中心、少年业余体校等校外教育机构中的中小学生的事故预防和处理参照本条例执行。

第三十二条 本条例自 2004 年 1 月 1 日起实施。

三、安全保卫类

🔖 政策法规

中小学、幼儿园安全技术防范系统要求 [①]

1. 范围

本标准规定了中小学校和幼儿园安全技术防范系统基本要求、重点部位和区域及其防护要求、系统技术要求、保障措施等。

本标准适用于各类中小学、幼儿园（以下统称学校），其他未成年人集中教育培训机构或场所参照执行。

2. 规范性引用文件

下列文件对于本文件的应用是必不可少的。凡是注日期的引用文件，仅注日期的版本适用于本文件。凡是不注日期的引用文件，其最新版本（包括所有的修改单）适用于本文件。

GB / T 7401 彩色电视图像质量主观评价方法

GB / T 15408 —2011 安全防范系统供电技术要求

GB 50348 安全防范工程技术规范

GB 50394 入侵报警系统工程设计规范

GR 50395 视频安防监控系统工程设计规范

GB 50396 出入口控制系统工程设计规范

GA / T 644 电子巡查系统技术要求

GA / T 678 联网型可视对讲系统技术要求

3. 术语和定义

GB 50348、GB 50394、GB 50395、GB 50396 界定的术语和定义适用于本文件。

---

① 中华人民共和国国家质量监督检验检疫总局与中国国家标准化管理委员会于 2012 年 12 月 31 日联合发布，自 2013 年 6 月 1 日实施。

4. 基本要求

4.1　学校安全技术防范系统建设，应符合国家现行相关法律、法规的规定。

4.2　安全技术防范系统建设应统筹规划，坚持人防、物防、技防相结合的原则，以保障学生和教职员工的人身安全为重点。

4.3　学校安全技术防范系统中使用的产品应符合国家现行相关标准的要求，经检验或认证合格，并防止造成对人员的伤害。

4.4　学校安全技术防范系统应留有联网接口。

5. 防护要求

5.1　重点部位和区域

下列部位和区域确定为学校安全技术防范系统的重点部位和区域：

A）学校大门外一定区域；

GB/T 29315—2012

B）学校周界；

C）门卫室（传达室）；

D）教学区域主要通道和出入口；

E）室外人员集中活动区域；

F）教学区域主要通道和出入口；

G）学生宿舍楼（区）主要出入口和值班室；

H）食堂操作间和储藏室及其出入口、就餐区域；

I）易燃易爆等危险品储存室、实验室；

J）贵重物品存放处；

K）水电气热等设备间；

L）安防监控室。

注：学校大门外一定区域是指学生上下学时段，校门外人员密集集中的区域。

5.2　防护要求

5.2.1　学校大门外一定区域应设置视频监控装置，监视及回放图像应能清晰显示监视区域内学生出入校园、人员活动和治安秩序情况。

5.2.2　学校周界应设置实体屏障，宜设置周界入侵报警装置。

5.2.3　学校大门口应设置视频监控装置，监视及回放图像应能清楚辨别进出人员的体貌特征和进出车辆的车型及车牌号。

5.2.4　学校大门口宜配置隔离装置，用于在学生上学、放学的人流高峰时段，大门内外一定区域内通过隔离装置设置临时隔离区，作为学生接送区。

5.2.5　学校大门口宜设置对学生、教职员工、访客等人员进行身份识别的出入口控制通道装置。

5.2.6　幼儿园大门口宜安装访客可视对讲装置。

5.2.7　学校门卫室（传达室）应设置紧急报警装置。

5.2.8 室外人员集中活动区域（操场等）宜设置视频监控装置，监视及回放图像应能清晰显示监视区域内人员活动情况。

5.2.9 教学区域内学生出入的主要通道和出入口宜设置视频监控装置。

5.2.10 学生宿舍楼（区）的出入口应设置视频监控装置，监控及回放图像应清楚辨别出入人员的体貌特征，可设置出入口控制装置。

5.2.11 学生宿舍楼（区）的值班室应设置紧急报警装置。

5.2.12 食堂操作间和储藏室的出入口应设置视频监控装置，操作间、储藏室和就餐区域宜设置视频监控装置，监视及回放图像应能辨别人员活动情况。

5.2.13 易燃易爆等危险品储存室、实验室应有实体防护措施，应设置入侵报警装置，宜设置视频监控装置。

5.2.14 贵重物品存放处（财务室等）应有实体防护措施，应设置入侵报警装置，宜设置视频监控装置。

5.2.15 水电气热等设备间（配电室、锅炉室、水泵房等）应有实体防护措施，宜设置视频入侵报警装置。

5.2.16 安防监控室应有实体防护措施，应设置紧急报警装置，并配置通信工具；应设置广播装置接入校园广播系统，用于突发事件时的人员疏散及应急指控；宜设置视频监控装置。

5.2.17 重点部位和区域宜设置电子巡查装置。

5.2.18 其他部位和区域根据实际需要设置相应防范措施。

5.3 设施配置要求

学校重点部位和区域安全技术防范设施配置要求见附录 A。

6. 系统技术要求

6.1 计时校时要求

学校安全技术防范系统中具有计时功能的设备与北京时间的偏差应保持不大于 20s。

6.2 入侵报警系统

6.2.1 入侵报警系统应满足 GB 50394 的相关要求。

6.2.2 入侵探测器、紧急报警装置发出的报警信号应传送至安防监控室，紧急报警装置应与属地接警中心联网。

6.2.3 入侵报警系统布防、撤防、报警、故障等信息的保存时间应不少于 30d。

6.2.4 入侵报警系统宜与视频监控系统联动。

6.3 视频监控系统

6.3.1 视频监控系统应满足 GB 50395 的相关要求。

6.3.2 视频图像应传送至安防监控室，宜与上级监控中心联网。

6.3.3 视频监视图像分辨率应不低于 380 TVL，回放图像分辨率应不低于 240 TVL数字视频格式分辨率就不低于 352 像素 ×288 像素。

6.3.4 视频图像质量参照 GB/T 7401 按主观评价,采用五级损伤制评价,评价结果应不低于四级。回放图像应保证人员和物体的标志性特征可辨识。

6.3.5 视频图像应实时记录,保存时间应不少于 30d。

6.4 出入口控制系统

6.4.1 出入口控制系统应符合 GB 50396 的相关要求。

6.4.2 出入口控制事件记录保存时间应不少于 180d。

6.4.3 出入口控制系统宜与视频监控系统联动,在事件查询的同时,能回放与该出入口相关联的视频图像。

6.4.4 出入口控制系统应该满足人员逃生时的相关要求,当需要紧急疏散时,各闭锁通道应开启,保障人员迅速安全通过。

6.5 访客可视对讲系统

访客可视对讲系统应满足 GA/T 678 的相关要求。

6.6 电子巡查系统

电子巡查系统应符合 GA/T 644 的相关要求。

6.7 供电、防雷和接地

6.7.1 安全技术防范系统的供电应符合 GB/T 15408—2011 的相关要求。

6.7.2 安全技术防范系统主要电源应从学校主配电室通过独立回路直接接入。

6.7.3 入侵报警系统和视频监控系统宜采用集中供电方式,并根据实际情况配置备用电源。主备电源应能不间断切换。

6.7.4 备用电源应在断电后保证入侵报警系统正常工作不少于 8h,保证视频监控系统的摄像机、录像设备和主要控制显示设备正常工作不少于 1h,保证出入口控制系统在主要出入口电控装置正常开启不少于 24h。

GB/T 29315—2012

6.7.5 安全技术防范系统的防雷接地符合 GB 50348 的相关要求。

6.8 安防监控者

学校宜设置独立的安防监控室,对安全技术防范系统进行统一管理。

7. 保障措施

7.1 学校安全技术防范系统建设完工后应进行验收,并建立运行维护保障的长效机制,应设专人负责系统日常管理工作并制定应急处置预案。

7.2 安防监控室应保证有人员值班,值班人员应培训上岗,掌握系统运行维护的基本技能。

7.3 学校安全技术防范系统出现故障时,应在 24h 内恢复功能,在系统恢复前应采取有效的应急防范措施。

附录 A 学校重点部位和区域安全技术防范设施配置要求
(规范性附录)

表 A.1 列出了学校的重点部位和区域以及需要配置的安全防范设施。

表 A.1　学校重点部位和区域安全技术防范设施配置表

序号	重点部位和区域	技防设施	配置要求
1	学校大门外一定区域	视频监控装置	应
2	学校周界	实体屏障	应
		入侵报警装置	宜
3	学校大门口	视频监控装置	应
		隔离装置	宜
		出入口控制通道装置	宜
	幼儿园大门口	访客可视对讲装置	宜
4	门卫室（传达室）	紧急报警装置	应
5	室外人员集中活动区域	视频监控装置	宜
6	教学区域主要通道和出入口	视频监控装置	宜
7	学生宿舍楼（区）主要出入口	视频监控装置	应
		出入口控制装置	可
	学生宿舍楼（区）值班室	紧急报警装置	应
8	食堂操作间和储藏室的出入口	视频监控装置	应
	食堂操作间、储藏室和就餐区域	视频监控装置	宜
9	易燃易爆等危险品储存室、实验室	实体防护措施	应
		入侵报警装置	应
		视频监控装置	宜
10	贵重物品存放处	实体防护措施	应
		入侵报警装置	应
		视频监控装置	宜
11	水电气热等设备间	实体防护措施	应
		入侵报警装置	宜
12	安防监控室	实体防护措施	应
		紧急报警装置	应
		通信工具	应
		广播装置	应
		视频监控装置	宜
13	重点部位和区域	电子巡查装置	宜

四、师德规范类

政策法规

中小学教师职业道德规范 ①

一、爱国守法。热爱祖国，热爱人民，拥护中国共产党领导，拥护社会主义。全面贯彻国家教育方针，自觉遵守教育法律法规，依法履行教师职责权利。不得有违背党和国家方针政策的言行。

二、爱岗敬业。忠诚于人民教育事业，志存高远，勤恳敬业，甘为人梯，乐于奉献。对工作高度负责，认真备课上课，认真批改作业，认真辅导学生。不得敷衍塞责。

三、关爱学生。关心爱护全体学生，尊重学生人格，平等公正对待学生。对学生严慈相济，做学生良师益友。保护学生安全，关心学生健康，维护学生权益。不讽刺、挖苦、歧视学生，不体罚或变相体罚学生。

四、教书育人。遵循教育规律，实施素质教育。循循善诱，诲人不倦，因材施教。培养学生良好品行，激发学生创新精神，促进学生全面发展。不以分数作为评价学生的唯一标准。

五、为人师表。坚守高尚情操，知荣明耻，严于律己，以身作则。衣着得体，语言规范，举止文明。关心集体，团结协作，尊重同事，尊重家长。作风正派，廉洁奉公。自觉抵制有偿家教，不利用职务之便谋取私利。

六、终身学习。崇尚科学精神，树立终身学习理念，拓宽知识视野，更新知识结构。潜心钻研业务，勇于探索创新，不断提高专业素养和教育教学水平。

第二节　对《北京市中小学生人身伤害事故预防与处理条例》部分条文的解读

第一节详细列出了与幼儿园安全教育与管理工作相关的政策法规的条文内容，无论是建筑标准、卫生保健规范还是教师师德规范，这些法规的制定都是围绕保护幼儿在园期间的身心安全制定的。在法规解读部分，因为篇幅的限制，不能对上述规定一一解读，仅选择与幼儿园安全有最直接关系的《北京市中小学生人身伤害事故预防与处理条例》，对该条例的部分条文进行解读。

第二条　在本市行政区域内的中小学校（以下简称学校）教育教学活动期间，在校学生人身伤害事故（以下简称事故）的预防与处理适用本条例。

---

① 2008 年最新修订。

条文解读

该条文规定的是适用范围。

适用区域:"在本市行政区域内的中小学校"指的是在北京市东城、西城、海淀等16个区内批准设立的全日制小学、初级中学、高级中学、各类中等职业学校以及技工学校。学前教育机构中的学龄前儿童,少年宫、少年儿童活动中心、少年科技中心、少年业余体校等校外教育机构中的中小学生的事故预防和处理参照执行。

适用时间:"教育教学活动期间"指的是在校内活动期间和寄宿制学生住宿期间以及学校组织安排的校外活动期间,排除了学生脱离学校控制期间发生事故的情形。

适用对象:"在校学生"指的是在上述区域学校中就读的受教育者。

适用情形:"人身伤害事故"指的是死亡、肢体残疾、组织器官功能障碍及其他影响人身健康的损伤,不包括精神损伤。

该条文主要适用于对上述事故的预防以及发生事故后的处理。

第六条 市和区教育部门应当组织学校投保校方责任保险及附加无过失责任保险。保险费用由学校举办者承担。提倡学生父母或者其他监护人为学生办理意外伤害保险。

条文解读

该条文规定学校应办理责任保险。办理责任保险后,在承办范围内,学校所应当承担的赔偿由保险公司承担。

第十条 在教育教学活动期间,学校依法对学生负有教育、管理和保护的职责。学校应当对学生进行安全和自护自救知识的教育,增强学生的安全意识,提高防范能力。学校应当建立健全事故预防制度,落实事故预防措施,做好日常安全管理工作,消除安全隐患。

条文解读

该条文确定了学校的教育、管理及保护学生的义务,而非监护责任。一方面,学校要对学生进行安全和自护自救的教育;另一方面,学校要建立并落实事故预防机制和措施,从而尽到管理和保护学生的义务。若学校未尽到教育、管理及保护的义务,而使未成年人遭受人身损害的,或者未成年人致他人人身损害的,应当承担与其过错相应的赔偿责任。

第十一条 学校应当履行下列职责:

(一)保证使用中的教育教学和生活设施符合安全标准;对存在安全隐患的设施和设备,应当采取防护、警示措施并及时维修或更换;对存在重大安全隐患的,应当立即停止使用。

(二)配备消防设备,保持安全通道的畅通。

（三）对校园内存在的易燃易爆及有毒物品依法管理。

（四）在选择与学生的学习和生活有关的产品与服务时，应当选择质量与安全性能符合有关标准和要求的产品与服务。

（五）按照国家课程标准和本市教学要求开展体育、实验和其他教育教学活动。

（六）组织学生参加与其生理、心理特点相适应的劳动、实习、考察、社会实践和其他集体活动，并在可预见的范围内采取必要的安全措施。

（七）对已知患有不适宜从事教育教学及辅助工作的疾病的教职工，不得安排其担任相应的工作。

（八）对已知有特异体质或者疾病不适宜参加某种教育教学活动的学生，给予必要的照顾。

（九）对在校期间突发疾病的学生及时救助。

（十）发现或者知道学生有未到校、擅自离校等与学生人身安全直接相关的情形时，及时告知其父母或者其他监护人，并采取相应措施。

（十一）建立健全住宿学生管理制度和安全保护措施，设专人负责管理住宿学生的生活和安全保护工作。

条文解读

该条文主要规定的是学校在教育教学活动期间负有的职责，除了教学方面的责任外，还确定了学校在保证设施设备安全的责任、开展符合青少年发展的课内外活动的职责以及学校、教师对学生的人文关怀等方面的责任。主要包括：

第一，学校应当保证教育教学和生活过程中，学生所接触和使用的产品和设施符合安全标准，不存在安全及质量隐患；保证消防设备的正常使用，不存在安全及质量隐患。"隐患"包括设施设备不符合质量要求，存在瑕疵，设计不合理，可能导致危险等。若存在上述问题，应立即改正。

第二，学校应当对学生进行安全、自我保护和自救等教育，增强学生安全意识，开展体育、实验和其他教育教学活动，组织学生参加与其生理、心理特点相适应的一系列活动。这些互动有利于青少年健康发展，也是符合青少年生活、学习需求的。

第三，学校应当建立和完善事故预防制度，包括住宿学生的管理制度等，做好安全管理工作，这是学校履行管理、保护义务的行为。

第四，学校应对学生的日常安全采取措施，例如不安排患有不适宜从事教学工作的教职工，对具有特殊体质或患有疾病的学生加以照顾，对突发疾病或者可能会造成人身安全的情形，及时采取措施等。

第十二条 学校教职工应当遵守工作纪律，不得擅离工作岗位，不得有侮辱、殴打或者体罚、变相体罚及其他伤害学生的行为，不得在工作中违反操作规程及其他有关规定。学校教职工在组织学生参加教育教学活动时，应当根据学生的年龄和认知能力对学生进行安全教育；发现学生行为具有危险性的，应当及时告诫或者制止。

条文解读

该条文规范了学校教职工的职责。教职工不得有侮辱、殴打或体罚、变相体罚等伤害学生的行为。"侮辱"包括用言语、肢体或者其他行为公然贬低学生人格、破坏学生名誉。"体罚"包括罚站、罚跑、罚做劳务等，"变相体罚"包括罚抄、罚钱等。

在学校的课堂教学中，体育课、实验课和劳动课都是容易发生危险的，因此教师在现场予以指导、监督和保护，做到最大限度地保障学生的人身安全是非常重要的，这要求教师不能违反工作要求擅离岗位、玩忽职守。否则，学生发生伤害，教师会因为未充分尽到教育、管理、保护职能而具有不可推卸的责任。

第十三条 学生父母或者其他监护人应当依法履行监护责任，加强对学生的安全教育；配合学校做好学生的教育、管理和保护工作。对有特异体质或者疾病的学生，其父母或者其他监护人应当安排学生进行健康状况检查，并向学校提供书面证明。

条文解读

该条文明确了学生在校期间，家长亦为监护人，学校并非学生在校的监护人。学校应做如下理解。

（1）对有特异体质或者疾病的学生，其家长未及时向学校提供书面证明，而学校也未发现异常，该名学生传染或致他人人身损害的，学校能够证明已经履行管理、保护责任的，该学生家长应承担监护职责。

（2）若家长未及时向学校提供书面证明，学校发现该学生有异常情况的，学校在做好及时的救助后，应立即通知其家长。

（3）若家长向学校提供了书面证明，该学生传染或致第三人人身损害的，那么学校通常要承担相应的责任，家长亦要承担监护责任。

第十六条 事故发生后，学校应当立即救护受伤害学生，并及时通知学生父母或者其他监护人。

第十七条 事故发生后，学校应当在二十四小时内将有关情况报告学校所在地的区教育部门；属于重大事故的，应当在二小时内报告区教育部门及有关部门，区教育部门接到报告后，应当在二小时内报告同级人民政府和市教育部门，并及时派人指导、协助事故处理。

第十八条 事故发生后，学校应当及时调查事故原因；必要时，应当保护事故现场及相关证据，并请求公安、卫生健康等部门进行调查和处理。

条文解读

上述条文规定了发生事故后，学校应当采取的相关措施。首先，学校应当救助受伤学生，并及时告知父母，以证明学校尽到了保护、救助和通知的义务；其次，学校要在24小时内报告上级部门，属于重大事故的，应当在2小时内报告，上级部门派人同学校一起处理事故及安抚学生、家长；事故发生并妥善安置学生后，学校应当及时调查事故发生原因，必要时可请求公安、卫生等部门调查和处理，并协助配合有关部门和受伤害学生的父母等人的调查取证和了解情况，该条属于学校应协调上级部门及必要的国家机关对事故进行调查，以保护未成年人及其家属的利益。

第十九条 对事故的处理，当事人可以通过协商方式解决，也可以按照自愿的原则，书面请求学校所在地的区、县教育行政部门协调。经协调，当事人对事故处理达成一致意见的，应当签订事故处理协议。区、县教育行政部门自接到请求之日起超过60日，经协调仍不能达成一致意见的，可以终止协调。当事人不愿协商、协调，或者经协商、协调不能达成一致意见的，可以依法向人民法院提起诉讼。

第二十条 受伤害学生的父母或者其他监护人、参加事故处理的其他人在事故处理过程中，不得扰乱学校正常的教育教学秩序。

条文解读

上述条文规范的是事故发生后的解决途径，即协商、协调和诉讼。当事人可通过协商或协调的方式达成一致意见；若无法协商的，学校应当在24小时内将情况报告主管的教育行政部门，即教育局；属于重大事故，应当在2小时内报告。当事人不愿协商或协商不成的，也可向学校所在区、县教育行政部门请求协调。调解60日仍不能达成一致意见的，可以终止协调。若无法达成一致意见，可以向有管辖权的人民法院起诉。但是事故处理过程中，不得扰乱学校正常的教育教学秩序，违者可能会承担行政或者刑事责任。

第二十一条 事故处理结束后，学校应当将事故处理结果书面报告学校所在地的区教育部门；对重大事故的处理结果，区教育部门应当上报同级人民政府和市教育部门。

条文解读

该条文规定了中小学校在校学生人身伤害事故处理结果的报告制度。该报告制度的主体为学校，学校将处理结果以书面报告的形式上报学校所在地的区教育部门。如该事故类型属于重大事故的，区教育部门也有报告义务，须将处理结果上报同级人民政府和市教育部门。

第二十二条 事故责任人应当依法承担损害赔偿责任。赔偿范围和标准按照国家和本市有关规定执行。受伤害学生及其亲属的户口、住房、就业、入学等与救助受伤害学生、赔偿相应经济损失无关的事项，不属于学校承担责任的范围。

条文解读

该条文规定了事故发生后的赔偿范围。赔偿范围和标准见《侵权责任法》第十六条、《最高人民法院关于审理人身损害赔偿案件适用法律若干问题的解释》第七条、第十七条、第十九条至第二十四条，《最高人民法院关于确定民事侵权精神损害赔偿责任若干问题的解释》第八条第二款等。该条规定了责任人仅需赔偿与其过错有因果关系的损害部分，无关系的户口、住房、就业等问题，无须赔偿。

第二十四条　学校及其教职工有下列情形之一的，由教育部门依法对直接负责的主管人员和直接责任人给予处分；构成犯罪的，依法追究刑事责任：

（一）未履行本条例规定的职责，造成重大事故的；

（二）瞒报、缓报或者谎报事故，造成严重后果的；

（三）妨碍事故调查或者提供虚假情况的。

🔖 条文解读

该条文规定了学校及其教职工应当承担责任的情形以及主体。承担责任的情形包括 3 类：学校及其教职工妨碍事故调查或者提供虚假情况的，该行为即可处罚；未履行本条例规定的职责与瞒报、缓报或者谎报事故的，行为要结合后果评价；造成重大事故或者造成严重后果的，予以处罚。

该条文处罚的主体为直接负责的主管人员和直接责任人，由教育部门依法给予其处分。如果构成刑事犯罪，依据《中华人民共和国刑法》第一百三十八条等相关规定追究刑事责任。

第二十五条　学校违反本条例，安全管理制度和预防措施不落实、存在重大安全隐患的，教育、卫生健康部门或者公安机关应当责令限期改正，并依法给予行政处罚。

🔖 条文解读

该条文规定了学校违反有关安全管理制度及措施的监督主体以及处罚方式。

学校违反本条例第九条、第十条以及第十一条等相关规定，不落实安全管理制度和预防措施或者存在重大安全隐患的，教育、卫生健康部门或者公安机关负有监督义务，应当责令学校限期改正，并依照相关法律法规给予行政处罚。

（北京市东卫律师事务所　宁博）

✏️ 思考题

1. 与幼儿园安全相关的政策法规都有哪些？

2. 幼儿园安全管理应该包含哪些方面？你将如何实施？

3. 《北京市中小学生人身伤害事故预防与处理条例》对事故的责任是如何界定的？这对幼儿园工作实践有什么指导意义？

第三章

幼儿园消防安全教育与管理

教学目标

（1）掌握预防消防事故发生的基本防范与应对措施。

（2）学会围绕消防安全开展教育实践活动。

章前导语

　　幼儿园是人口密集场所，加强消防安全的教育与管理，对于保护幼儿生命安全，提高幼儿自我保护能力有十分重要的意义。消防安全的管理与教育重点在"练"，不能"光说不练"，在"练"中增强意识、提高能力。

　　本章包含三部分内容：消防安全的基本内容，介绍消防安全的基本常识和幼儿园管理思路；幼儿消防安全教育的基本途径和方法；家庭教育中的幼儿消防安全常识。

第一节　消防安全管理与教育的内容

😊 **案例导引**

幼儿园消防事故

　　2001年6月5日，某幼儿园因点蚊香引起火灾，过火面积达43.2平方米，直接财产损失为13463元，造成13名儿童（7名男孩，6名女孩）死亡、1名儿童受轻伤。经调查，火灾原因是16号床边过道上点燃的蚊香引燃搭落在床架上的棉被所致。

　　从这个触目惊心的案例可以看出，消防问题往往产生于一些我们忽视的生活细节，这是因为教师与管理人员缺乏最基本的消防常识所致。本节将详细介绍幼儿园消防安全管理与教育涉及的消防安全基本常识，这是开展幼儿园消防管理与教育的基础。

一、消防安全知识

　　无论是管理者开展消防安全日常管理还是教师开展消防安全教育，最基础的消防知识是基础。

（一）消防安全常识

（1）不用手或铁丝、钉子、别针等金属制品去接触、探试电源插座内部。

（2）不用湿手触摸电器，不用湿布擦拭电器。

（3）电器使用完毕后应拔掉电源插头，插拔电源插头时不要用力拉拽电线，以防止电线的绝缘层受损造成触电；电线的绝缘皮剥落，要及时更换新线或者用绝缘胶布包好。

（4）不随意拆卸、安装电源线路、插座、插头等。

（5）保险丝熔断是用电过量预告，不可越换越粗，以免引起火灾。

（6）要定期检查幼儿园线路安全、电热水器、厨房用电用气等安全使用情况，避免线路老化、陈旧引发事故。

（7）电气机房、厨房及配电所开关附近应备干粉灭火器，以备防火。

（二）正确的报警方法

（1）要牢记报警电话119，畅通消防进出通道，有指定人员接应消防车。

（2）报警后要沉着冷静，向接警中心讲清失火单位的名称、地址、起火原因、火势，同时认真回答对方提出的问题，并保持通信畅通。

（3）如果着火地区发生了新的变化，要及时报告消防队，便于消防人员调整战术。

（三）火灾种类

火灾的种类依我国国家标准（GB 4351.1—2005）的规定可分为以下五类。

（1）普通火灾（A类）：凡由木材、纸张、棉、布、塑胶等固体物质所引起的火灾。

（2）油类火灾（B类）：凡由引火性液体及固体油脂物体所引起的火灾，如汽油、石油、煤油等。

（3）气体火灾（C类）：凡是由气体燃烧、爆炸引起的火灾，如天然气、煤气等。

（4）金属火灾（D类）：凡钾、钠、镁、锂及禁水物质引起的火灾。

（5）电器火灾：凡是由电器走火、漏电、打火引起的火灾。

（四）灭火器的种类与使用方法

1. 泡沫灭火器

适用于A、B类火灾，分为化学泡沫和机械泡沫两种，其中化学泡沫灭火器使用时需颠倒使用，现已淘汰，而机械泡沫灭火器使用方法同干粉灭火剂。泡沫灭火器的缺点是灭火中造成污染，且不可使用于C类火灾，每四个月检查一次，药剂一年需更换一次。

2. 二氧化碳灭火器

适用于B、C类火灾，使用方法：①拔出保险插销；②握住喇叭喷嘴和阀门压把；③压下压把二氧化碳即受内部高压喷出。每三个月检查一次，重量减少时需重新灌充。二氧化碳灭火器的缺点是在使用中使用人员极易冻伤。

3. 干粉灭火器

分为ABC和BC干粉两种，其中适用于ABC类火灾的灭火器使用方法：①拔掉保险销；②喷嘴管朝向火焰，压下阀门压把即可喷出。三个月检查一次压力表（1.2MPa），药剂有效时限为三年。

（五）基本的逃生方法

1.原则

安全撤离，救助结合。

2.利用疏散通道逃生

按规定每个建筑都设有室内楼梯、室外楼梯，有的还设有自动扶梯、消防电梯等，发生火灾后，尤其是在火灾的初起阶段，这些都是逃生的有效途径。在下楼时，应抓住扶手，以免被人群撞倒、踩伤。

3.自制器材逃生

建筑物发生火灾后，可利用逃生的物品来源比较多，要学会随机应用。例如，将毛巾、口罩捂住口、鼻，可当成防烟工具；利用绳索、布匹、床单、地毯、窗帘的连接来开辟逃生通道；利用各种劳动保护用品，如安全帽、摩托车头盔、工作服等作为遮挡物，以避免烧伤和被落物砸伤。

4.利用建筑物现有设施逃生

发生火灾时，如果上述两种方法都无法逃生，可利用落水管、房屋内外的突出部分、门窗、建筑物上避雷线（网）逃生。利用这种方法时，既要大胆，又要细心，否则容易出现伤亡。

5.寻找避难处所逃生

在无路可逃的情况下，应积极寻找避难处所，如到阳台、楼层平顶等待救援，选择火势、烟雾难以蔓延的房间，如卫生间等，关好门窗、堵塞间隙，房间如有水源，应立即将门、窗和各种可燃物浇湿，以阻止或减缓火势和烟雾的蔓延速度。无论白天或夜晚，被困者都应大声呼救或挥舞白色毛巾等，不断发出各种呼救信号，以引起救援人员的注意，帮助自己脱离困境。

二、消防安全管理要求

幼儿园的消防安全需要幼儿园的总体管理，也需要教师开展适宜的安全教育，防患于未然。

（一）建筑防火要求

根据2016年11月25日，国家住房和城乡建设部颁布的《托儿所、幼儿园建筑设计规范》，在第三章第六节中明确就幼儿园防火与疏散、幼儿园建筑应该符合的标准进行了说明，以减少消防事故发生。

拓展知识

第3.6.1条　托儿所、幼儿园建筑的防火设计除应执行国家建筑设计防火规范外，尚应符合本节的规定。

第3.6.2条 托儿所、幼儿园的生活用房在一、二级耐火等级的建筑中，不应设在四层及四层以上；三级耐火等级的建筑不应设在三层及三层以上；四级耐火等级的建筑不应超过一层。平屋顶可作为安全避难和室外游戏场地，但应有防护设施。

第3.6.3条 主体建筑走廊净宽度不应小于表3.6.3[①]的规定。

表3.6.3 走廊最小净宽度

房间名称	房间布置	
	双面布房 / m	单面布房或走廊 / m
生活用房	1.8	1.5
服务供应用房	1.5	1.3

第3.6.4条 在幼儿安全疏散和经常出入的通道上，不应设有台阶。必要时可设防滑坡道，其坡度不应大于 1∶12。

第3.6.5条 楼梯、扶手、栏杆和踏步应符合下列规定：

一、楼梯除设成人扶手外，并应在靠墙一侧设幼儿扶手，其高度不应大于 0.60m。

二、楼梯栏杆垂直线饰间的净距不应大于 0.11m。当楼梯井净宽度大于 0.20m 时，必须采取安全措施。

三、楼梯踏步的高度不应大于 0.15m，宽度不应小于 0.26m。

四、在严寒、寒冷地区设置的室外安全疏散楼梯，应有防滑措施。

第3.6.6条 活动室、寝室、音体活动室应设双扇平开门，其宽度不应小于 1.20m。疏散通道中不应使用转门、弹簧门和推拉门。

（二）健全消防安全管理与检查制度

消防安全是幼儿园管理最基本的部分之一，为保障幼儿园安全运行，各幼儿园都建立健全了消防安全的管理制度，并严格落实，定期检查并加强日常抽查；建立了消防安全预案，确保消防事故发生后有条不紊地开展疏散、救护工作，把事故损失降到最低。

范例

幼儿园消防安全制度

为预防火灾减少火灾危害，加强对幼儿园消防安全管理，确保幼儿园正常教育生活环境，根据《中华人民共和国消防法》有关规定，结合幼儿园实际情况，特制定消防安全管理制度。

1. 幼儿园全体教职工、幼儿和家长都应自觉保护幼儿园消防设施不被破坏，如发现火灾隐患、发现火情要及时向主要负责人报告。

---

① 此表号为《托儿所、幼儿园建筑设计规范》中的表号。

2. 负责园内消防安全的专门人员，对园内安全工作全权负责。发现安全隐患要及时排查并采取有效措施。

3. 定期开展面对全体师幼进行安全教育和安全宣传的活动，增强防火安全意识及自我保护意识。

4. 在重大节日、重大活动、火灾多发季节加强对园内消防安全的检查工作。

5. 对教职工进行经常性的电器使用和管理方面的指导，使全体教职工不但懂得电器使用常识，还要提高电火的防范意识。教师在使用电器设备时应严格按使用说明书操作，如发现问题，应及时上报，不得违规操作。电器设备出现故障时及时上报维修，任何人不得私自乱接，否则出现人为所造成的火灾由当事人完全负责。

6. 当电源、电器设备出现电火时，应立即断电源，尽快有序地组织幼儿撤离危险区域。

7. 定期检查电线、开关、插座等用电安全，严禁使用不合格的保险装置，禁止超负荷用电；禁止使用热得快、电座椅垫等易燃用品，由此造成的一切后果均由当事人负责。

8. 幼儿园食堂由专人负责，禁止擅自动用明火，做到火不离人，保证灶膛火在人在，人走火灭，安全使用电器设备，发现险情及时上报；定期检查厨房电源并做好记录工作。

9. 保安要每天巡视幼儿园，发现火灾隐患要及时上报消除。每天检查楼道的门窗是否锁好。周六、日等节假日严格按要求执勤，做好巡视，发现问题要及时上报。

10. 园区内严禁吸烟。

11. 在开学前和寒暑假前对园内消防安全进行全面检查，发现隐患要及时排除。

12. 定期检查和更新消防器材设备。消防器材的更换、维修和配置，由安全员上报后勤主管部门后统一进行更换或维修。

13. 定期检查安全出口、疏散通道是否畅通，安全疏散指示标志、应急照明是否完好。

14. 在各班、食堂、库房等部门建立安全责任制，由班主任及各部门负责人主要负责各自的消防安全工作，发现隐患要及时上报园内消防安全负责人，如出现火灾，应迅速组织幼儿按园定路线进行疏散，严禁组织幼儿参加救火行动。

15. 定期组织开展消防培训工作并组织消防疏散演习活动，确保全园教职工会使用灭火器，并且发现火情能够及时将幼儿疏散到安全地带。

16. 在无火警的情况下，任何人不得擅自动用消防器材、消防设施，发现者视情节给予处罚，因擅自动用造成严重事故者追究其法律责任。

（北京市海淀区富力桃园幼儿园）

📠 **范例**

消防工作应急预案

为了防止幼儿园火灾的发生，确保在园师生的生命安全，我园结合上级主管部门下达的"杜绝火灾，生命至上"的指示精神，全园教职工从上到下高度重视此项工作，并采取强有力的措施,确保各项安全措施的有效实施。为此,我园制定消防应急预案如下。

一、指导思想

在园长的统一领导下,一切行动听指挥。本着及时有效、尊重科学、责任到人的原则,确保幼儿和教师的生命安全。

二、工作目标

在幼儿园面临突发火灾事故时,能够统一指挥,及时有效地整合人力、物力、信息等资源,迅速针对火势实施有组织的疏散与扑救,确保全体师幼的人身安全。

三、组织机构

组　长:园长

副组长:后勤主任

组　员:保教主任、保教干事、办公室主任、保健主管、安全员、各班班长等

(一)指挥部

现场总指挥:(园长)×××

注: 园长不在时由副组长或当日值班的行政人员担任。

指挥部职责:全面负责指挥协调火灾处置工作。

(二)指挥部下设4个组

1. 疏散组:由保教和后勤人员组成。

基本职责:在现场指挥组指挥下,坚守岗位,依据预案措施及疏散路线、顺序,有秩序地疏散师幼,疏散完毕后有秩序撤离。

2. 伤员救护组:由保健医负责。

基本职责:负责将伤员运到指定安全区域,并进行简单救治后,送往就近医院救治。

3. 外围控制组:由安全员及保安员组成。

基本职责:负责维护幼儿园大门、出入口秩序,疏导师幼有序撤离,引导专业部门人员进入现场进行处置。

4. 信息上报组:由办公室和信息员组成

基本职责:负责了解火灾的相关情况信息,并及时做好信息上报工作和信息对外发布工作。

处置原则如下。

1. 快速反应原则。处置火灾突发事件要坚持信息上报快、部署控制快、预案落实快。

2. 现场指挥原则。火灾发生后,指挥人员要亲临现场,全面掌握情况,准确分析局势,果断判断,及时做出正确指挥。

3. 设置警戒原则。火灾一旦发生,要迅速疏散现场周边人员及贵重物品,设置警戒,保护现场,禁止无关人员进入。

4. 降低损失原则。处置控制方法要妥当,要以维护政治稳定、社会安定,确保幼儿、教职员工人身、财产安全为工作重点,力求做到尽量减少社会影响,减少人员伤亡,降低危害。

5. 协调配合原则。幼儿园各部门及教职工要明确职责任务,按照预案分工,互相协调、通力配合,对火灾进行妥善处置。

6.追究责任原则。依据消防工作应急预案中指挥部及各组职能分工，划清权限职责。对未能落实有关要求造成安全事故的，视情节轻重，对相关责任人进行责任追究；造成幼儿园经济损失或人员伤亡的，依法追究其法律责任。

四、火灾处置程序

1.发现火情立即拨打火警电话119报警，同时上报园长。

报警内容包括：

(1) 报警人单位、姓名、地点（路口和明显标志）。

(2) 火警地（燃烧的是什么物质，起火部位，有无人员被困）。

(3) 报警人已采取的行动。

(4) 报警所要求的援助。

2.园领导接警后立即到达火灾现场指挥人员疏散，视火情组织园内义务消防队开展灭火自救。

(1) 信息员利用园区广播通知全园教职工起火地点及火情。

(2) 教职工根据火情和起火地点，参照疏散路线进行安全疏散。后勤人员迅速到达指定站位，协助教师疏散幼儿到达幼儿园南操场安全地带。

(3) 安全员带领保安人员到起火地点进行早期火源制止，等待消防员到达。

(4) 食堂人员迅速切断电源、天然气，从安全通道疏散至南操场。

(5) 后勤人员进行所负责楼层的扫尾清场，到达安全地点的班级，清点班级幼儿人数。

(6) 保健室负责对受伤幼儿及教职工的救护处置工作。

(7) 办公室人员负责信息上报工作，对火灾中的伤亡人员及时通知家属和监护人并做好安抚工作。

3.注意事项。

(1) 疏散时以班级为单位，教师分工站位。班长教师带队，幼儿依次排队，配班教师在队伍中、后照看，保育员教师负责断水电，检查班级是否有遗落的幼儿。

(2) 一名保安员负责迎接消防车、协调车辆工作；一名保安员负责门口守卫及迎接其他外援工作。

(3) 无关人员要远离火场，保持道路畅通，便于消防车辆驶入。

(4) 扑救固体燃烧物品，使用干粉灭火器；扑救液体物品火灾，使用泡沫灭火器、碳酸氢钠干粉灭火器、ABC干粉灭火器、二氧化碳灭火器、沙土。

（北京市海淀区富力桃园幼儿园）

第二节 幼儿园消防安全教育

案例导引

2018年3月1日中午，在汕尾市海丰县附城镇联河卫生站附近一栋临街居民楼发生火灾事故，现场浓烟滚滚，令人望而生畏。接报后，消防官兵迅速赶到现场开展救援灭火工作，并最终将火扑灭。一家幼儿园的教师带领为数众多的孩子安全撤离火灾现场，看她们队伍整齐、人人处变不惊的样子，连大人都自叹不如。消防官兵到场后，马上开展救援灭火工作，并迅速将火扑灭，检查现场，没有发现人员伤亡。

这个事件让我们对于防患于未然有了更深刻的理解和认识，同时幼儿园教师和孩子们表现出的状态与安全意识培养和平日的安全教育密不可分。为从小培养消防意识，掌握更多的自救、逃生、自我保护的具体方法，创造良好的消防安全环境，幼儿园全体师生进行消防安全知识教育的学习，并举行消防疏散演习的活动，旨在培养幼儿掌握正确的逃生要领，从容应对火灾等突发事件。

本小节将与大家分享幼儿园消防安全教育的重要性以及活动案例。

幼儿的学习是直观形象的，幼儿教育应该以游戏、情景模拟的方式开展，促进幼儿在教育实践活动中的直接感知和亲身体验，在此过程中提高安全意识与自护能力。在具体的教育实践中，可以通过集体教育活动、环境创设与区域活动以及全园性的消防演习对幼儿开展消防安全教育。

一、集体教育活动形式开展消防安全教育

集体教育面向全体幼儿，在集中的时间要求全体幼儿共同体验和学习，适合于基本的知识、动作或时令性强的教育活动。下面为大家提供三个教学设计，通过三个教学设计体会面向幼儿开展消防安全教育的总体原则和基本方法。幼儿园消防演练如图 3-1 所示。

图 3-1 幼儿园消防演练

💬 教育活动

着火了不要慌（小班）

一、活动目标

(1) 愿意参加消防活动，积极与同伴一起体验。

(2) 了解火灾发生的原因和危害，知道不要玩火。

(3) 学习简单的自救逃生方法，有初步的安全意识。

着火了不要慌

二、活动重点

了解火灾发生的几种原因，知道不要玩火。

三、活动难点

学习简单的自救逃生方法，有初步的安全意识。

四、活动准备

玩具消防车、动画视频、PPT"火灾发生的原因"、逃生图片。

五、活动过程

1.出示玩具消防车，激发幼儿兴趣，引入活动主题

教师：小朋友们，你们认识这是什么车吗？它是做什么用的呢？

教师：发生火灾时要拨打什么电话就可以请来消防车帮忙呢？

2.播放动画视频，引导幼儿观看视频，了解火灾带来的危害

教师：今天消防中心接到了报警电话，原来是有地方着火了，我们一起去看一看吧。

教师：火灾会带来什么危害呢？

3.播放PPT，了解火灾发生的原因

教师：原来火灾有这么大的危害，那怎么样会发生火灾呢？我们一起来了解一下吧。

小结：原来只要是火靠近容易燃烧的东西就会烧着，如果没有及时扑灭就会引起火灾，所以小朋友们千万不要玩火，要注意预防火灾的发生。

4.播放逃生图片，引导幼儿说出简单的逃生方法

教师：当火灾来时我们应该怎么办呢？我们来看看这些人是如何逃生的吧。

教师：你们看到他们是怎么做的？为什么要弯腰？为什么要捂住口鼻？

教师：谁能学着他们的样子到前面来走一走？

活动延伸游戏《快快逃走》

玩法：把幼儿分成4组，用纸砖设置简单的路障，当急促的报警声响起时，幼儿快速绕过路障，通过安全门，躲避到空旷的地方。

5.分享总结

教师：刚刚躲避的时候，你的心情怎么样？有没有碰到其他人或是其他物品？你是怎么做的？

教师与幼儿互相拥抱鼓励，并提示幼儿回家与爸爸妈妈进行分享。

六、活动反思

本次活动通过幼儿感兴趣的汽车模型导入活动，激发幼儿参与活动的兴趣，在生

动的动画视频的引导下，自然地将幼儿带入到火灾发生的情境中，激发幼儿思考火灾发生时带来的危害，认识到火灾发生的严重性。然后通过图片导入不同引发火灾的情景，引导幼儿了解火灾发生的几种常见原因，最后通过游戏的形式引导幼儿学习简单的自救逃生方法，让幼儿知道在火灾发生时应该如何应对。

此次活动开展的效果良好，让幼儿在自然宽松的氛围中进行了安全知识的学习，又在游戏化的情境中感知了逃生的方法。在接下来的活动中，仍需加强幼儿安全意识的培养，帮助幼儿进一步加强防火意识，提高自我保护的能力。

(北京市海淀区富力桃园幼儿园　王海啸)

教育活动

神奇的号码（中班）

一、活动目标

(1) 了解简单的消防知识，知道火灾时报警要拨打 119。

(2) 能记住并说出自己的家庭住址，在模拟游戏中尝试报出自己的信息。

(3) 愿意参与消防知识的讨论，有自我保护意识。

二、活动重点

了解简单的消防知识，有自我保护意识。

三、活动难点

能记住并说出自己的家庭住址，在模拟游戏中尝试报出自己的信息。

神奇的号码

四、活动准备

(1) 幼儿园消防演习的活动图片若干。

(2) 画有 119、110、120 等数字的卡片；玩具电话两部；小黑板。

(3) 幼儿有参与消防演习的经验。

五、活动过程

1. 以闪卡游戏导入活动，激发幼儿参与热情

(1) 教师：小朋友们，我们来玩一个闪卡游戏，老师这里有许多卡片，上面有着神奇的号码，它们都有哪些特殊的作用呢？如果你知道的话，请你来说一说。

(2) 教师小结：这些神奇号码原来有这么大的作用！它们能够帮助我们在危机时刻获得救援和帮助！拨打 110，会有警察叔叔来帮助我们；拨打 119，会有消防员叔叔来救助大家，扑灭大火；拨打 120，会有医护人员开着救护车来帮助生病或受伤的人。

2. 观看演习活动的照片，引发讨论如何拨打火警电话

教师：在着火的时候，小朋友们是怎么做的？（用湿毛巾捂住口鼻迅速从逃生通道撤离）那么火警电话应该在什么时候拨打呢？（安全撤离之后或者被困住的时候想办法拨打）如果拨打火警电话，我们应该说些什么呢？

3. 模拟游戏，学习正确拨打火警电话

(1) 教师：我来做火警接线员，小朋友来拨打火警电话。

（2）请幼儿尝试拨打电话，通话中询问起火地点、被困人员、受伤情况等。

（3）结合图画的形式进行小结：在拨打火警电话的时候要沉着冷静，在和接线员对话中：第一，尽可能地把地址讲清楚；第二，尽可能多提供一些信息，例如家里有几个人，是否受伤等，这样消防员叔叔才能更快、更准确地找到你，帮助到你。

（4）请幼儿与身边的活动组成两人小组，相互打电话，体验和感知拨打火警电话的要领。鼓励幼儿结合小黑板上的图示梳理自己将要提供的信息。

4. 结束部分

教师：今天我们一起学习了怎样拨打火警电话，有些小朋友对于自己的家庭住址还不能很完整地讲出来，所以我们回家后要和爸爸妈妈好好地练习，掌握这个救命的好本领！

六、活动反思

消防安全在所有的安全教育活动中占据着非常重要的地位，都说灾难总在瞬间发生，那么做好消防安全教育无疑是刻不容缓。本次活动的设计建立在幼儿前期的演习活动经验以及对安全标志的认知基础之上。幼儿能够认识简单的安全标志，这其中就包括报警电话110、火警电话119等。然而仅仅是知道这些号码，很多孩子并不清楚怎样去拨打以及需要在沟通中所表述的内容，故设计了本次活动。

在本次活动中先用游戏闪卡的方式导入了"求救号码"，继而结合孩子们的演习经验，提出问题，引导孩子思考在什么时间、什么环境下拨打火警电话，最后以情景模拟的方式，让幼儿在直观感受、沉浸式体验中获得相应的自救知识和方法。

同时，在本次活动中，我们也发现并不是所有孩子都能够说清楚自己的家庭住址，所以在活动延伸中发动家园共育，通过活动效果的反馈，让家长们也增强安全意识，共同做好幼儿安全教育，提高幼儿的防火自救能力，效果良好。

（北京市海淀区富力桃园幼儿园　李霖　王静）

🏃 户外活动

勇敢的消防员（大班）

一、活动目标

（1）在"勇敢的消防员"的游戏中，练习快速地跑、钻爬、跨跳等基本动作。

（2）能用助跑跨跳的方式跨过不同高度和宽度的跨栏。

（3）喜欢参加"勇敢的消防员"游戏，有团队合作精神。

二、活动重点

在"勇敢的消防员"游戏中，练习快速地跑、钻爬、跨跳等基本动作。

勇敢的消防员

三、活动难点

能用助跑跨跳的方式身体协调地跨过高30厘米的跨栏。

四、活动准备

（1）物质准备：两种高度的跨栏20厘米和30厘米、梯子、垫子、轮胎、玩具小

人等，录音机及相关音乐。

（2）精神准备：看过消防员救火的录像，知道救护的基本常识、幼儿有过跨跳的经验。

五、活动过程

1. 热身部分

（1）活动身体，热身游戏。

教师：今天我们来玩"勇敢的消防员"游戏，现在你们就是消防员啦！首先我们要学会躲避障碍，消防员们在听到物体倒塌的声音后快速躲开，匍匐趴在垫子上。

（2）队列练习。

（3）热身律动《我们都是消防员》。

2. 情境游戏

（1）游戏一：自由闯难关，体验消防员的日常训练。

幼儿自由尝试各种运动器械，进行跑、钻爬、跨越等基本动作。

（2）游戏二：迅速抢险，感受消防员的意志品质。

提问：想一想，消防员叔叔救人时最重要的是什么？（保护好自己，要跑得快，要灭火，要勇敢。）

鼓励幼儿用自己的方法快速通过平放在地上的梯子和跨栏。请做得好的幼儿示范助跑跨跳的方法。

师幼共同总结：首先我们要助跑到起跳点的位置，左脚蹬地，右脚用力提膝跨过障碍。消防员们要一个接着一个地行进，前边的消防员跨过一个跨栏后，下一位消防员才可以出发。

（3）学习救人：按照轮胎、垫子、跨栏、梯子的顺序把障碍物摆好，鼓励幼儿既要快速通过，又要保障自己的安全。

（4）合作救人：将幼儿分为四组，进行比赛。模拟演练消防员火场救人的场景。规定时间内救出玩具小人最多的为胜。

3. 整理放松

（1）分享喜悦，整理放松。

（2）教师带领幼儿跟随音乐做律动《勇敢的消防员》。

六、活动反思

在孩子们的日常交谈中，我们发现孩子们很崇拜消防员叔叔，对他们救人的壮举也是赞不绝口，所以设计了本次活动。同时在游戏活动中，我们根据大班小朋友喜欢竞赛式游戏的年龄特点，我们设置了消防员训练的游戏情境。因此，孩子们非常喜欢本次活动，积极地参与到每一次游戏中，参与性很强，充分激发了孩子的游戏兴趣，同时，也培养了孩子们不怕困难、勇于挑战、乐于合作的意志品质。

（北京市海淀区富力桃园幼儿园　张冰钰　贾凌云）

二、在环境创设与区域活动中开展消防安全宣传教育

结合幼儿园的建筑环境，一般幼儿园会做好安全的提示，这些提示多以生动形象、

图文并茂的形式出现，提示幼儿和教师哪些地方有危险。另外，教师还可以根据班级开展的集体教育活动、主题活动、安全宣传月等，有目的地在班级布置环境，宣传安全用电等消防小常识。关于消防安全的知识和小漫画，可以通过中国消防网（http://119.china.com.cn/）下载加工。

三、消防演习实践活动

消防演习是每个幼儿园每学期都必须开展的安全教育社会实践活动，这是提高教职工与全体幼儿安全意识的必要方式，也是防患于未然的必要手段。为提高消防演习的效率，切实做到快速、安全地疏散人群，很多幼儿园在不断演习的基础上反复推敲优化方案，提高消防演习的实效。

范例

火灾疏散演练方案

一、演练目的

为了进一步加强师生消防安全教育，提高防范自救能力，针对幼儿园教学楼突发火警火灾的情况下，让全园师生熟悉消防逃生路线，以达到在发生火警火灾时，能有序、迅速地引导幼儿安全疏散，确保全园师生的生命安全。通过消防安全演练，紧急疏散演习，让幼儿学到安全防护知识，达到有事不慌、积极应对、自我保护的目的；让教职工学会正确使用灭火器以及掌握逃生的方法，提高抗击突发事件的应变能力。

二、准备工作

1. 全体教师认识并熟悉安全疏散地图

为了提升全体教师及幼儿园全体工作人员对幼儿园安全疏散图的认识度，在火灾紧急疏散演练前对幼儿园全体工作人员进行地图知识讲座，通过在楼层内进行地图立体化实践教学来提升幼儿园全体工作人员对园内安全疏散图的正确认识。

2. 全体教师应具备在任何紧急情况下辨识出幼儿园建筑方向的能力

为了提升幼儿园全体工作人员在任何情况下及时正确地判断出幼儿园建筑的整个方向和自己在楼内的准确位置及方向，在火灾紧急疏散演练前对幼儿园全体员工进行方向练习。方法：在楼内进行结合消防知识的定向识图游戏，通过游戏来提升方向感觉。

3. 全体幼儿基本认识安全疏散图并熟悉每个安全出口

在火灾紧急疏散演练前，各班带班教师对全体幼儿进行安全疏散地图的符号认识教学，让幼儿基本认识地图重要符号（例如，安全逃生通道、逃生路线等），标注每个安全出口在整栋建筑楼的准确相对方向。

4. 全体幼儿熟记各个安全逃生通道及路线

为了演练时全体幼儿和全体教师都能快速准确地按计划撤离，全体幼儿和教师要熟记楼内每个逃生通道和逃生路线，以应对在楼内任何位置发生火灾都能够及时准确地逃生。途径：在楼内开展结合消防知识的专项定向识图游戏，在游戏中提高幼儿和教师对逃生路线的熟悉度。

三、演练时间、地点、集合点、预设区域

1. 时间：××年××月××日（星期×）

2. 演习地点：北京市海淀区富力桃园幼儿园园区

3. 集合地点：南操场

4. 预设起火点：食堂

四、组织机构及职责

1. 应急组织机构图（图3-2）

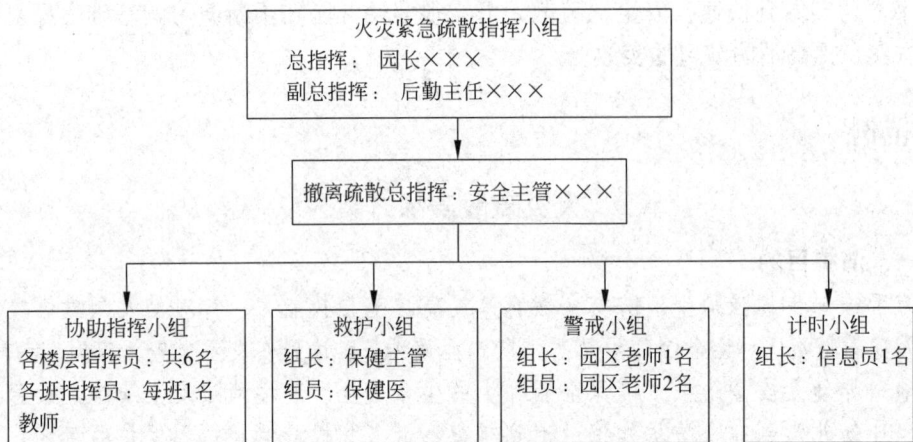

图3-2　应急组织机构图

2. 应急指挥小组职责

（1）应急指挥小组成员接到火情报告后快速赶到现场，了解和掌握火灾情况，启动应急预案。

（2）园长担任总指挥，负责组织指挥全园的应急处理，全权负责事故的紧急处理工作。

（3）后勤主任担任副总指挥，具体负责组织对紧急预案的落实情况，保证方案的顺利实施。

（4）安全主管担任疏散总指挥，负责指挥各楼层疏散指挥员和各班老师按规定线路有序疏散幼儿和对受伤幼儿实施救护。

3. 撤离疏散组分工及职责

（1）疏散总指挥（安全主管1人）。

职责：具体负责疏散安全管理调度和人员统计汇报工作。

（2）各层疏散指挥（2人）：每层各个楼梯口及楼梯拐角处需一名疏散指挥员（共6名）。

职责：维护疏散秩序，指明疏散方向和路径。在拐角、岔道处做有效引导，避免幼儿误入危险区域；阻止幼儿逆向跑、窜、推撞、挤压等情况发生；有人倒下，要立即扶起，防止踩踏事故发生。

（3）各班疏散指挥（各班 3 名教师）。

班长、配班教师的职责：

① 演习前熟悉并确定逃生路线。

② 演习前、撤离中清点人数，并告知班内其他人员。

③ 到达安全区域后如发现人数短缺，立即报告园区疏散总指挥，并派人回班搜救遗漏幼儿。

保育教师的职责：

① 演习前清点幼儿人数。

② 撤离中负责幼儿的安全。

③ 离开教室前负责断水电，检查是否有遗漏的幼儿。

④ 到达安全区域后配合班长清点幼儿人数。

（4）撤离后幼儿管理。

各班教师和现场警戒小组成员负责幼儿到达安全区域后的有效管理，防止幼儿再次进入警戒地带。

（5）现场警戒小组（3 人）。

职责：具体负责幼儿和其他闲杂人员再次进入警戒地带。

（6）救护小组（3 人）。

职责：具体负责演练疏散过程中发生的意外事故的应急救护等。

（7）计时小组（1 人）：负责整个活动的计时。

4. 演习准备阶段

第一步：所有幼儿安静地在教室活动。

第二步：配班教师和生活教师逐班检查、清点人数。

第三步：疏散总指挥向总指挥报告演习的人数和准备情况。

第四步：清理警戒区内闲杂人员，各工作小组进入现场。

第五步：工作小组和楼层疏散指挥员到达指定地点。

注意事项：

（1）清点人数时对幼儿态度要温和，要有效稳定他们的情绪，并注意观察通道的通畅情况。

（2）各工作小组认真检查准备情况，确保万无一失。

5. 预计各层逃生顺序和安全区域排队顺序

各层逃生顺序如下。

一层：小班同时疏散。

二层：中班同时疏散。

三层：大班同时疏散。

安全区域排队顺序如下。

东南出口、东出口、西出口疏散的人员到南操场安全区域，北出口和东北出口疏散的人员到北操场安全区域，各班级到达安全区域后大致按照安全区域示意图上从小到大的顺序进行排队。

注意事项：每层同时疏散，注意顺序和队形。

6. 正式演习阶段（演习流程）

第一步：总指挥宣布富力桃园幼儿园火灾疏散演练现在开始。同时计时小组开始计时。

第二步：疏散总指挥确认发生火灾事故并报告园长。

第三步：园长接到火情报告后，立即派疏散总指挥向楼内发出紧急疏散命令。

第四步：疏散总指挥广播："请注意，这是火警广播。小朋友们听到警报后不要慌乱。听从指挥，有序退场，由各班老师带领幼儿沿疏散标志从安全出口撤离。"

第五步：在各层疏散指挥员的指挥和各班老师的带领下，按预定路线有序疏散，疏散时请尽量靠楼梯左边行走。

第六步：到达安全区域后各班教师清点疏散人数，发现少人，迅速与疏散总指挥部联系。

第七步：如发现有人员受伤，立即与现场救护小组联系，并展开紧急救护。

第八步：全体人员到达安全区域后，疏散总指挥向总指挥汇报疏散情况。

疏散总指挥报告：报告总指挥，全体师生已安全脱险，无伤害人员。

计时小组：计时结束，工作人员及时向现场指挥报告：用时××分××秒，全体人员疏散完毕。

7. 终止状态

总指挥："事故已经排除，险情已经结束，下面我宣布富力桃园幼儿园火灾疏散演练圆满结束。"

注意事项：

(1) 提醒疏散的小朋友不出现惊慌和骚乱，确保他们安全撤出。

(2) 各工作小组本着对幼儿高度负责的态度，严肃认真地对待现场上出现的每一个突发情况。

8. 演习评点阶段

(1) 现场指挥：请总指挥评点本次演习。

注意事项：保持现场的安静。

(2) 现场指挥：请所有演练人员及各工作小组有序退场，请所有相关工作小组的同志清理现场。

附件1：富力桃园幼儿园紧急疏散线路示意图及工作人员位置安排示意图。

附件2：火灾疏散演练记录表。

附件1：

富力桃园幼儿园逃生线路示意图及工作人员位置安排示意图（一层）如图3-3所示。

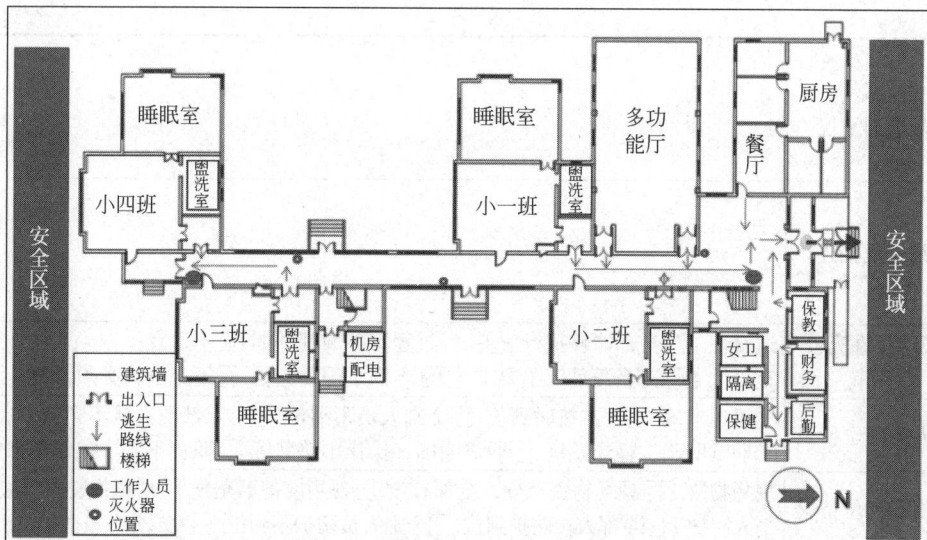

图 3-3 逃生线路示意图及工作人员位置安排示意图（一层）

富力桃园幼儿园逃生线路示意图及工作人员位置安排示意图（二层）如图 3-4 所示。

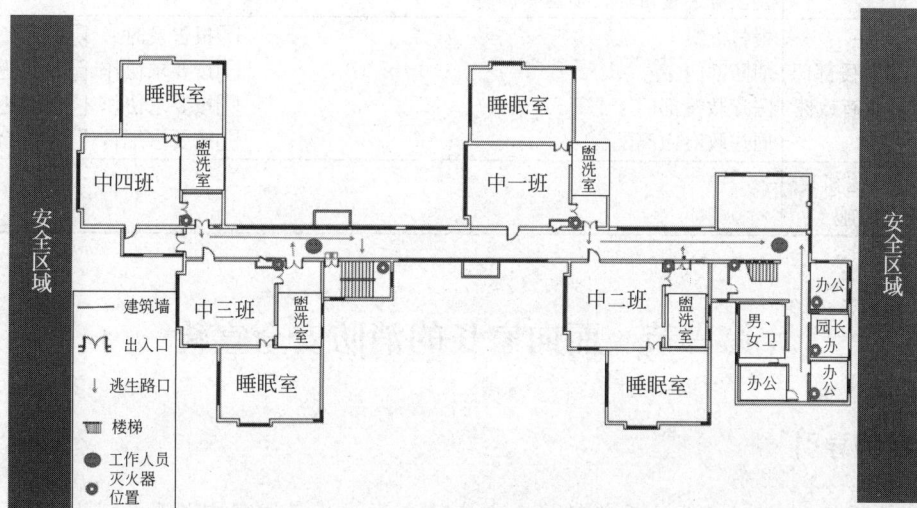

图 3-4 逃生线路示意图及工作人员位置安排示意图（二层）

附件 2：

火灾疏散演练记录表

预案名称			演练地点	
组织部门		总指挥	演练时间	
参加部门和单位				
演练类别	□实际演练　□桌面演练　□提问讨论式演练		实际演练部分：	

物资准备和 人员培训情况	
演练过程描述	
预案适宜性充分 性评审	适宜性：□全部能够执行 □执行过程不够顺利 □明显不适宜 充分性：□完全满足应急要求 □基本满足需要完善 □不充分，必须修改

演练效果评审	人员到位情况	□迅速准确 □基本按时到位 □个别人员不到位 □重点部位人员不到位 □职责明确，操作熟练 □职责明确，操作不够熟练 □职责不明，操作不熟练
	物资到位情况	现场物资：□现场物资充分，全部有效 □现场准备不充分 □现场物资严重缺乏 个人防护：□全部人员防护到位 □个别人员防护不到位 □大部分人员防护不到位
	协调组织情况	整体组织：□准确、高效 □协调基本顺利，能满足要求 □效率低，有待改进 抢险组分工：□合理、高效 □基本合理，能完成任务 □效率低，没有完成任务
	实战效果评价	□达到预期目标 □基本达到目的，部分环节有待改进 □没有达到目标，须重新演练
	外部支援部门 和协作有效性	报告上级：　　　　　　　　　　　　　　□报告及时　□联系不上 消防部门：　　　　　　　　　　　　　　□按要求协作　□行动迟缓 医疗救援部门：　　　　　　　　　　　　□按要求协作　□行动迟缓 周边政府撤离配合：　　　　　　　　　　□按要求配合　□不配合
存在问题和 改进措施		

第三节　面向家长的消防安全宣传

😊 案例导引

安全重于泰山，安全关系着每一个家庭的幸福。为了增强家长和幼儿的消防安全意识，提高自防自救能力，掌握消防安全知识，北京市海淀区富力桃园幼儿园开展了家园共育活动——共筑安全防火墙。

一、利用美篇向家长普及家庭消防安全知识

（一）生活中如何避免发生火灾

1.幼儿玩火要管控

孩子玩火时稍有不慎便会造成火灾。家长切莫放松对孩子的监护管理，尽量不要将孩子独自留在家中，要将家中的打火机和火柴等物品放置在高处。孩子使用明火，一定要在大人的看护下进行。

2. 家庭防火重点多

家庭中不要一次使用过多的电器，不要超负荷使用插座。另外，如果出现灯光闪烁、电视图像不稳、电源插座发烫和冒火星等现象，要及时停止使用大功率电器。同时，应该经常检查电线线路，防止老化、短路、漏电等情况发生。如果长时间外出，一定要切断室内所有电源，关闭燃气阀门。

3. 家用电器

家用电器最好随用随关，避免意外情况导致火灾发生。

4. 煤气炉火

煤气、天然气同样要做到随用随关。不要让孩子接触这些易燃易爆的物品。当炒菜做饭着火时，要用湿抹布去掩盖扑灭，切记不要慌乱。

5. 抽烟

睡觉前一定不要乱抽烟，因为很可能烟火着落在床上无法被及时发现。在室内抽完烟一定要在烟灰缸里熄灭，不要随意乱扔。

（二）火灾中逃生技巧

1. 防烟堵火

当火势尚未蔓延到房间内时，紧闭门窗、堵塞孔隙，防止烟火窜入。若发现门、墙发热，说明大火逼近，这时千万不要开窗、开门，可以用浸湿的棉被等堵封，并不断浇水，同时用折成8层的湿毛巾捂住嘴、鼻，一时找不到湿毛巾可以用其他棉织物替代。另外，应低首俯身，贴近地面，设法离开火场，以避开处于空气上方的毒烟。

2. 设法脱离险境

底层的住户自然应夺门而出。楼上的住户若楼道火势不大或没有坍塌危险时，可裹上浸湿的毯子、非塑制的雨衣等，快速冲下楼梯。若楼道被大火封住而无法通过，可顺墙排水管下滑或利用绳子沿阳台逐层跳下。

3. 尽快显示求救信号

发生火灾，呼叫往往不易被发现，可以用竹竿撑起鲜明衣物，不断摇晃，红色最好，黄色、白色也可以，或打手电或不断向窗外掷不易伤人的衣服等软物品，或敲击面盆、锅、碗等。

4. 不要盲目跳楼

千万不要盲目跳楼，可以利用疏散楼梯、阳台、落水管等逃生自救。也可用绳子或床单套撕成条状拧成绳索，紧拴在窗框、暖气管、铁栏等固定物上，用毛巾、布条等保护手心，顺绳滑下，或下到未着火的楼层脱离险境。

5. 浸湿衣物

受到火势威胁时，要当机立断披上浸湿的衣物或者被褥等向安全出口方向冲出去。

（三）火灾发生时注意事项

1. 不入险地，不贪财物

生命是最重要的，不要因为害羞及顾及贵重物品，而把宝贵的逃生时间浪费在穿衣或寻找贵重物品上。

2. 简易防护，不可缺少

最简易方法可用毛巾、口罩捂鼻，用水浇身，匍匐前进。因为烟气较空气轻而飘于上部，贴近地面逃离是避免烟气吸入的最佳方法。

3. 当机立断，快速撤离

受到火势威胁时，要当机立断披上浸湿的衣物、被褥等向安全出口方向冲出去，千万不要盲目地跟从人流相互拥挤、乱冲乱撞。撤离时，要注意朝明亮处或外面空旷的地方跑。当火势不大时，要尽量往下面的楼层跑，若通道被烟火封阻，则应背向烟火方向离开，逃到天台、阳台处。

4. 大火袭来，固守待援

大火袭来，假如用手摸到房门已感发烫，此时开门，火焰和浓烟将扑来，这时，可采取关紧门窗，用湿毛巾、湿布塞堵门缝，或用水浸湿棉被，蒙上门窗，防止烟火渗入，等待救援人员到来。

5. 善用通道，莫入电梯

不可乘坐电梯或扶梯，要向安全出口方向逃生。身上着火，千万不要奔跑，可就地打滚或用厚重的衣物压灭火苗。

6. 发出信号，寻求救援

若所有逃生线路被大火封锁，要立即退回室内，用打手电筒、挥舞衣物、呼叫等方式向外发送求救信号，以引起救援人员的注意。

二、呼吁亲子利用家庭和社区资源进行消防安全活动

(一) 家庭消防演习活动

家长可以和孩子一起在家庭中进行消防演习，约定好逃生信号和集合地点，一旦警铃声响起，就迅速和孩子一起练习怎样在大火中逃生，教孩子怎样弯腰，怎么用湿毛巾捂住嘴和鼻子，防止被浓烟呛伤。还可以和孩子一起模仿报火警（切记不可真的直接拨打 119 火警电话）等。

(二) 寻找消防安全标志活动

家长可以带着孩子走一走楼道里的安全出口和疏散通道，和孩子一起找一找安全出口标志，和孩子说一说什么是疏散标志，什么是疏散通道，告诉孩子发生火灾时可以从安全出口撤离。家长可以用拍照的方式记录下孩子找到的安全标志，也可以鼓励孩子画一画自己找到的安全标志。

(三) 亲子共读消防类图书活动

消防类少儿科普读物和绘本非常多，家长利用每天的亲子阅读时间，和孩子一起看一看消防类的绘本，通过故事和儿歌的形式让孩子了解更多的消防安全知识。

(四) 亲子消防参观活动

社区里有很多消防安全教育资源，例如家长可以带孩子到附近的消防站、消防博物馆进行参观，让孩子见识更多的消防标志，体验火场逃生的感觉。在逛商场或住酒店的时候，也可以有意识地带孩子参观公共场所的消防设施，认识安全出口标志和疏散标志。

亲子活动结束后，教师鼓励家长在微信群中分享亲子消防安全活动的照片和视频，也鼓励幼儿在班级里分享自己的经验和感受。通过本次活动，家长们学习了消防的相关知识，提高了防范火灾的意识，杜绝火灾的发生，以及灾害发生后的应急处理能力。孩子们在安全的环境中树立了防范火灾危险的意识，在真正遇到火灾危险时也能有效地进行自我保护。

幼儿跟随家长在园外的生活也存在着大量的消防安全隐患，为保障幼儿的安全，教师可以采取家园联系册、月报、微信等方式积极向家长宣传消防安全知识，提高家长的安全意识，促进家长防患于未然。

一、居家防火基本常识

1. 忌乱扔烟头

衣服、床上用品等都是居家可燃物，乱扔烟头是很多烟民的不良习惯，要谨记"一支香烟头，能毁万丈楼"。

2. 忌家用电器、电线、煤气"带病工作"

要注意家庭用电、家庭用气的安全，避免因线路老化、煤气泄漏引发火灾。一旦发生漏电现象，应立即切断电源再行处理。发现漏气现象，要迅速开窗通风，不能开灯、打电话，更不能使用明火。

3. 取暖、烘烤衣物要与散热设备保持一定距离

用散热器、火炉烘烤衣物或者取暖时，散热器或火炉要与衣物等易燃物品保持一定距离，避免引发火灾。

4. 忌选购易燃易爆玩具

家长给幼儿选择玩具，要禁忌选择带有氢气等易燃易爆气体的玩具，避免发生危险。另外，电动玩具使用要注意安全，避免引发用电安全事故。

二、安全燃放烟花爆竹

（1）儿童燃放爆竹时应由大人带领。

（2）烟花爆竹应存放在远离火源的安全地方，不能放在炉火旁。

（3）为了防止发生火灾，严禁在阳台、室内、仓库、场院等地方燃放鞭炮，也不允许在商店、影剧院等公共场所燃放。

（4）严禁用鞭炮玩"打火仗"的游戏。

（5）燃放时，应将鞭炮放在地面上，或者挂在长杆上，不要拿在手里。

（6）点燃鞭炮后，若没有炸响，在未确认不存在安全问题以前，不要急于前去查看。

（7）燃放烟花爆竹，不要横放、斜放，也不要燃放"钻天猴"之类的升空高、射程远的、难以控制的品种。

（8）燃放爆竹要远离易燃可燃物，要在空旷的地带燃放。不要对着人和居民住宅燃放。燃放时要认真检查附近是否有易燃可燃物，认真清理火灾隐患。

（9）儿童放爆竹要有人看管，不要随意捡一时没响的爆竹。

（10）爆竹存放要避开火源和高温生产设施，装运爆竹要避免振动和摩擦，严禁在爆竹市场吸烟。

（11）要购买质量过关的爆竹，不图小便宜购买非法生产的劣质爆竹。

三、家庭灭火常识

（1）炒菜油锅着火时，应迅速盖上锅盖灭火，也可快速将切好的蔬菜倒入锅内，切忌用水浇，以防燃油溅出，引燃厨房里的其他可燃物。

（2）电器起火时，先切断电源，再用湿棉被或湿衣物将火压灭。

（3）液化气着火，可用浸湿的被褥衣物等捂压，还可将干粉或苏打粉用力撒向火焰根部，在火熄灭的同时关闭阀门。

思考题

1. 作为一名教师，要带领幼儿参加全园的消防演习，请你制定一份班级消防演习预案。

2. 寒假来临前，幼儿园要为幼儿做春节期间的安全教育，请你设计一项教育活动，年龄班任选。

3. 想将消防活动寓教于乐，例如结合音乐游戏有所创新，请你设计一项艺术领域音乐活动小小消防员教育活动，年龄班任选。

4. 作为一名新教师，如何不生硬地将消防安全知识讲授给幼儿，请你设计教育形式，领域形式任选。

5. 请你设计一项体育活动，将消防安全活动融合，年龄班任选。

第四章

自然灾害突发事件的安全教育

教学目标

(1) 掌握自然灾害突发事件的应对措施。
(2) 开展地震、雷雨、雾霾等自然灾害的应对教育方法。

章前导语

　　自然灾害突发事件主要包括台风、暴雨、冰雹、沙尘暴、高温等气象灾害，地震、滑坡、泥石流等地质灾害，海啸等海洋灾害以及森林火灾和生物灾害。我国自然灾害种类多、频度高、分布广、损失大。由于特有的地质构造条件和自然地理环境，我国是世界上遭受自然灾害最严重的国家之一。

　　从幼儿的角度出发，幼儿生活实际中需要的自然灾害教育一般包括地震、雷雨、雾霾等，本章将详细介绍这些方面的安全教育。

第一节　地震的基本常识与安全教育

😊 案例导引

汶川地震的基本情况

　　汶川地震发生于 2008 年 5 月 12 日（星期一）14 时 28 分 04 秒。根据中华人民共和国地震局监测的数据，此次地震的面波震级达 8.0 级、矩震级达 8.3 级（根据美国地质调查局的数据，矩震级为 7.9 级），地震烈度达到 11 度。地震波及大半个中国及亚洲多个国家和地区，北至内蒙古、辽宁，东至上海，南至香港、澳门，西至西藏，均有震感，泰国、越南、日本等也有震感。

　　"5·12"汶川地震严重破坏地区超过 10 万平方千米，其中，极重灾区共 10 个县（市），较重灾区共 41 个县（市），一般灾区共 186 个县（市）。截至 2008 年 9 月 18 日 12 时，"5·12"汶川地震共造成 69227 人死亡，374643 人受伤，

17923 人失踪，是中华人民共和国成立以来破坏力最大的地震，也是唐山大地震后伤亡最严重的一次地震。

汶川地震是我国最近的一次大地震，对人民的生命安全造成了巨大的影响，很多人现在还生活在失去亲人的创伤中。在灾害面前，我们只有了解它，才能把它带给我们的影响降到最低。

教师做好自然灾害安全教育的前提是了解各种自然灾害的基本常识，在此基础上结合幼儿实际情况设计教学。因此，在本章开篇，介绍各类自然灾害的基本知识。

一、地震的基本知识

详细介绍地震的类型、震级、危害预防与应对等基本知识。

（一）地震的类型与震级

地震又称为地动、地震动，是地壳快速释放能量过程中造成震动，期间会产生地震波的一种自然现象。

1. 地震类型

从地震的起因角度来谈，可以把地震分为以下五类。

1）构造地震

构造地震发生的次数最多，占所有地震的 90% 以上。它是由地下深处岩石破裂、错动而引起的，以地震波的形式急剧释放长期积累的能量。

2）火山地震

火山地震占所有地震的 7% 左右，是由火山作用（如岩浆活动、气体爆炸等）引起的地震。

3）塌陷地震

塌陷地震是由地下岩洞或矿井顶部塌陷引起的地震，规模小、次数少，往往发生在溶洞密布的石灰岩地区或大规模地下开采的矿区。

4）诱发地震

由水库蓄水、油田注水等引发的地震，仅发生在某些特定的水库区或油田地区。

5）人工地震

地下核爆炸、炸药爆破等人为引起的地面震动。

2. 震级

地震的震级是根据地震时释放的能量大小而定的，一次地震释放的能量越多，地震级别越大。地震震级分为 9 级，一般小于 2.5 级的地震人无感觉，2.5 级以上的地震人有感觉，5 级以上的地震会造成破坏，下面详细说明。

（1）一般将 < 1 级的地震称为超微震。

（2）≥ 1 级且 < 3 级的地震称为弱震或微震，如果震源不是很浅，这种地震人们一般不易觉察。

（3）≥ 3 级且 < 4.5 级的地震称为有感地震，这种地震人们能够感觉到，但一般不

会造成破坏。

（4）≥4.5级且＜6级的地震称为中强震（如"9•7"彝良地震），属于可造成破坏的地震，破坏轻重与震源深度、震中距等多种因素有关。

（5）≥6级且＜7级的地震称为强震（如"8•3"鲁甸地震，"2•6"高雄地震）。

（6）≥7级且＜8级的地震称为大地震（如"8•8"九寨沟地震，"4•14"玉树地震，"4•20"雅安地震，"7•18"俄罗斯堪察加半岛地震）。

（7）8级以及8级以上的地震称为巨大地震（如"5•12"汶川地震，"3•11"日本地震）。

（二）地震的危害

地震时，地震波从地内向地面传来，纵波首先到达，它使地面发生上下振动，破坏性较弱；横波接着产生大振幅的水平方向振动，这是造成地震灾害的主要原因。

地震灾害包括直接灾害和次生灾害。地震造成的直接灾害有人员伤亡、财产损失、建筑物破坏、地面破坏、山体滑坡、海啸等，地震的直接灾害发生后，紧接着就会引发次生灾害，如火灾、水灾、毒气泄漏、瘟疫等，很多时候次生灾害造成的伤亡和损失比直接灾害还大。

（三）地震的预防与应对

📝 真实事例

《一个灾区农村中学校长的避险意识》[①] 节选

地震来临时，他正在绵阳办事。大地震动，他站不稳，只好与学校的总务长互相抱着。手机打不通，电话断了，第一波震荡过去后，他立即驱车往地处重灾区的学校赶。车开得飞快，路上他一句话也不说。他惦记着学校那栋没有通过验收的实验教学楼，心里最怕的是那栋楼出事。

20世纪80年代中，那栋楼建设时，学校没有找正规的建筑公司，断断续续地盖了两年多。到后来，没有人敢为这栋楼验收。

新的实验教学楼盖好了，老师和学生谁也不愿意搬进去，那个都知道没有人敢验收的楼，建筑质量是什么样的成色。

后来，他当领导了，下决心一定要修这栋楼。

1997年，他把与这栋新楼相连的一栋厕所楼拆除了。因为他发现，厕所楼的建筑质量很差，污水锈蚀了钢筋。他怕建筑质量不高的厕所楼牵连同样质量可疑的新楼，要求施工队重新在一楼的安全处搭建了厕所，这样，虽然高层教室上课的同学上厕所不太方便，但是，孩子们安全。

1998年，他发现新楼的楼板缝中填的不是水泥，而是水泥纸袋。他生气，找正规

[①]　事例摘自新华网，作者朱玉，万一，刘红灿，有节选。

建筑公司，重新在板缝中老老实实地灌注了混凝土。

1999 年，他又花钱，将已经不太新的楼原来华而不实、却又很沉重的砖栏杆拆掉，换上轻巧、美观、结实的钢管栏杆。接着，他又对这栋楼动了大手术，将整栋楼的 22 根承重柱子，按正规的要求，从 37 厘米直径的三七柱，重新灌水泥，加粗为 50 厘米以上的五零柱，他动手测量，每根柱子直径加粗了 15 厘米。

这栋实验教学楼，建筑时才花了 17 万元，光加固就花了 40 多万元。

学校没有钱，他一点点向教育局要，他修楼的钱就这样左一个 5 万元、右一个 5 万元的化缘而来。

教学楼时刻要用，他就与施工单位协调，利用寒暑假和周末，蚂蚁啃骨头的精神，一点点将这栋有 16 个教室的楼修好。

对新建的楼，他的要求更严。楼外立面贴的大理石面，只贴一下不行，他不放心，怕掉下来砸到学生，他让施工者将每块大理石板都打四个孔，然后用四个金属钉挂在外墙上，再粘好。建筑外檐装修的术语讲，这叫"干挂"。

因此，即使像前些天的大地震，教学楼的大理石面没有一块掉下来。

他知道，教学楼不建结实，早晚会出事，出了事，没法向学生家长交代。

他不能让这样的危险降临在自己学生的身上。于是，他从 2005 年开始，每学期要在全校组织一次紧急疏散的演习。

他会事先告知学生，本周有演习，但学生们具体不知道是哪一天。等到特定的一天，课间操或者学生休息时，学校会突然用高音喇叭喊：全校紧急疏散！

每个班的疏散路线都是固定的，学校早已规划好。两个班疏散时合用一个楼梯，每班必须排成单行。每个班级疏散到操场上的位置也是固定的，每次各班级都站在自己的地方，不会错。

教室里面一般是 9 列 8 行，前 4 行从前门撤离，后 4 行从后门撤离，每列走哪条通道，学生们早已被事先教育好。学生们事先还被告知：在 2 楼、3 楼教室里的学生要跑得快些，以免堵塞逃生通道，在 4 楼、5 楼的学生要跑得慢些，否则会在楼道中造成人流积压。

学校紧急疏散时，他让人计时，不比速度，只讲评各班级存在的问题。

刚搞紧急疏散时，学生当是娱乐，半大孩子除了觉得好玩外，还认为多此一举，有反对意见，但他坚持。

后来，学生和老师都习惯了，每次疏散都井然有序。

他对老师的站位都有要求。老师不是上完课甩手就走，而是在适当的时候要站在适当的位置，他认为适当的时候是：下课后、课间操、午饭晚饭、放晚自习和紧急疏散时——都是教学楼中人流量最大的时候；他认为适当的位置是：各层的楼梯拐弯处。

老师之所以被要求站在那里的原因是，拐弯处最容易摔，学生如果在这里摔了，老师毕竟是成人，力气大些，可以一把将学生从人流中抓住提起来，不至于让人踩到学生。

每周二都是学校规定的安全教育时间，让老师专门讲交通安全和饮食卫生等。他管得严，集体开会时，他不允许学生拖着自己的椅子走，要求大家必须平端椅子——因为拖着的椅子会绊倒人，后面的学生看不到前面倒的人，还会往前涌，所有的踩踏都是这样出现的。

那天地震，他不在。学生们正是按着平时学校要求、他们也练熟了的方式疏散的。地震波一来，老师喊：所有人趴在桌子下！学生们立即趴下去。

老师们把教室的前、后门都打开了，怕地震扭曲了房门。

震波一过，学生们立即冲出了教室，老师站在楼梯上，喊："快一点，慢一点！"

老师们说，喊出的话自己事后想想，都觉得矛盾和可笑。但当时的心情，既怕学生跑得太慢，再遇到地震，又怕学生跑得太快，摔倒了——关键时候的摔倒，可不是玩的。

那天，连怀孕的老师都按照平时的学校要求行事。地震强烈得使挺着大肚子的女老师站不住，抓紧黑板跪在讲台上，但也没有先于学生逃走。唯一不合学校要求的是，几个男生护送着怀孕的老师同时下了楼。

由于平时的多次演习，地震发生后，全校师生，2200多名学生，上百名老师，从不同的教学楼和不同的教室中，全部冲到操场，以班级为组织站好，用时1分36秒。

学校所在的安县紧临着地震最为惨烈的北川，学校外的房子百分之百受损，90多名老师的房子都垮塌了，其中70多名老师，家里砸得什么都没有了。

他从绵阳疯了似的冲回来，冲进学校，看到的是这样的情景：8栋教学楼部分坍塌，全部成为危楼。他的学生，11岁到15岁的孩子们，都挨得紧紧地站在操场上，老师们站在最外圈，四周是教学楼。

他最为担心的那栋他主持修理了多年的实验教学楼，没有塌。地震时，那座楼上的教室里坐着700多名学生和他们的老师。

老师们迎着他报告：学生没事，老师们都没事。

他后来说，那时，他浑身都软了。55岁的他，哭了。

他叫叶志平，是安县桑枣中学校长，四川省优秀校长。

事例启示：

一位校长，面对危险建筑，从"化缘加固"到"疏散演习"，居安思危，把预防工作细致地做在了日常，大地震面前，全校师生有条不紊、临危不惧，保护了每一个人的生命安全。这个生动的事例告诉我们，地震虽然突发且不可预知，但是我们是可以采取措施保护自己的。

1. 地震前兆

目前地震不能被精确预报，但是地震前会有一些前兆，这些前兆是一种异常现象。岩体在地应力作用下，在应力应变逐渐积累、加强的过程中，会引起震源及附近物质发生如地震活动、地表明显变化以及地磁、地电、重力等地球物理异常，地下水位、水化学反常、动物的异常行为等。概括性地称这些与地震孕育、发生有关联的异常变化现象为地震前兆（也称为地震异常）。

1）地下水异常

地下水包括井水、泉水等，主要异常有发浑、冒泡、翻花、升温、变色、变味、突升、突降、泉源突然枯竭或涌出等。人们总结了震前井水变化的谚语："井水是个宝，前兆来得早""无雨水质浑，天旱井水冒""水位变化大，翻花冒气泡""有的变颜色，有的变味道"。

2）动物异常

许多动物的某些器官感觉特别灵敏，它们能比人类提前知道一些灾害事件的发生，地震前的动物异常表现有牛、马、驴、骡的惊慌不安、不进厩、不进食、乱闹乱叫、挣断缰绳逃跑、蹬地、刨地、行走中突然惊跑；猪不进圈、不吃食、乱叫乱闹、拱圈、越圈外逃；鸡不进架、撞架、在架内闹、上树等。

3）电磁异常

震前家用电器如电视机、日光灯、手机等出现失灵现象，如手机信号减弱、电子闹钟失灵等。

4）气象异常

地震之前，气象也常常出现反常。主要有震前闷热，人焦灼烦躁，久旱不雨或阴雨绵绵，黄雾四散，日光晦暗，怪风狂起，六月冰雹（飞雪）等。

2. 地震防护

地震发生时，采取正确的避险和自救互救方法就能减少伤害。

1）避震原则

（1）不要惊慌。在大地震来临时，要保持镇静，避免惊慌。要克服"惊呆"和"惊逃"两种不良反应。地震时严重伤亡的众多事例，大多是慌忙向外奔跑所致。

（2）伏而待定。要保持镇静，迅速躲到附近最安全的地方，这是从历史的经验和血的教训中总结出来的。

（3）定后转移。在主震之后相对平静的一段时间内，迅速离开藏身之处，转移到更安全的地方。

2）居家避震注意事项

地震时恰好在家，应遵守6个字避震：判断；躲避；疏散。

一判断：判断是近震还是远震。如果是远震，看着晃动几秒钟，再去打听这次地震发生在哪里、有多大。如果是近震，首先感到上下剧烈颠动，就要立刻采取行动，绝对不能迟疑。

二躲避：迅速躲在坚固的床沿旁边、卫生间、小厨房、小储藏间、内承重墙的墙角、墙根、已经固定好的大衣柜的旁边。躲避时，要用随手物件保护头部、捂住口鼻，以免砸伤大脑或被泥沙烟尘呛住。躲避的姿势：身体尽量蜷缩、卧倒或蹲下，随手用物件护住头部、捂住口鼻，另一手抓住一个固定物（墙角或桌角）。如果没有任何可抓的固定物和保护头部的物件，则应该采取自我保护的姿势，头尽量向胸部靠拢，闭口，双手交叉放在脖后，保护头部或颈部。

三疏散：摇晃一停止，要立刻离开住所，疏散到空旷安全地带。

注意地震时，不要采取以下6种行为。

（1）不要乘电梯。地震时电梯可能严重变形危及生命，或断电无法逃生。

（2）不要到阳台上。建筑物如果受损，阳台是最容易毁坏的地方。

（3）不要到窗户或外墙边。建筑物如果受损，窗户和外墙是较容易毁坏的地方。

（4）不要找衣物或贵重物品。生命宝贵，逃生要紧。

（5）不要在床上或地中央。这属于危险地带。

（6）千万不要跳楼。事实证明，跳楼的伤害很大。

3）户外避震注意事项

地震发生时，如果你恰好在户外，要注意以下事项。

（1）在室外活动的人们要迅速环顾四周，根据所处的位置，快速转移到安全地带，要远离建筑物，特别是不要进入建筑物取物或救人。

（2）在街道上的行人要迅速离开电线杆、路灯、变压器、烟囱、高大建筑物等危险设施、设备和围墙、狭窄通道等。

（3）在过街桥或立交桥下的行人要迅速远离桥下，跑到开阔的地方，或根据实际情况，选择近处有利的地点躲避。

（4）行使中的司机要采取紧急制动措施，缓慢地刹车，停靠在路边或宽阔地，车上的乘客要抓住车中的座椅，或就地蹲下，抓住其他牢固的物件。

（5）江河面上的船只要立即停止航行，或者马上就近靠岸。

（6）在山区的人们要远离陡崖，密切注意山崩、滑坡、泥石流。当出现这些迹象时，千万不能在其前面往山下跑，应立即横向撤离。

（7）处在石化、煤化、天然气等易爆、有毒的设施附近的人们要迅速离开。当遇到毒气泄漏，要用湿毛巾捂住口鼻，向逆风方向奔跑；当遇到易燃气体泄漏，要用湿毛巾捂住口鼻，地震停止后，向逆风方向跑去，同时切忌使用明火，以防爆炸燃烧。

（8）遇到火灾的人们要趴在地上，用湿毛巾捂住口鼻，待地震停止后，逆风向（或垂直风向）匍匐前进，转移到安全地方。

3. 震后自救

1）不要惊慌

震后也许生存在周围一片漆黑、极小的空间里，此时一定不要惊慌，要沉着，树立生存的信心，相信会有人来救，要千方百计保护自己。

2）改善环境

地震后，往往还有多次余震发生，处境可能继续恶化，为了免遭新的伤害，要尽量改善自己所处环境，避开身体上方不结实的倒塌物和其他容易引起掉落的物体；扩大和稳定生存空间，用砖块、木棍等支撑残垣断壁，以防余震发生后，环境进一步恶化，扩大生活空间，保障足够空气。此时，如果应急包在身旁，将会为你脱险起很大作用。

3）自我保护

在震后这种极不利的环境下，首先要保护呼吸畅通，挪开头部、胸部的杂物，闻到煤气、毒气时，用湿衣服等物捂住口、鼻。

4）寻求救助

如果找不到脱离险境的通道，尽量保存体力，用石块敲击能发出声响的物体，向外发出呼救信号，不要哭喊、急躁和盲目行动，这样会大量消耗精力和体力，尽可能控制自己的情绪或闭目休息，等待救援人员到来。如果受伤，要想法包扎，避免流血过多。

5）维持生命

如果被埋在废墟下的时间较长，救援人员未到，或者没有听到呼救信号，就要想办法维持自己的生命，以坚强的、乐观的精神支撑生命，如果有防震包，里面的水和食品一定要节约，尽量寻找食品和饮用水。

✎ **真实事例**

小学生唱着国歌等待救援 ①

在汶川大地震中，都江堰小学三年级的许中政和同学也无一例外地被压在了废墟底下。一个明亮的教室晃了几下，没等他们反应过来是怎么回事，一下子变成了一个黑暗的世界，这对于只有 9 岁大的许中政来说，连想都没想过。

一时间，恐怖笼罩在整个废墟底下，哭泣声、呻吟声、绝望声充斥着几个幼小的心灵。但就在不经意间，一声声铿锵有力的国歌声飘进了许中政的耳朵，他随着哼唱起来，一声、两声、三声……不知何时，他的同学也跟着唱起来了，顿时一座废墟充满了生机。在和国歌相濡以沫 28 小时的漫长等待后，他们终于走出了这座废墟。

事例启示： 汶川地震的救援中，留下了激励人心的一幕，这一幕小学生齐唱国歌等待救援的场景让人激动而欣慰，一曲《义勇军进行曲》，给了在绝境中的小学生们以力量、勇气，他们乐观积极地等待，直面困苦不畏惧。

地震时，我们一定要掌握一定的自救或自我保护的方法，科学、乐观地等待救援。

二、地震安全教育

居安思危、防患未然是我们应对地震这一不可预知、突如其来的自然灾害的主要方式。这一预防包括地震疏散演习、地震安全教育等，并常备防震安全包等，总之，只有做足准备，我们才能临危不惧。

（一）定期开展地震应急演习

地震因为其特殊性，其疏散方式、自救方式、躲避方法、疏散注意事项、救援方法等方面与消防演习不同，因此，我们不能以常规的消防演习替代地震演习，应该根据地震灾害的特殊性，设计适宜的演习方案，定期演习，提高教师与幼儿的安全意识与自护能力。

📒 **范例**

幼儿园地震应急演练方案

一、演练目的

通过地震应急演练，使全园师幼掌握应急避震的正确方法，熟悉震后我园紧急疏

---

① 本案例来自中央电视台汶川地震特别节目。

散的程序和线路，确保在地震来临时，我园地震应急工作能快速、高效、有序地进行，从而最大限度地保护全园师生的生命安全，特别是减少不必要的非震伤害，同时通过演练活动培养幼儿在遇到危险时听从指令的意识，提高教职工面对危险的应急反应能力。

二、演练安排

1. 内容：应急避震演练，紧急疏散。

2. 对象：全体幼儿和教职工。

3. 时间：2021 年 5 月 12 日午随时。

三、演练准备

1. 邀请地震方面的专家，讲授应急避震的正确方法，针对幼儿园的建筑结构和具体环境，讲解地震来临时可以躲藏保护自己的地方。

2. 演练前讲明演练的程序、内容、时间和纪律要求，以及各个班级疏散的路线和到达的区域，同时强调演练是预防性、模拟性练习，并非真正的地震应急和疏散，以免发生误解而引发地震谣传。

3. 演练前对疏散路线必经之处和到达的"安全地带"进行实地仔细检查，对存在的问题及时进行整改，消除障碍和隐患，确保线路畅通和安全。

四、演练要求

1. 不要惊慌，听从指挥，服从安排。

2. 保持安静，动作敏捷、规范，严禁推拉、冲撞、拥挤。

3. 按规定线路疏散，不得串线。

五、组织机构

（一）领导小组

组　　长：园长。

副组长：后勤主任。

组　　员：保教主任、保教干事、办公室主任、保健主管、安全员、各班班长等。

（二）教室室内指导组：各班教师和保育员

1. "地震警报"发出后，教师指导幼儿进行室内避震，纠正幼儿不正确的动作和姿势。

2. "地震警报"解除后，全体教师带领幼儿迅速有秩序地疏散到指定的"安全地带"（幼儿园操场）。

3. 班级老师要自始至终跟队，密切关注演练现场，维护活动纪律，防止意外发生。

（三）疏散线路沿线工作

1. 合理调节幼儿疏散的进度，特别是防止过度拥挤造成踩踏事故。

2. 处理幼儿疏散过程中的偶发事件。

六、演练程序

1. 信息员利用校园广播发出"地震警报"。

2. 带班教师立即停止当前活动，告知孩子"地震来了，不要慌"，并指挥幼儿迅速用手护住头部和后颈，找到逃生安全区域进行躲避，可以是室内结实、不易倾倒、能掩护身体的物体下或物体旁，例如桌下或床下等，注意高处没有可能跌落的重物，不要靠近有玻璃的地方，蹲下时尽量蜷曲身体；抓住身边牢固的物体，以防摔倒或因身体移位，暴露在坚实物体外而受伤。

3. 保教人员进行检查并记录不足之处。

4. 信息员发布解除铃声，教师带幼儿有序离开教室到紧急集合点（南操场），疏散过程中用地震垫保护头部，以防被砸（图4-1）。

5. 幼儿在老师带领下有秩序从楼梯向下撤离，并按照预定的疏散路线，迅速撤离到事先指定的地点，抱头蹲下（图4-1）。

6. 各班班长报告各班人数及受伤人数。

7. 主持人对幼儿进行地震宣传教育。

8. 宣布演练结束，各班依次退场，返回教室。

图4-1　幼儿园避震演练

（二）开展地震自救的集体教育活动

《幼儿园教育指导纲要（试行）》明确指出："幼儿园必须把保护幼儿的生命和促进幼儿的健康放在工作的首位。"也就是说，幼儿的安全是身心健康的保障，只有在幼儿生命健全的基础上才能保证其身心健康发展。因此，我们应该充分领会《幼儿园教育指导纲要（试行）》精神，真正认识到安全教育的重要性，在平时教育教学中多多开展适合班级教育的安全活动，在活动中教给幼儿一些安全常识和正确的应急处理办法，让幼儿在以后的生活中能更好地处理一些紧急情况。

💬 教育活动

"地震"来了，我不怕（小班）

一、活动目标

1. 知道简单的关于地震方面的知识。

2. 学习地震发生时自我保护的方法。

"地震"来了，我不怕

3.知道地震时会有危险，产生爱惜生命的情感。

二、活动重点

知道简单的关于地震方面的知识。

三、活动难点

学习地震发生时自我保护的方法。

四、活动准备

1. PPT课件、视频动画课件《为什么会地震》、视频动画课件《发生地震的自救方法》、故事《不同寻常的一天》。

2. 实物教具：哨子一支。

五、活动过程

1. 教师出示哨子，导入故事。

教师：这个是什么，你们认识吗？（哨子）

教师：哨子是做什么的，你们知道吗？

教师：这可不是普通的哨子哦，它的用处大着呢。我有个小故事，你们想不想听听呢？

2. 讲述故事《不同寻常的一天》，引导幼儿了解地震前的征兆。

教师：故事里的小动物做了什么事情？

教师：小动物为什么不听话了呢？

教师：因为有些动物的听力以及感知能力比人类高很多，它们可以提前听到或者感知到地震的发生。

3. 播放视频《为什么会地震》，了解地震这种自然现象。

教师：为什么会发生地震呢？

小结：地球不断地发生板块运动，板块之间发生碰撞，就产生了地震。

4. 播放视频动画《地震的自救方法》，了解地震后怎么去自救。

教师：地震中小朋友们要先做什么？可以躲在哪里？

教师：地震过去后小朋友们要怎样做？

小结：地震发生了，小朋友要先护住头，躲到书桌下面或者墙角处，地震过去后，要排好队，跟着老师有秩序地离开教室，走楼梯到外面空旷的地点。

活动延伸：情景演练"地震来了，我不怕"。

教师带幼儿演习地震发生时的情景，师幼配合进行自救。

教师：现在发生地震了，请小朋友们躲到桌子下面，护住头！

教师：现在不震动了，我们从桌子下面出来，护住头，快速跟着老师贴着墙边走到户外操场去。

六、活动反思

此次活动以一个孩子生活中常见的物品——哨子引入，以生动有趣的故事让幼儿了解地震前小动物的反常变化，随后以视频影像的方式让幼儿了解什么是地震，为什么会发生地震，知道地震是地球运动产生的自然现象，学习地震发生后小朋友要怎样保护自己，减少幼儿对地震的恐惧感，学习地震逃生的安全知识，达到教育的目的。最后的延伸活动让幼儿在情景演练中巩固地震逃生的方法。整个活动开展比较成功，孩子将活动中学习到的地震自救知识运用到情景演练中。结合小班幼儿对安全知识、自救知识相对比较缺乏的特点，后期需要继续开展多方面的、系列的安全教育活动，从而更好地提高幼儿的安全意识和自我保护能力。

（北京市海淀区富力桃园幼儿园　张娇　何丹）

拓展知识

防震包物品清单

地震的突发性很强，往往使人措手不及，防不胜防。因此，家庭在平时要准备一个防震包，以解震后的燃眉之急。防震包用帆布旅行袋最好（20～35升背包一个）。一般应放置在靠近门口的地方，而且每个家庭成员都要知道。防震包所装物品数量不能太多，以方便携带。防震包一般必须存放的物品如下。

一、求救装备类

1. 口哨（呼救用，求救必需品）。

2. 红光激光笔一支（其光线有一定的透射力，若在夜晚可以打开当作指示遇险地点）。

3. 瑞士军刀一把（被掩埋后很难受，实在不行自己挖一挖周边的土，将空间整大些，或者挖个透气孔。不过要仔细观察分析四周的土方压力，不要随便乱挖）。

4. FM 收音机（可以收听外面的情况，保证自己不会与世隔绝）。

5. 手摇充电器（这个可以配多个转接接头，保证你的手机和收音机短时间工作）。

6. 手摇手电筒。

7. 常用手机备用电池一块（保证充满电）。

8. 户外恒温袋一个。

9. 可伸缩的杯子。

10. 铁锤。

11. 打火机、火柴。

12. 生活用品：一至二件衣服、口罩、雨衣、工作手套、卫生纸等。冬天还要考虑御寒用的棉衣或毯子。

13. 防水证件袋一个（里面放上一些零钱，你最重要的存折，证件的复印件）。

二、食品类

1. 1 升装水（若有空位可多装一支小水，水是求生最重要的资源）。

2. 小袋葡萄糖粉剂和盐（可补充能量）。

3. 专业户外能量棒 5 条。

4. 巧克力棒 5 条（高热量食品，帮助抵抗饥饿）。

5. 压缩饼干、方便面、面包、肉鱼类罐头。

三、药品类

1. 消炎药品（抗生素）：盘尼西林、阿莫西林、罗红霉素、诺氟沙星。

2. 绑扎类：绷带（纱布）一卷（受伤失血要用绷带扎在伤口的上端防止继续失血）；大小创可贴若干，棉花一袋。

3. 消毒类：酒精、消毒水、碘酒。

4. 跌打损伤类：云南白药若干支（止血、内服、外敷都可以的良药）。

5. 感冒退烧类：泰诺、康泰克。

6. 肠胃类：保济丸、黄连素。

四、个人信息类

准备一个户外紧急救援小胶囊，铁质的（地震过后一般会下雨，铁胶囊可以很好地保护个人信息），里面放写清楚个人信息的纸条（在纸条上写上名字，紧急联络人及其电话号码，血型，过敏禁忌症，社会保险号码等），便于医护人员开展紧急救援使用。

第二节　雷雨极端天气的应对与安全教育

😊 案例导引

北京"7·21"特大暴雨

2012 年 7 月 21 日至 22 日 8 时左右，中国大部分地区遭遇暴雨，其中北京及其周边地区遭遇 61 年来最强暴雨及洪涝灾害。截至 8 月 6 日，北京有 79 人因此次暴雨死亡。根据北京市政府举行的灾情通报会的数据显示，此次暴雨造成房屋倒塌 10660 间，160.2 万人受灾，经济损失 116.4 亿元。此次暴雨造成北京受灾面积 16000 平方公里，成灾面积 14000 平方公里，全市道路、桥梁、水利工程多处受损。

雷雨是空气在极端不稳定状况下所产生的剧烈天气现象，它常挟带强风、暴雨、闪电、雷击，甚至伴随有冰雹或龙卷风出现，因此往往造成灾害。为避免雷雨造成的损失，我们要了解雷雨的基本常识，并以适宜的方式开展幼儿安全教育。

一、雷雨天气基本常识

1. 户外遭遇雷雨天气的避险常识

（1）可以选择一家大型超市或其他比较大型的公共场所避雨，千万不要贸然赶路，也不要选择到一些临时搭建的工棚避雨，因为临时建筑在雷雨中也是危险的，倒塌会砸伤避雨的人。

（2）避雨不要站在门口、走廊、广告牌、路牌附近，避免风力过大有坠落，意外砸伤。

（3）不在大树下避雨，不要用金属柄的雨伞，不接打手机，金属饰品绝缘保存，尽量不戴在身上，避免雷击。

（4）不在水体边（江、河、海等）与山顶、楼顶停留。

（5）不触摸防雷的接地线。

2. 居家避雨注意事项

（1）雷雨天气居家是最安全的选择。在家时，我们要留意家用电器，因为雷雨天气会引发电路故障，尽量不使用大功率家用电器，如果是天线接收电视信号，也不要看电视，尽量不使用手机。

（2）准备好手电筒、蜡烛等照明用具，因为雷雨天气经常引发断电，避免措手不及。

（3）不使用太阳能热水器洗澡。

上述这些雷雨天气的注意事项，教师也可以将信息传递到家庭，尤其是暑假来临前，做好家长的雷雨天气安全提醒，提高家长的安全意识。

二、雷雨天气应急措施

从前述雷雨天气基本常识可以看出，雷雨天气有可能给人们的生活造成很大的影响，为此，幼儿园的管理者要做到未雨绸缪、防患未然，制定详细的雷雨天气应急预案，只有这样才能做到临危不乱，避免伤害和损失。

范例

幼儿园预防雷雨天气安全应急预案

春季和夏季是雷雨天气的高发季节，虽然雷雨天气是很正常的自然现象，但是雷雨天气也容易造成各种事故，对环境和人的生命安全也会造成很大的危害，为最大限度减小雷雨天气对幼儿园的影响，特制定我园雷雨天气的应急预案。

一、防雷雨天气的安全工作领导小组

1. 指挥小组组长：（园长）×××。

组员：（领导班子成员）×××、×××、×××、×××。

职责：全面检查协调本园教师、家长和幼儿的情况，及时调整雷雨天气的应急措施，如人员的安排，清扫雨水的工具，对雷雨天气带来的各种安全隐患的排除和清理等应急工作。

2. 信息组组长：×××（保教主任）。

组员：×××（保健医）、×××（办公室主任）、×××（保教干事）各班班长。

职责：及时了解天气预报，告知全园师生以及注意事项。根据需要，拟定告家长书，向家长宣传雷雨天气带孩子出行的注意事项和防雷电、防积水的自我保护方法。

3. 应急小组组长：×××（后勤主任）。

组员：×××（安全员）、×××（信息员）、×××（保健医）、保安、所有行政人员和全体教师。

职责：对雷雨天气引发的突发性人员受伤，保健医第一时间对受伤人员进行紧急处理并与就近医院联系，安保人员和行政人员对因雷雨天气引起的下水道障碍和路段障碍做到及时的疏通和清理。

二、各岗位根据职责采取措施的具体部署

各岗位职责、责任人、措施落实如表4-1所示。

表4-1 各岗位职责、责任人、措施落实

职责范围	责任人（岗位）	措 施 落 实
根据雷雨天气的严重情况，面向全园人、物的整体协调和现场指挥	园长	负责召开关于雷雨天气的安全工作领导小组会议，传达上级相关文件与会议精神，部署、检查落实防雷雨天气的安全事宜
信息的疏通和传达	办公室主任	1. 保证通信畅通，对天气变化随时进行交流与沟通。 2. 做好向家长宣传雷雨天气出行时应注意的安全和指导，以书面形式告知家长，拟定大风天气告家长书。 3. 做好上传下达的工作
1. 安检维修 2. 物品准备 3. 人员分工	后勤主任	1. 请专业人员检查维修园所避雷设施，并检查和疏通下水管道。 2. 防滑垫不短于10米，竹丝扫把4把，雨伞桶4个，接水桶若干，备用雨伞若干。 3. 安排专人检查室内门窗。 4. 消防物资检查。 5. 预警通知
检查维修 家长引导 安全保卫	安全员、维修工	1. 公共区域门窗、屋顶安全检查。 2. 关闭全园通道口大门。 3. 户外垃圾、杂物清扫处置。 4. 灭火抢险。 5. 清扫室外积水。 6. 室外主要通道、室内入口铺放防滑垫，放置安全警示标志。 7. 放置雨伞桶2～4个（视家长进园人数），备用雨伞及登记本。 8. 入离园大门安保，对家长进行引导、安保防护。 9. 备用物资的备用查点、收纳、报修
	保安	协助门卫和户外保洁做好以上安保和防护工作
室内公共区	室内保洁	1. 关闭多功能厅、东西楼梯两侧窗户。 2. 备吸水干墩布2把，室内入园通道地面随时除湿。 3. 行走通道有雨水的情况要及时清理，并摆放（小心路滑）的警示牌
入离园引导	后勤人员人事	入离园引导、避开雷电活跃时间
	保健医三名	1. 入园晨检，安全引导提示。 2. 意外时紧急救治送医
	财务两名	入离园时段进出口人员引导，安全提示
	库管、保育老师	1. 幼儿园内通道引导及安全提示。 2. 户外玩具收整（保育老师）

续表

职责范围	责任人（岗位）	措施落实
师幼安全	保教主任 保教干事 班级教师	1. 雷电安全教育，暂停户外活动。 2. 关闭并远离门窗。 3. 拔掉所有电器设备电源（空调、电脑等）。 4. 严禁接打手机、看电视。 5. 听候指挥引领幼儿安全离园
	相关人员	1. 相关场所自检报修，关闭门窗。 2. 教职工个人防雷电安全教育

三、注意事项

1. 各个部门和班级要加强平时的检查，如班级的水、电、门窗，食堂的煤气、水、电和门窗，发现问题及时报修，减少和避免雷雨天气造成的危害。

2. 保安和保洁平时在巡视和打扫户外卫生的时候随时检查建筑、房顶、树木以及室外的玩具是否牢固，发现问题及时报修。

3. 遇到突发的雷雨天气，保安和保洁在孩子来园之前对园所环境进行清理，确保家长和幼儿的出入安全，并摆放警示标志。

4. 教师加强对家长和幼儿在雷雨天气户外的一些教育和注意事项的宣传。

（北京市海淀区富力桃园幼儿园）

三、应对雷雨天气的安全教育

在雷雨天气高发季节来临时期，以集体教育活动的方式开展安全教育是十分必要的，以此增强幼儿对雷雨天气的科学认识，并促进其学会自我保护。

☺ 案例导引

会咬人的雷电（中班）

一、活动目标

1. 了解雷电的有关常识，知道雷电的危险。

2. 理解并学会躲避雷电的正确方法。

3. 在打雷下雨天气发生时，有初步的自我保护意识。

二、活动重点

了解雷电的有关常识，并有一定的自我保护方法。

三、活动难点

理解并学会躲避雷电的正确方法。

四、活动准备

打雷下雨的声效、绘本《会咬人的雷电》PPT。

五、活动过程

1. 游戏导入：我们一起去郊游

教师：小朋友们，秋天来了，我们一起去野外郊游吧。郊游的时候你们都会做什

会咬人的雷电

么事呢？音乐响起的时候，请你在教室表演一下郊游时会做的事情。音乐停止时请你们回到座位。

（教师播放《郊游》的音乐，邀请幼儿一起去郊游，小朋友们根据自己的想法表演郊游时会做的事情。）

2. 情境构建：野外郊游，突然打雷下雨

（1）播放 PPT 展示图片，引导幼儿观察图片。

教师：老师这里也有一张小朋友郊游的图片，请你仔细观察一下，图片里有哪些人物？除了人物还有什么？

教师：大树可以怎么演？小草可以怎么演？

（教师引导幼儿观察图片中有哪些人物角色，以及人物角色所处的环境，并请幼儿尝试用身体塑造形象。）

（2）鼓励幼儿即兴表演。

教师：你觉得图片中发生了什么事？他们可能在说什么？请两个小朋友表演一下。

（教师引导幼儿表现出在野外郊游时突然打雷下雨的场景。）

3. 论坛剧场：教师讲述故事，引导幼儿思考和表现

（1）讲到"大雨点噼里啪啦地落下来"时，教师提问：当你在户外游戏突然下雨时，你的心情是怎么样的？请小朋友表现出来。

（2）讲到"要离大树远远的"时，教师提问：你会怎样劝你的好朋友远离大树呢？请小朋友来演一演喵喵不让宝宝到大树下躲雨的动作。

（3）讲到"两人很快就到了狸狸家"时，教师提问：他们是怎么到狸狸家的，下雨天的路上可能会遇到什么？请你来演一演下雨天我们在外面要怎样走路。

（4）讲到"不到外面打手机"时，教师提问："为什么小朋友不让喵喵到外面打手机？"请小朋友来演一演宝宝一把抓住喵喵的胳膊，不让喵喵出去的动作。

4. 角色扮演：鼓励幼儿分组表演

教师：请小朋友们两个人为一组，分别扮演故事中的宝宝和喵喵，先商量好要扮演的角色，再进行组内表演。

5. 总结讨论

（1）教师和幼儿讨论宝宝和喵喵哪些行为是正确的，哪些行为是错误的？小朋友们遇到雷雨天气时应该怎么办？

（2）教师小结：打雷时，要注意！关好门窗和电器。不到大树下躲避，不到外面打手机。

六、活动反思

本次活动主要使用教育戏剧的方式，鼓励幼儿根据故事内容进行即兴表演，通过表演来感受故事主人公遇到雷雨天气时的心情，以及正确对待雷雨天气的做法。活动中，先引导幼儿用身体动作表现去郊游的场景，使整个活动的氛围变得活泼开放，也和后面观察郊游图片的环节衔接得更加流畅和自然。活动中"论坛剧场"环节，幼儿一边听故事，一边用身体动作表现故事内容，可以帮助幼儿加深对故事的理解，也可以更

好地帮助幼儿理解并学会躲避雷电的正确方法。

（北京市海淀区富力桃园幼儿园　赵福葵　陈凯鑫）

第三节　雾霾天气的应对与安全教育

😊 案例导引

雾霾，2013 年度关键词

2013 年，"雾霾"成为年度关键词。这一年的 1 月，4 次雾霾过程笼罩 30 个省（区、市），在北京，仅有 5 天不是雾霾天。有报告显示，中国最大的 500 个城市中，只有不到 1% 的城市达到世界卫生组织推荐的空气质量标准，与此同时，世界上污染最严重的 10 个城市有 7 个在中国。

2014 年 1 月 4 日，国家减灾办、民政部首次将危害健康的雾霾天气纳入 2013 年自然灾情进行通报。

从以上数据可以看出，雾霾已经对我们的生活造成了严重的影响，也被国家高度重视，那么，什么是雾霾？雾霾对我们有哪些影响呢？我们又该如何应对雾霾天气？

一、认识雾霾

雾霾是雾和霾的组合词。雾霾常见于城市。中国不少地区将雾并入霾一起作为灾害性天气现象进行预警预报，统称为"雾霾天气"。雾霾是特定气候条件与人类活动相互作用的结果。高密度人口的经济及社会活动必然会排放大量细颗粒物（PM2.5），一旦排放超过大气循环能力和承载度，细颗粒物浓度将持续积聚，此时如果受静稳天气等影响，极易出现大范围的雾霾。

霾是由空气中的灰尘、硫酸、硝酸、有机碳氢化合物等粒子组成的。它也能使大气浑浊，使人视野模糊并导致空气能见度恶化，如果水平能见度小于 10000 米时。与雾相比，霾对人的身体健康的危害更大。由于霾中细小粉粒状的飘浮颗粒物直径一般在 0.01 微米以下，可直接通过呼吸系统进入支气管，甚至肺部。所以，霾影响最大的就是人的呼吸系统，造成的疾病主要集中在呼吸道疾病、脑血管疾病、鼻腔炎症等病种上。同时，雾霾天气时，气压降低，空气中可吸入颗粒物骤增，空气流动性差，有害细菌和病毒向周围扩散的速度变慢，导致空气中病毒浓度增高，疾病传播的风险很高。

二、应对雾霾

雾霾天气会让人身体不适，尤其是幼儿，当我们面临雾霾天气时，应该从以下方面多加留意，呵护幼儿身心健康。

1. 注意房间通风的时间

很多人知道要开窗通风，特别是很多家长晚上开空调带孩子睡觉，更要注意通风，但雾霾天气下不主张早晚开窗通风，最好等太阳出来再开窗通风。

2. 注意卫生，保湿

要保证房间的卫生，雾霾天气下卫生很重要，否则极易引发呼吸道疾病，清理卫生不给病菌以滋生之地；要保湿，保证房间相对的湿度，让漂浮的粉尘易于沉淀和吸附在地面，尽量使用湿的抹布擦拭干净灰尘，以免被吸入呼吸道。

3. 减少户外活动

在雾霾天气时最好不要带孩子进行户外活动，尤其早晨空气质量特别差，要等能见度高的时段进行户外运动，地点以树多草多的地方为好；也不要带孩子到人多的地方活动，人多容易交叉感染，引发疾病。

4. 合理饮食

饮食宜清淡，多吃蔬菜，多喝水。多吃胡萝卜、豆芽、西红柿、海带、卷心菜，确保维生素的摄入量。多喝水，补充维生素 D。PM2.5 通过呼吸作用进入人体后，呼吸道首当其冲受到影响。多喝水是预防患上呼吸道疾病的要诀；另外要给孩子多吃清肺的食物，如黑木耳粥、猪血菠菜汤等；由于雾霾天日照减少，儿童紫外线照射不足，体内维生素 D 生成不足，对钙的吸收大大减少，严重的会引起儿童生长减慢，要注意维生素 D 的补充。

三、开展关于雾霾的安全教育

孩子生活的环境不可避免地会出现雾霾天气，让幼儿了解雾霾的危害与预防措施，对于保护其身体健康、增强自护能力有十分重要的意义。下面一则教案是一名大班幼儿园教师设计的关于防护雾霾的安全教育，以供参考。

📢 教育活动

看不清的天气（大班）

一、活动目标

1. 了解雾霾对人体及自然的伤害及基本的自我防护。
2. 能分清雾和霾，并大胆表达自己的认识。
3. 愿意参加活动，有初步的环保意识。

二、活动重点

了解雾霾对人体及自然的伤害及基本的自我防护。

看不清的天气

三、活动难点

能分清雾和霾，并大胆表达自己的认识。

四、活动准备

天气标志图片、雾和雾霾的对比视频、地球一小时图片、视频、黑板、雾霾危害的图片、方形白纸、黑水笔、彩笔、泥胶、手按铃、计分表。

五、活动过程

1. 游戏导入，巩固天气标志，认识雾霾标志

教师：小朋友们，今天老师给你们带来了一个好玩的抢答小游戏，每组有一个手按铃，如果你认识老师出示的天气标志请按铃抢答，答对计一分，我们比比哪组小朋友认识得最多。

教师：你知道什么是雾霾吗？

2. 播放视频，了解雾和霾的不同

教师："观看了小视频，小朋友们了解到雾和雾霾有哪些不同呢？"

教师小结：雾霾和雾是不同的，雾是指在相对高的温度下，空气中形成的肉眼可见的微小水滴（或冰晶）的悬浮体，是一种自然的天气现象。出现雾时空气潮湿，空气相对湿度高。而霾是悬浮在空气中肉眼无法分辨的小颗粒，人们用 PM2.5 来表示雾霾程度，PM2.5 值越高雾霾越严重。

3. 交流讨论，了解雾霾形成的原因

教师："那小朋友们知道我们生活中常常见到的雾霾是从哪来的吗？"

教师小结：雾霾产生的主要来源是日常发电、工业生产、汽车尾气排放等过程中经过燃烧而排放的残留物，大多含有重金属等有毒物质。

4. 出示图片，了解雾霾的危害

教师："小朋友们知道如何避免雾霾对我们的伤害吗？用你手中的画笔画出保护我们和地球家园的好方法吧。"

5. 张贴绘画，分享总结

教师："我们来看一看有哪些好方法吧！"

（1）避免晨练，减少外出。采用室内锻炼替代室外锻炼。

（2）外出戴口罩。如果不得不出门时，最好戴上防护口罩。出门后进入室内时，要及时洗脸、洗手、漱口、清理鼻腔。

（3）在雾霾天气条件下，家庭应关闭门窗，等到霾散日出时再开窗换气。

（4）饮食清淡多喝水，多吃豆腐、雪梨。这样不仅可补充各种维生素和无机盐，还能起到润肺除燥、祛痰止咳、健脾补肾的作用。少吃刺激性食物，多吃些梨、枇杷、橙子、橘子等清肺化痰食品。

6. 活动延伸

教师："环保组织世界自然基金会 WFF 组织开展了'地球一小时'的活动，在每年3 月最后一个星期六 20∶30—21∶30，呼吁大家熄掉不必要的电灯及耗电产品一个小时，号召更多人关注空气污染，找回蓝天。"

六、活动反思

雾霾是孩子们生活中常见的一种自然灾害天气，很多孩子对于雾霾的认识仅仅停留在雾霾对身体不好、我们需要戴口罩这一层次上，在本次活动中，我们既开展了"防雾霾"安全教育，提高孩子"防雾霾"的常识和意识，还丰富了孩子们的"雾霾"知识，

如雾和霾的区别、雾霾容易诱发呼吸系统疾病、影响交通安全等。同时帮助幼儿补充了雾霾天应尽量避免室外活动、多喝开水多吃蔬菜水果、外出时戴上口罩的自我保护方法、地球一小时、认识天气标志等多维度的知识，在活动的过程中孩子的语言表达、绘画能力、大胆交往能力等方面也获得发展。

（北京市海淀区富力桃园幼儿园　王雪　孙莉莉）

四、加强雾霾天气应急管理

教师除根据雾霾天气基本常识开展相关教育活动外，幼儿园应该加强雾霾天气的应对管理、总体规划和部署，确保幼儿的身体健康。下面这则案例是幼儿园空气重污染应急预案，教师从中可以学习到处理雾霾天气的一些方法，并了解幼儿园的管理，适应幼儿园的日常教育工作。

📖 范例

幼儿园空气重污染应急预案

为有效应对空气重污染，切实保护中小学生及幼儿园儿童的身体健康，保证教学有序进行，根据《北京市海淀区教育委员会空气重污染应急预案》（2016 年修订）（海教发〔2016〕38 号）有关规定，结合本学校（幼儿园）实际制定本预案。

一、应急机构与职责

（一）组长：园长

职责：接受海淀区教育委员会空气重污染应急工作领导小组办公室指令，向全园宣布进入预警状态，启动幼儿园预案；负责幼儿园应对空气重污染工作的整体指导、协调及预警状态下突发事件的处理，与上级的沟通、汇报等。

（二）副组长：办公室、后勤、保教主管领导

职责：预警状态下办公室负责通知、信息的及时传达；在组长指导下向上级汇报应急状态下各项工作进展及相关数据。后勤主任通知食堂订货数量的修改或取消，预警等级标志及通告栏制作及运作及对后勤人员的信息传达；保教主任预警状态下指导各班进行幼儿居家及在园整体活动的开展；向全体前勤教师发布各种信息的通知通告；预警状态下幼儿出勤信息汇总以微信形式向组长汇报。

（三）组员：保健医

职责：负责预警状态下班级空气净化器的使用与检查、体育锻炼的监督与检查；根据幼儿出勤人数灵活调整当日食谱。

（四）组员：各班班长

职责：预警状态下各班幼儿班级活动的组织及居家一日活动安排及家长指导，班级来园幼儿及居家幼儿信息统计及汇报。

（五）组员：办公室、网管

职责：办公室人员负责协助领导小组启动和解除空气重污染应急预案；网管人员

预警响应期间，确保幼儿园网络、通信设施、教育教学设备等正常运行，保障幼儿园教育教学工作的顺利开展。

二、幼儿园预警信息发布与解除

幼儿园接到海淀区教育委员会空气重污染应急工作领导小组办公室发布的空气重污染预警或解除指令后，通过微信、电话方式转达给幼儿、教师、家长，告知启动的预警级别及应对措施。预警发布联系图如图4-2所示。

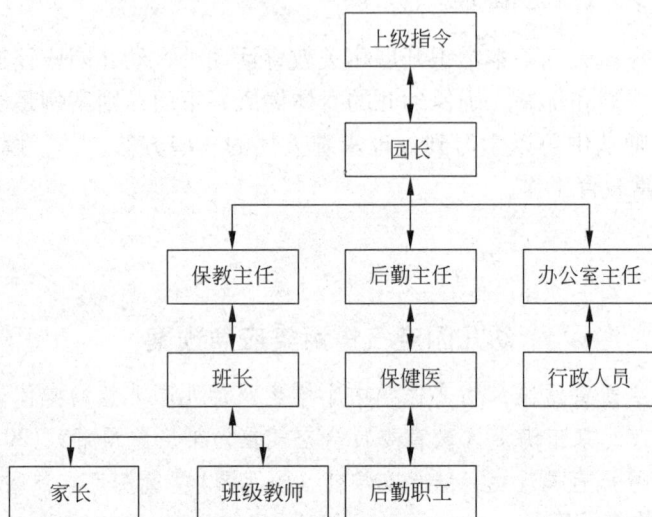

```
                    上级指令
                       ↕
                     园长
          ┌───────────┼───────────┐
        保教主任      后勤主任     办公室主任
          │            │            │
         班长        保健医       行政人员
    ┌──────┴──────┐     │
  家长     班级教师   后勤职工
```

图 4-2　预警发布联系图

注意：本图设置为双向箭头，意思是本传达是一个有传达、有回馈的信息传达图。

当消息传达至班级教师时，教师应马上回复班长"通知收到，遵照执行"，当信息传达至家长时，家长应马上回复本班班长"通知收到，遵照执行"或"通知收到，申请来园"，信息收集全后，班长应在第一时间回馈保教主管"全部教师已知悉""全部家长已知悉"，保教主任第一时间汇报组长"全体教师及家长已知悉"。

三、不同预警级别的应对措施

（一）预警级别：预警四级（蓝色）

应对措施：减少户外体育运动。

活动要求：

1. 教师给予幼儿活动项目的指导，不做肺活量大的运动。

2. 教师带领幼儿相对减少户外体育活动，同时制订班级室内运动的计划，结合音乐游戏、集体音乐律动和集体操组织幼儿室内活动。

3. 室内活动时关闭窗户，开启空气净化器。

（二）预警三级（黄色）、预警二级（橙色）

应对措施：停止户外活动。

活动要求及时间方式：

1. 活动地点：室内、大厅、楼道、多功能厅。

2. 活动内容：多功能厅体育课、集体操、集体音乐律动、音乐游戏、区域自选游戏（以有身体运动内容的表演区/乐器探索区为主）等。

3. 活动时间：上、下午各1小时。

4. 活动要求：

（1）结合幼儿的年龄特点及本园的实际情况，在确保幼儿安全的前提下在班级教室内或者教学楼里开展运动锻炼。

（2）关闭窗户，开启空气净化器。

（三）预警级别：预警一级（红色）

应对措施：停课

预警状态下班级负责制，向家长告知预警停课状态下家园联系渠道，停课期间要对孩子进行电话追踪，及时掌握幼儿生活情况及健康状况等。

1. 居家生活指导：按幼儿园作息安排幼儿在家有序进行一日生活。

2. 居家游戏指导：根据幼儿年龄特点及课程进度为幼儿选择适宜的亲子游戏内容，包括亲子音乐游戏、亲子娱乐游戏和手指操等。

3. 居家安全指导。

（1）不外出，不去公共场合，不触摸电源，不玩火，不给陌生人开门，幼儿在家要有成人陪同，确保幼儿安全。

（2）红色预警期间，幼儿园停课在家学习，按照"停课不停学"的原则，各班班长通过网络平台和数字化资源自主学习，学习期间可向老师电话咨询。

（3）在家期间，家长要确保孩子安全，取消一切户外活动。如果家中确实无人看管，由家长提出来园申请、签字交给班上老师，再由班长签字并统计本班来园幼儿人数。

四、工作要求

1. 提高认识，强化落实。全校的教职员工要提高对空气重污染严重性的认识，扎实落实各项应对措施，最大限度降低空气污染对师幼身体健康的影响。

2. 教职员工要在平时做好应急教学指导的资料库、数据库等建设工作，充分预备，随时可启用。

3. 假期各班班长要24小时开机，与主任、班级教师及家长保持联系，确保信息畅通。

4. 红色预警状态下，各班教师要积极值班，为有特殊情况必须来园的孩子做好各项保障工作。

5. 建立应急指导小组人员微信群，及时共享上级指令、幼儿出勤等各方面信息，方便各方面工作的及时调整；建立教师微信群，方便主管领导与班长教师的及时沟通，必要时打电话直接联系。各班建立家长微信群，及时传达信息。

6. 加强应急反应机制的日常管理，在实践中落实和完善应急处置预案。加强人员培训，不断提高应对突发公共卫生事件的指挥能力和实战能力。

（北京市海淀区富力桃园幼儿园）

五、开展丰富多彩的室内运动

近年来，由雾霾造成的空气污染逐渐成为人们广泛关注的社会问题，雾霾中细小的 PM2.5 颗粒可以直接进入人的呼吸道和肺叶，严重危害人体健康，对幼儿的影响尤甚。为避免雾霾对幼儿健康的侵害，各幼儿园应密切关注雾霾预警情况，根据预警选择户外活动的时间。在春、冬雾霾高发季节，幼儿户外活动受限，每日运动量大幅减少，而充足的户外活动是幼儿健康成长所必需的，因此，如何创新幼儿体育活动形式、设立体育训练技能项目，以保证幼儿雾霾天气下在园的充足运动量，成为健康活动探索的新方向。

下面这则案例是室内安全运动会的案例，既满足了幼儿的室内运动需要，也进行了多方面的安全教育，设计巧妙，值得借鉴。

范例

幼儿室内运动的设计与实施
——2021 年室内运动活动方案

一、活动背景

在日常生活中，会出现大风、雨雪、雾霾等不适宜户外运动的天气情况，对此，幼儿园室内体育运动作为户外运动的一种补充手段，可以弥补恶劣天气造成的不利于户外运动的局面，在室内运动以达到锻炼幼儿身体的目的。在室内开展切实有效的体育运动，不仅能够丰富幼儿的一日生活，而且能够推动幼儿身心素质的健康发展，培养幼儿自信开朗的性格，对于幼儿的学习与发展意义重大。

此外，安全工作是幼儿园重中之重。对幼儿进行安全教育，提高幼儿安全意识和自我保护的能力是幼儿园安全工作的重要组成部分。长期以来，我们对幼儿的安全教育多以消防安全、地震安全、交通安全等内容为主。近年来，随着全球气候和局地天气的新变化，我们发现雾霾、大风等特殊天气下安全意识的培养和自我保护能力的提升也成为幼儿园安全教育必不可少的一部分。

综上所述，为了保证孩子们能在特殊天气时得到锻炼，激发孩子们的运动兴趣，保证体育运动的时间和质量，同时丰富孩子们的安全知识，提高自我保护能力，我们将安全教育内容与幼儿室内运动会相结合，一方面，把室内体育锻炼作为工作重点，根据本学期即将进行的体能测试项目精心编排了适合小朋友们的室内体能游戏；另一方面，在体育游戏中渗透安全教育，锻炼体能，培养保护自己的能力。

我们希望每一个孩子能够在积极的参与中体验表现自我的快乐，同时增强他们的自主、自信，并在室内运动会中进行游戏体验，展示小朋友和老师的风采。

二、活动时间

日常教学的户外活动时间。

三、活动地点

教室（活动室、睡眠室）、楼道。

四、活动目的

（一）幼儿

1.进一步丰富幼儿的安全常识，增强幼儿的安全意识和自我保护的能力。

2.感受室内体育游戏活动的乐趣，激发幼儿进行室内体育游戏的积极性。

3.通过室内游戏有针对性地增强体能素质，同时锻炼幼儿勇敢、不怕困难的意志品质。

4.增强幼儿的竞争意识、合作意识，提高幼儿遵守游戏规则的自觉性。

（二）教师

1.增强教师对特殊天气的应变能力。

2.提高教师设计和组织室内体育游戏的能力，丰富室内游戏的多样性。

3.提高教师开展对幼儿安全教育的能力。

五、活动责任及分工

1.总负责：保教主任。

2.负责人：年级组长、各班教师及保育员。

3.材料、音乐、场地、环境布置：各班教师。

六、活动安排

（一）准备部分

1.教师带领幼儿一起移动桌椅，留出场地。

2.幼儿分成两组，主配班老师各带一组，在睡眠室和活动室进行运动前准备和预热活动。

（二）基本部分

1.集体操

幼儿分成两组，主配班老师各带一组，在睡眠室和活动室进行集体操展示：队列操、体能操、器械操和整理操。

2.集体游戏

各班教师利用班级桌、椅、柜等现有材料和适宜室内使用的体育器材组织幼儿进行走、跑、跳、钻、爬的集体游戏。

3.分散游戏

各班教师组织幼儿进行分场地自主分散游戏。

（三）结束部分

幼儿集中，进行同伴、小组或者集体分享，教师进行总结。

（四）安全注意事项

1.本次活动教师们要注意幼儿活动区域的安全，确保游戏安全。

2.教师注意根据需要提醒孩子饮水。

3.注意楼梯和楼道中每一名幼儿的安全。

4.在运动过程中，教师要注意保护好幼儿安全，如发生小朋友跌倒摔伤，及时由保健医处理，并按上报程序进行上报。

七、室内活动总结

《3—6岁儿童发展与指南》中明确指出：幼儿园应该以游戏为基本活动。而体育游戏作为一种常见的、有规则的、有结果的并具有竞赛性及强健体魄作用的基础体育活动，深受孩子们的喜爱，它不仅能促进孩子的身体动作发展，也能促进幼儿在智力、社会性交往能力上等方面的多元发展。

在风沙、雾霾等特殊天气的影响下，利用室内陈设组织丰富的体育活动，在教学实践中得到了充分的验证。班级教师能够充分考虑幼儿年龄特点和运动目标，充分挖掘器械的多种玩法及环保材料的二次利用，能注重材料、空间、趣味、力量的多维利用，将室内运动尽可能最大化，并借助游戏情境激发幼儿运动兴趣，引导幼儿进行各类动作技能的综合锻炼。如小猫捕鱼游戏，在幼儿练习走平衡时，增强了规则意识，又增进了幼儿对安全标志的认识和巩固。幼儿小猫捕鱼游戏，如图4-3所示。

图4-3　幼儿小猫捕鱼游戏

幼儿基本动作经验不断发展，身体的平衡性、协调性和灵活性逐步加强，看到孩子们挥洒着汗水，玩得开心，快乐运动，可以感受到有趣的室内运动现场俨然成为一个室内游乐场！在不断地实践、反思、调整过程中，相信我们一定会为幼儿们创造更快乐、更有趣的运动环境，最大化地满足幼儿游戏、探索、健体的欲望，让室内运动变得更合理、更好玩，让孩子们在欢乐的游戏中锻炼身体，爱上体育运动。

变化无穷的室内运动游戏充分体现了老师们的独具匠心和奇思妙想，且可以使孩子们健康快乐地成长！

（一）小班

1.平衡类游戏

游戏名称：小猫捕鱼

游戏目标：

（1）掌握在一定高度上走平衡的动作要领。

（2）知道在游戏中要注意安全，不推挤同伴。

（3）愿意并愉快地参加体育活动，感受运动带来的快乐。

小猫捕鱼

游戏准备：游戏音乐MP3、标志桶、小椅子10把、桌子、滑溜布、断裂标志、塌方标志、小椅子若干、呼啦圈若干。

游戏玩法：小猫长大了，今天猫妈妈要带小猫们去学习捕鱼的本领了，在前往捕鱼的路途中会通过一条很长的路，小猫们要注意安全，走过这条路去捕鱼。

游戏规则：

小班：小椅子在场地两边左右交替摆两竖排，桌子在场地中间摆成一竖排，下面铺好爬行地垫，在起点处放置呼啦圈，在桌子尽头处放置一把贴有小鱼图片的小椅子。音乐响起，幼儿扮演小猫出发，走过独木桥（小椅子）。手膝着地从下面爬过小山洞（桌子），途中会有标志提示幼儿独木桥容易断裂，山洞易塌方，需要小心慢慢地经过。来到小河边（滑溜布）用渔网套住鱼后转身，手膝着地从上面爬过小山坡，经过另一侧的独木桥到达终点后返回起点继续游戏。

中、大班：小椅子在场地两边朝一个方向摆两竖排，桌子在场地中间摆成一竖排，下面铺好爬行地垫，在起点处放置呼啦圈，在桌子尽头处放置一把贴有小鱼图片的小椅子。音乐响起，幼儿双手打开双脚交替走过独木桥（小椅子）。用肘膝爬的方式从下面爬过小山洞（桌子），途中会有标志提示幼儿独木桥容易断裂，山洞易塌方，不能拥挤、蹦跳。来到小河边（滑溜布）用渔网套住鱼后转身，用肘膝爬的方式从上面爬过小山坡，经过另一侧的独木桥到达终点后返回起点继续游戏。

（北京市海淀区富力桃园幼儿园　邢可心）

游戏名称：小熊送礼物

游戏目标：

（1）练习持物走平衡的方法。

（2）有一定的协调性和平衡能力。

（3）能够注意安全，大胆尝试，不怕困难。

游戏准备：桌子、椅子、塑料地垫、小鱼、自制冰洞。

小熊送礼物

游戏玩法：

情景：小朋友们，今天山脚下的小熊警官接到一个任务，想要在你们当中挑出最厉害的小朋友到山顶上给猫妈妈和小猫送食物吃，因为在寒冷的冬天，天空中下起了大雪，猫妈妈和小猫被困在了山顶上，需要小朋友们走过小桥，钻过山洞，冲破重重险阻，到达猫妈妈的家里，把食物送给他们，通过的每一条路都危险重重，既不能被雪地滑倒，还要躲避冰洞，你们一定要小心，注意安全。

玩法：将三张桌子按宽度连接摆放，在桌子下面放好塑料地垫，将椅子两两相对摆成一条约3米长的小路，并间隔半米左右摆上一个自制冰洞（彩打图片），并在桌下撒下"小鱼"（运送给猫妈妈的食物）。引导幼儿利用桌下空间，双腿屈膝蹲下钻过障碍物（桌子），进行钻山洞平衡练习。在钻的过程中，幼儿要持小鱼经过有冰洞的河道（小椅子），小朋友经过时要迈过或绕过冰洞，平稳走过结冰的小河，到目的地后放下小鱼，迅速跑回。

游戏规则：游戏过程中踩到冰洞、碰到山洞或掉下椅子视为失败，立即回到起点

重新开始。

小班：引导幼儿利用桌下空间（钻山洞），双腿屈膝蹲下，低头团身钻过桌子（山洞），身体任何部位不能触碰桌子（山洞）。在钻的过程中，幼儿拿着小鱼经过有冰洞的河道（小椅子），双手打开保持身体平衡，小朋友经过时要迈过或绕过冰洞（自制彩打冰洞），平稳走过结冰的小河，到目的地后放下小鱼，迅速跑回。再次进行游戏。

中班：将椅子摆成一条约 4 米长的小路，调整每把椅子之间间隔约 30 厘米，增加难度，以肘膝持物形式钻过山洞（桌子），进行钻山洞平衡练习。拿着小鱼经过有冰洞的河道（小椅子），爬的过程中注意不碰到山洞壁，注意安全。

大班：将椅子摆成一条约 5 米长的小路，调整为双排椅子，每把椅子之间间隔约 50 厘米错位摆放，增加难度，以匍匐爬持物形式钻过山洞（桌子），进行钻山洞平衡练习。拿着小鱼经过有冰洞的河道（小椅子），爬的过程中注意不碰到山洞壁，注意安全。

（北京市海淀区富力桃园幼儿园　王晓雨　张丽）

2. 柔韧性类游戏

游戏名称：**毛毛虫摘水果**

游戏目标：

(1) 练习坐位体前屈的动作要领。

(2) 有一定的自我保护意识。

(3) 乐意参与摘水果的游戏，体验运动的乐趣。

毛毛虫摘水果

游戏准备：各种各样的水果、不同高度的大树

游戏玩法：幼儿跳童趣的"水果园"韵律操，做简单的拉伸动作，接受小任务，去果园摘水果。活动中，幼儿要注意安全，面向水果树坐在地垫上，按照颜色、属性将摘下来的水果分类，动作要求：双腿伸直，双脚顶住大树干，在摘水果的过程中双膝盖不能弯曲。

游戏规则：幼儿在摘水果的过程中脚板绷直、膝盖不能弯曲，听音乐按要求摘相应的水果。（可以适时增加水果的数量、果树的高度，以此来增加游戏的难度。）

小班：在摘水果的过程中脚板绷直，弯曲腰部，双手放在头两侧，膝盖尽量不弯曲，尽力向前慢慢用力。

中、大班：在摘水果的过程中脚板绷直，膝盖伸直。

（北京市海淀区富力桃园幼儿园　焦雨）

3. 跳类游戏

游戏名称：**躲避雷电大作战**

游戏目标：

(1) 练习双脚跳的动作。

(2) 能配合手臂和腿的动作进行跳远。

(3) 喜欢参与跳跃活动。

躲避雷电大作战

游戏准备：不同颜色的标志桶 4 个、废旧报纸若干、两条绳子、若干雷电图案、沙包（宝贝）若干、小动物纸箱 4 个。

游戏玩法：将不同颜色的标志桶分开摆放在活动室各处作为起点，每名幼儿拿两张报纸，从起点处跳远前进，在放置报纸时，不碰到旁边的雷电图案。跳到终点处摸小动物纸箱找宝贝，小班幼儿在返回时，可以从放在地上的长绳上走回来。返回时不能碰到旁边的雷电图案。

中班和大班在返回时，教师将长绳的一端固定于墙面上，幼儿仰卧于垫子上，通过用手拉拽绳子以及背部、脚部的发力移动，使身体挪至终点处。在返回时不能碰到旁边的雷电图案。

大班可以两人一组，小组合作进行。

(北京市海淀区富力桃园幼儿园 刘轶馨)

(二) 中班

1. 大肌肉综合类游戏

游戏名称：抗洪小士兵

游戏目标：

(1) 能运用走、跳、爬等方法通过障碍物。

(2) 在游戏中能够遵守规则，注意安全。

(3) 感受游戏的乐趣，在活动中感受坚强勇敢、不怕苦难的意志品质。

游戏准备：椅子、地垫、跳袋、小动物图片。

游戏玩法：抗洪小士兵接到了一个紧急任务，洪水要来了，小士兵们需要帮助隔壁村的小动物们保护家园粮食，但是在过程中会遇到很多障碍，小士兵需要从起点出发，走过独木桥(椅子)，套上跳袋通过后，再爬过草地(地垫)，最终成功营救小动物们。

游戏规则：

小班：走过独木桥，手膝爬过草地，划小船回到起点。

中班：走过独木桥，躺爬过草地，回到起点。

大班：走过独木桥，套上跳袋，躺爬过草地，回到起点。

(北京市海淀区富力桃园幼儿园 王菲)

2. 爬类游戏

游戏名称：勇敢的消防员

游戏目标：

(1) 学习肘膝爬的正确方法。

(2) 能够用肘膝爬的方式通过障碍且不触碰火线。

(3) 乐意与同伴一起游戏，体验游戏带来的挑战与快乐。

游戏准备：桌子、地标、橡皮筋、腕铃、火苗图片若干、水瓶、箱子(周围贴上火苗)。

游戏玩法：将橡皮筋绑在桌子的腿上，高低、错落有致地拉开，并在每条橡皮筋上绑上腕铃，地标贴上火苗图案，随机摆放在火线内，幼儿手持水枪(水瓶)从外面以肘膝爬的方式慢慢进入火线内，不触碰火线(碰响铃铛)，避开火苗(地标)，最终抵达起火点(箱子)去进行救火(将水瓶掷到箱子中)。

　　游戏规则：幼儿进入火线区内的时候，身体的任何一部分触碰火线，手铃被碰响就被视为受伤，退出火线区，重新开始。

　　可以适时改变桌子的摆放和橡皮筋绑的高矮，以此调整游戏难度。

　　小班：以手膝爬的方式通过火线去救火，爬的过程中注意不碰响铃铛。

　　中班：幼儿手持水枪（水瓶），肘膝爬（身体尽量往下低，脚不要抬起）通过火线，期间身体各部位不能触碰导火线，如果铃铛响起则视为受伤，要退出火线，重新开始，并且在爬的过程中要避开火苗（地标），抵达起火点（箱子）去进行救火（将水瓶掷到箱子中）。

　　大班：以匍匐爬的方式通过火线去救火，爬的过程中注意不碰响铃铛。

（北京市海淀区富力桃园幼儿园　马雪晴　吕雪娇）

　　3. 跳跃类游戏

　　游戏名称：**小马运粮**

　　游戏目标：

小马运粮

　　(1) 学习掌握正确的立定跳远的动作。

　　(2) 能在游戏中学会自我保护，尝试跳过不同宽度的"小河"。

　　(3) 乐意与同伴一起游戏，体验游戏带来的挑战与快乐。

　　游戏准备：松紧带、椅子、沙包、玩具筐、病毒卡片。

　　游戏玩法：用小椅子将皮筋撑好，可以撑出不同的宽度，在椅子两侧摆放病毒卡片，幼儿扮作小马，分两队手拿沙包从起点出发，小马们需要立定跳过"病毒小河"，小河周围摆放病毒卡片，小马跳到终点后，在一定距离下将粮食（沙包）投入粮仓（筐）中，顺利跳过河并将沙包投入筐中的数量多的小马队伍获胜。

　　游戏规则：皮筋摆出不同的宽度，供不同能力的幼儿进行练习。幼儿跳过"病毒小河"时，掉到河里要扣一分。

　　可以适时改变椅子摆放的距离和橡皮筋绑的高度，以此调整游戏难度。

　　小班：皮筋宽度在 80 厘米左右。

　　中班：皮筋宽度在 90 厘米左右。

　　大班：皮筋宽度在 100 厘米左右。

（北京市海淀区富力桃园幼儿园　郭田乐）

　　（三）大班

　　1. 投掷类游戏

　　游戏名称：**灭菌小能手**

　　游戏目标：

灭菌小能手

　　(1) 学习并掌握单手肩上投掷的动作。

　　(2) 尝试在游戏中练习投远和投准。

　　(3) 感受投掷活动的乐趣，体验成功的快乐。

　　游戏准备：沙包（若干）、小呼啦圈、椅子（倒放）、病菌卡通图（贴在椅子洞内）、游戏音乐。

游戏玩法：

（1）热身：跟随教师做热身活动，重点活动上肢关节。

（2）将椅子椅背朝下，椅子腿朝上摆在地上，将病菌图片贴在椅子洞里，为幼儿设置起点线。

（3）教师导入情景，幼儿拿沙包进行单手肩上投掷动作的练习。

教师：叮咚叮咚警报响起，细菌入侵，小朋友快帮忙，我们一起来做健康卫士，请你用手里的弹药（沙包）来打败细菌，你来试一试可以怎么做呢？注意不要离细菌太近了，避免被传染，要站在安全线后。

（4）幼儿站在安全线后，尝试投掷沙包扔进椅子洞里，进行投远游戏，消灭病毒。

（5）在游戏场地增加提供呼啦圈，增加掷准游戏环节。

（6）幼儿分场地尝试不同器材的投掷游戏（投掷沙包或呼啦圈到椅子洞里），消灭病毒，巩固练习投掷动作。

注： 提示幼儿在进行投掷游戏时，不要超过安全线。

游戏规则：

（1）小班设置不同的安全线距离进行投掷，将病毒图片放大进行游戏。

（2）中班设置不同的安全线距离进行投掷，可在小班基础上将图片适当缩小。

（3）大班设置不同的安全线距离进行投掷，将图片缩小，不同的距离对应不同的分值，循环进行积分游戏。

（北京市海淀区富力桃园幼儿园　沈旭、孙莉莉）

2. 平衡类游戏

游戏名称： 丛林探险

游戏目标：

（1）练习穿大鞋走、跳，掌握平衡要领，提高协调能力。

（2）能和同伴一起设计平衡路线，增进幼儿间的合作能力发展。

（3）在安全游戏中，感受游戏乐趣获得成功感。

丛林探险

游戏准备： 教室内不同高度的平衡器械（椅子、高矮不同的积木）、安全标志图片若干。

游戏玩法：

（1）将不同高度的平衡器械进行道路摆放，形成不同高度的路线障碍，幼儿根据自身情况进行路线的选择，通过不同的平衡走方式穿越路线后完成不同的任务，获得相应的安全标志图片。

（2）幼儿小组合作利用现有材料进行路线的创设，并根据路线进行游戏。

游戏规则：

小班：自己穿大鞋经过路线。

中、大班：两人或三人合作经过路线。

（北京市海淀区富力桃园幼儿园　李雁　董兰）

3. 爬类游戏

游戏名称：**爬爬乐极速逃生**

游戏目标：

(1) 练习多种爬的动作，提高身体的灵敏性。

(2) 游戏中尝试运用火灾发生时自逃的方法。

(3) 积极参与游戏，有自我保护的安全意识。

爬爬乐极速逃生

游戏准备：椅子、地垫、桌子、毛巾、纱巾制成的"烟雾隧道"。将椅子放倒，两个椅子对放做成"烟雾隧道"。

游戏玩法：勇敢的小朋友要快速、安全地穿越"烟雾隧道"逃生。

游戏规则：

大班：分两队比赛游戏，两队同时出发，听信号匍匐爬行，先到终点的队伍获胜。

将椅子放倒排成 S 形通道，分两队比赛游戏，两队同时出发，手持毛巾捂住口鼻，匍匐爬行，先到终点的队伍获胜。

将椅子放倒排成 S 形通道，连接斜放的桌面，幼儿双手抓桌子的两边斜坡爬，安全爬到终点，获得胜利。

中班：分两队比赛游戏，两队同时出发，匍匐爬行，先到终点的队伍获胜。分两队比赛游戏，两队同时出发，手持毛巾捂住口鼻，匍匐爬行，先到终点的队伍获胜。

小班：从"隧道"下手脚膝盖同时着地向前爬，安全爬到终点，获得印章。

(北京市海淀区富力桃园幼儿园　于晓乾)

4. 公共大厅运动游戏

游戏名称：**楼梯探险记**

游戏目标：

(1) 在躲避游戏中发展多种运动能力及身体的协调性。

(2) 有团队合作的能力，能互相协商。

(3) 游戏中有自我保护的安全意识。

楼梯探险记

游戏准备：彩色标志桶、小椅子、桌子、地垫（小火苗道具）、滑溜布、彩纸、骰子。

游戏玩法：幼儿利用楼梯的空间进行行进躲避游戏，增强安全意识。

游戏规则：

大班：将椅子放倒，两个椅子对放做成"山洞"，引导幼儿讨论钻过的方法后，协商游戏玩法，进行爬的游戏到三楼楼梯口。

投骰子进行上楼梯或下楼梯游戏。

(1) 两人游戏，进行石头剪刀布，赢的小朋友可以跳着向上前进一节台阶，幼儿也可自己定玩法（游戏前说好每次前进几节台阶）。

(2) 三人游戏，每人分别选择自己代表的颜色，手心手背决定谁可以前进，当自己可以向上跳时要跳到上一节台阶对应的自己代表的颜色位置，也可以将比赛规则定

为向上迈大步，约定好每次迈几级台阶。

教师站位：二楼到三楼楼梯间。

中班：

（1）幼儿分成两组，在地垫上进行肘膝爬（地垫），S形绕过标志桶，到达二楼楼梯最顶端，以此类推。

（2）幼儿两两结对后，在楼梯下排成两队，第一组幼儿在第一层楼梯两侧左右手相握搭桥洞，第二名先后上楼梯钻过桥洞搭桥洞，以此类推。

教师站位：一位教师站位游戏的起点位置，一位教师站位一楼到二楼楼梯间。

小班：幼儿分成两组进行游戏，在起点排队站好。教师放音乐第一名幼儿开始出发。走过低的小椅子、高椅子。双脚并拢跳过纸砖，钻过小山洞（桌子），爬过地洞（地垫立成三角形状），从出口（后门）在楼道跑过彩色标志桶，从左边回到起点排队。

（北京市海淀区富力桃园幼儿园 谷梦涵 周小妍）

第四节 雪灾的预防与应对

😊 案例导引

2008年中国雪灾纪实

2008年中国南方雪灾是指自2008年1月10日起在中国发生的大范围低温、雨雪、冰冻等自然灾害。中国的上海、江苏、浙江、安徽、江西、河南、湖北、湖南、广东、广西、重庆、四川、贵州、云南、陕西、甘肃、青海、宁夏、新疆等20个省（区、市）均不同程度受到低温、雨雪、冰冻灾害影响。截至2008年2月24日，因灾死亡129人，失踪4人，紧急转移安置166万人；农作物受灾面积1.78亿亩，成灾8764万亩，绝收2536万亩；倒塌房屋48.5万间，损坏房屋168.6万间；因灾直接经济损失1516.5亿元人民币。森林受损面积近2.79亿亩，3万只国家重点保护野生动物在雪灾中冻死或冻伤；受灾人口已超过1亿。其中安徽、江西、湖北、湖南、广西、四川和贵州7个省份受灾最为严重。

这次雪灾归因于与拉尼娜（反圣婴）现象有关的大气环流异常：环流自2008年1月起长期经向分布使冷空气活动频繁，同时副热带高压偏强、南支槽活跃，源自南方的暖湿空气与北方的冷空气在长江中下游地区交汇，形成强烈降水。大气环流的稳定使雨雪天气持续，最终酿成这次雪灾。

2008年的雪灾给很多人留下了深刻的印象，雪灾作为可以预知的自然灾害，也需要我们储备必要的知识，以便应对。

一、读懂雪灾预警

暴雪预警信号分四级，分别以蓝色、黄色、橙色、红色表示。

（一）暴雪蓝色预警信号标准

12 小时内降雪量将达 4 毫米以上，或者已达 4 毫米以上且降雪持续，可能对交通或者农牧业有影响。防御指南如下。

（1）政府及有关部门按照职责做好防雪灾和防冻害准备工作。

（2）交通、铁路、电力、通信等部门应当进行道路、铁路、线路巡查维护，做好道路清扫和积雪融化工作。

（3）行人注意防寒防滑，驾驶人员小心驾驶，车辆应当采取防滑措施。

（4）农牧区和种养殖业要储备饲料，做好防雪灾和防冻害准备。

（5）加固棚架等易被雪压的临时搭建物。

（二）暴雪黄色预警信号标准

12 小时内降雪量将达 6 毫米以上，或者已达 6 毫米以上且降雪持续，可能对交通或者农牧业有影响。防御指南如下。

（1）政府及相关部门按照职责落实防雪灾和防冻害措施。

（2）交通、铁路、电力、通信等部门应当加强道路、铁路、线路巡查维护，做好道路清扫和积雪融化工作。

（3）行人注意防寒防滑，驾驶人员小心驾驶，车辆应当采取防滑措施。

（4）农牧区和种养殖业要备足饲料，做好防雪灾和防冻害准备。

（5）加固棚架等易被雪压的临时搭建物。

（三）暴雪橙色预警信号标准

6 小时内降雪量将达 10 毫米以上，或者已达 10 毫米以上且降雪持续，可能或者已经对交通或者农牧业有较大影响。防御指南如下。

（1）政府及相关部门按照职责做好防雪灾和防冻害的应急工作。

（2）交通、铁路、电力、通信等部门应当加强道路、铁路、线路巡查维护，做好道路清扫和积雪融化工作。

（3）减少不必要的户外活动。

（4）加固棚架等易被雪压的临时搭建物，将户外牲畜赶入棚圈喂养。

（四）暴雪红色预警信号标准

6 小时内降雪量将达 15 毫米以上，或者已达 15 毫米以上且降雪持续，可能或者已经对交通或者农牧业有较大影响。防御指南如下。

（1）政府及相关部门按照职责做好防雪灾和防冻害的应急和抢险工作。

（2）必要时停课、停业（除特殊行业外）。

（3）必要时飞机暂停起降，火车暂停运行，高速公路暂时封闭。

（4）做好牧区等救灾救济工作。

二、做好雪灾前的准备工作

在知晓雪灾即将来临的情况下，我们应该做好如下准备。

（1）时刻关注气象部门关于暴雪的最新预报、预警信息。

（2）做好道路清扫和积雪融化准备工作。

（3）暴雪来临前要减少外出活动，特别是尽可能减少车辆外出，并躲避到安全地方。

（4）做好防寒保暖准备，储备足够的食物和水。

（5）不要待在不结实、不安全的建筑物内。

（6）做好雪灾教育活动，稳定幼儿的情绪。

三、积极应对雪灾天气

雪灾降临，我们应该注意以下事项。

（1）尽量待在室内，不要外出。

（2）如果在室外，要远离广告牌、临时搭建物和老树，避免砸伤。路过桥下、屋檐等处时，要小心观察或绕道通过，以免因冰凌融化脱落伤人。

（3）使用非机动车应给轮胎少量放气，以增加轮胎与路面的摩擦力。

（4）如果被积雪围困，要尽快拨打 110、119 等报警求救电话，积极寻求救援。

（5）注意收听天气预报和交通信息，避免因机场、高速公路、轮渡码头等停航或封闭而耽误出行。

（6）驾驶汽车时要慢速行驶并与前车保持距离。车辆拐弯前要提前减速，避免踩急刹车。有条件的要安装防滑链。出现交通事故后，应在现场后方设置明显标志，以防连环撞车事故发生。

（7）主动清扫自家或单位附近道路和屋顶的积雪。

（8）步行外出时，要采取防寒保暖和防滑措施，步行时尽量不要穿硬底或光滑底的鞋。

（9）老少体弱人员尽量减少外出，以免摔伤。

四、关于下雪的安全教育

在濒临冬天的时候，应该给幼儿开展关于下雪的安全教育，因为孩子对雪有着独特的情感，他们喜欢玩雪，教给孩子必要的安全知识，孩子在玩雪的过程中，就会有安全意识，能够做好自我保护。

📖 **教学活动**

雪天安全我知道（中班）

雪天安全
我知道

活动目标：

（1）知道下雪天要注意的安全常识。

（2）能在成人的鼓励下，根据生活经验梳理雪天保护自己的方法。

（3）愿意在活动中与他人一起分享安全知识。

活动重点： 能在成人的鼓励下，根据生活经验梳理雪天保护自己的方法。

活动难点： 能明确地辨别雪天行为的对错并大胆说出理由。

活动准备： 雪天出行活动的图片若干、雪天故事、记录表、笔。

活动过程：

一、故事导入，激发幼儿参与活动的兴趣

教师讲述故事，并鼓励幼儿说一说故事内容。

教师：故事里发生了什么事？下雪天我们应该怎么做？

总结：小朋友们听得都非常认真，雪天走路更容易滑倒、游戏的时候没有做好保暖容易冻伤等，所以我们雪天要注意安全。

二、讨论分享，明确保护自己的方法

（1）鼓励幼儿结合自己的生活经验说一说雪天的注意事项。

教师：请你说一说雪天有什么需要注意的事情？

（2）教师引导幼儿一起讨论雪天游戏中的安全事项。

教师：雪天有很多游戏，那在游戏中我们要怎么保护自己呢？

（3）幼儿讨论后教师对幼儿的回答进行简单记录。

教师：谁想分享自己的想法？

（4）教师和幼儿一起小结梳理雪天安全自我保护事项。

教师：谁来说一说雪天安全保护事项？

小结：小朋友们说得都非常好，雪天我们要做好保暖防止冻伤、走路小心防止滑倒。游戏的时候不做危险的事情。

三、游戏：雪天安全我知道，巩固雪天安全常识

（1）幼儿分成几组，每组有一些雪天安全的图片，小组一起讨论这些图片中小朋友的做法是对还是错。

教师：请每组小朋友一起观察图片，把对的图片放到一起，错的图片放到一起，说一说哪里做错了。

（2）教师大屏幕出示图片，幼儿回答对错，并说一说理由。

小结：小朋友们都能积极讨论雪天自我保护的方法，判断对错，也可以说出理由。希望大家都能记住保护自己的方法。

四、延伸活动

下雪天有这么多需要注意的地方，我们要保护好自己，小朋友们还可以把学习到的雪天安全知识分享给自己的好朋友，也可以和家里人说一说。

活动反思：通过这次活动的开展，幼儿对于雪天安全有了了解，能通过观察图片以及结合自己的生活经验表达自己的想法！在活动中的安全游戏环节幼儿非常感兴趣，参与性高，能很清楚地用语言、动作表达自己的判断。

（北京市海淀区富力桃园幼儿园 高杰 张丕娟）

值得幼儿教师关注的是，孩子对雪有一种天生的期待和喜欢，如果只是普通降雪，或者雪灾过后已经安全，老师们千万记得带孩子们穿暖穿好去堆雪人、打雪仗，给孩子的童年留下美好的记忆。

第五节 其他自然灾害的预防和应对

地震、雷雨、雾霾、雪灾是常见且对人身体危害较大的自然灾害，因此在前面章节详细介绍了这些自然灾害的基本常识、应急处理与安全教育。其实，在大自然中，还存在高温、台风、冰雹等自然灾害，这些自然灾害因为可以预告且具有一定的地域差异，限于篇幅限制，仅对高温和台风做简单的说明。

一、高温的预防与应对

在中国气象学上，气温在35℃以上可以称为"高温天气"，如果持续几天气温都超过这个温度，则被称为"高温热浪"。高温天气与湿度有关，一般分为两种，湿度小的为"干热性高温"，湿度大的为"闷热性高温"，即俗称的"桑拿天"。

✎ 拓展知识

高温的成因

从科学层面寻找"高温"成因，有两个基本视角，一是自然科学，二是社会科学，后者常被人们忽视。

就自然科学而言，高温之所以产生，一般来讲，其成因包括直接的和间接的。直接成因很容易理解。热源带来热量，高温最直接的热源无疑是太阳，夏季时，北半球的陆地处于太阳的近地点，全年中这一时期接受太阳辐射的程度最高。在此情况下，如果不能从洋面等处获得较为温润的水汽，便会出现持续高温天气，形成"火炉"。这就是气象专家给出的主要成因，即"副热带高气压强度过大"，阻止陆地从洋面等处获得"清凉"的水汽。但问题是，为何"副高"会在某年如此强大呢？这就涉及间接造成高温的因素。

根据气象专家解释，高温的间接成因主要有两个。一是与青藏高原上的积雪减少有关，这相当于减少了"火炉"周边的制冷源；二是与大西洋上的洋流变化有关，即"火炉"与远处制冷源间的互动被隔断了。

如果"炉火"过旺是造成高温的内因,上述两个因素便是外因。在一般年份,这些内外因素不会同时出现,但一旦同时出现,持续高温就在所难免。

此外需要考虑的是,除自然因素外,高温成因中究竟有无人为因素,这不仅值得自然科学研究者重视,也是更深入的社会科学层面研究的起点。

尽管从局部看,持续高温有很大的偶然性,譬如并非每年都发生,又譬如并非所有地区都发生,似乎很难证明高温背后存在人为影响因素。但如果研究周期足够长、研究范围足够大,可以发现,高温是自然生态系统的一种变化。假如我们跳出温度的范畴,可以把高温看作一种气象变化;再跳出气象的框架,高温则可视为一种自然环境变化;继续扩大研究范畴,高温还属于自然 - 人类交互的生态系统变化。

按照这样的思路,如此强度的高温固然属气象变化的个案,但如果将高温与其他极端的气象变化,如严寒、干旱、暴风雨等一并考察呢?再者,如果将气象的极端变化与生态环境中的极端变化,如海水酸化、物种灭绝等放在一起审视呢?如此归类,便可能得出其他结论。假如科学家能在高温与高温之间、高温与严寒之间,或高温与其他环境类灾害之间找到某种内在的系统性联系,也就更易于发现中间是否存在人为影响因素。

关于人为因素影响自然环境变化,最典型的一个例子是,在过去的20多年里,科学家就已从诸多局部的、不同的环境变化痕迹中找到了一个相应的系统变化规律,这就是"气候变化"或称"全球变暖"。事实上,所谓"气候变化"的表现不仅气温的升高,大气温室气体浓度、洋流变化、局部地区洪涝、干旱或降雪等,也都是气候变化的表征。在这样的研究基础之上,一些科学家从系统变化中找到了人为影响的痕迹,即大规模燃烧石化能源带来的温室气体排放。这为后续的社会科学研究奠定了基础。

高温的产生是错综复杂的,作为一名幼儿园教师,要应对这样的天气,首先要读懂预警并采取合理措施。

(一)高温预警基本常识

高温预警信号分三级,分别以黄色、橙色、红色表示。

1. 高温黄色预警信号

标准:连续三天日最高气温将在35℃以上。

防御指南:

(1)有关部门和单位按照职责做好防暑降温准备工作。

(2)午后尽量减少户外活动。

(3)对老、弱、病、幼人群提供防暑降温指导。

(4)高温条件下作业和白天需要长时间进行户外露天作业的人员应采取必要防护措施。

2. 高温橙色预警信号

标准:24小时内最高气温将升至37℃以上。

防御指南：

（1）有关部门和单位按照职责落实防暑降温保障措施。

（2）尽量避免在高温时段户外活动，高温条件下作业的人员应当缩短连续工作时间。

（3）对老、弱、病、幼人群提供防暑降温指导，并采取必要的防护措施。

（4）有关部门和单位应当注意防范因用电量过高，造成电线、变压器等电力负载过大而引发的火灾。

3. 高温红色预警信号

标准：24 小时内最高气温将升至 40℃以上。

防御指南：

（1）有关部门和单位按照职责采取防暑降温应急措施。

（2）停止户外露天作业（除特殊行业外）。

（3）对老、弱、病、幼人群采取保护措施。

（4）有关部门和单位要特别注意防火。

（二）高温天气保健常识

高温天气要防中暑、防晒伤，也要防止游泳引起的溺水等现象。度过高温天气，要掌握一些保健小常识。

1. 多喝水

每天要喝七八杯水，可以在水中加入适量蜂蜜。夏季是失水较多的季节，尤其是在高温天气下，若不及时补水会影响身体健康。除了白开水，蜂蜜水、矿泉水、牛奶、酸梅汤、果汁等都是理想的补水饮品。

2. 补钾

高温出汗过多会让身体流失钾，引起低血钾现象，表现为倦怠无力、头昏头痛、食欲不振等，因此，高温天气要注意补钾，新鲜蔬菜和水果富含钾，可适当多吃些草莓、荔枝、李子、大葱、芹菜、毛豆等。

3. 补充盐分和维生素

高温天气排汗流失身体里的氯化钠，所以补充水分的时候也要注意补充盐分，可以适当喝一些盐开水。另外，也要注意补充维生素，减少体内糖类和蛋白质的消耗，可适当多吃西瓜、黄瓜、番茄、豆类及海鲜类食品。

4. 少吃冷饮

很多幼儿爱吃冰激凌、雪糕等，要注意少吃，冷饮食品会伤害幼儿的消化道，另外冷饮为甜食，会伤害正在发育的牙齿。

5. 注意防晒

高温天气要避免暴晒，防止把皮肤晒伤，要穿浅色衣服，注意使用遮阳伞、防晒霜、防晒衣等，注意紫外线对皮肤的伤害。

范例

幼儿高温天须防"冷伤害"

随着正式入伏，全省天气瞬间由"大风清凉模式"切换到"高温炙烤模式"。在这样的高温天气下，一岁半的豆豆这两天突然拉起了肚子，家长一开始只是给他调整了饮食，可是豆豆连续拉了好几天，症状也没有好转。焦急的家长赶紧带豆豆来到省妇幼保健院儿童保健科就诊。

医生在仔细询问完豆豆的情况后并结合检查报告，诊断豆豆应该是患上肠胃功能紊乱。经过仔细询问，原来是前两天天气炎热，家长带豆豆外出游玩时吃了冷饮，再加上天气炎热开着空调，豆豆可能也吹了冷风。

医生判断，正是冷饮和冷风，导致了豆豆的肠胃疾病。经过医生的对症治疗，很快豆豆就恢复了健康。儿童保健科医生介绍，过多摄入冷饮会引起小儿胃肠道疾病，因为冷饮一般要比胃内温度低 20 ~ 30℃，过低的温度会使胃黏膜过冷受到刺激，黏膜血管强烈收缩，胃内分泌就会紊乱。

儿童的胃黏膜比起成年人更显娇嫩，对于冰冷食物的承受力也比较弱，再加上空调冷风，很容易导致幼儿的胃肠功能紊乱。

医生提醒，常吃冷饮不仅会对幼儿的消化道造成伤害，并且容易伤及幼儿正在发育的牙齿。除了冷饮等冰冻食品尽量不要食用，夏天大人常生吃一些瓜果蔬菜，特别是冷藏后的水果，也要避免给幼儿食用。食用新鲜水果时要注意清洁，避免不洁食物对幼儿的胃肠道造成伤害。

另外夏季幼儿所处的室温要保持在合理范围内，最好在 26℃ 左右，太低的室温会造成出门时温差过大；也不要长时间让幼儿待在室内，适当的空气流通和阳光都是幼儿生长发育所必需的。

（北京市海淀区富力桃园幼儿园　李雁）

二、台风的预防与应对

台风对人类的生产生活产生极大影响，了解台风及应对台风的正确方法是降低这一自然灾害产生影响的必要前提。

（一）认识台风

台风是热带气旋的一个类别，是发生在西北太平洋和南海一带热带海洋上的猛烈风暴。我们一定看到过江河中不时有涡旋出现，实际上，台风就是在大气中绕着自己的中心急速旋转的、同时又向前移动的空气涡旋。它在北半球作逆时针方向转动，在南半球作顺时针方向旋转。气象学上将大气中的涡旋称为气旋，因为台风这种大气中的涡旋产生在热带洋面，所以称为热带气旋。

1. 台风蓝色预警信号

台风蓝色预警信号是指 24 小时内可能或者已经受热带气旋影响，沿海或者陆地平均风力达 6 级以上，或者阵风 8 级以上并可能持续。防御指南如下。

（1）政府及相关部门按照职责做好防台风准备工作。

（2）停止露天集体活动和高空等户外危险作业。

（3）相关水域水上作业和过往船舶采取积极的应对措施，如回港避风或者绕道航行等。

（4）加固门窗、围板、棚架、广告牌等易被风吹动的搭建物，切断危险的室外电源。

2. 台风黄色预警信号

台风黄色预警信号是指 24 小时内可能或者已经受热带气旋影响，沿海或者陆地平均风力达 8 级以上，或者阵风 10 级以上并可能持续。防御指南如下。

（1）政府及相关部门按照职责做好防台风应急准备工作。

（2）停止室内外大型集会和高空等户外危险作业。

（3）相关水域水上作业和过往船舶采取积极的应对措施，加固港口设施，防止船舶走锚、搁浅和碰撞。

（4）加固或者拆除易被风吹动的搭建物，人员切勿随意外出，确保老人小孩留在安全的地方，危房人员及时转移。

3. 台风橙色预警信号

台风橙色预警信号是指 12 小时内可能或者已经受热带气旋影响，沿海或者陆地平均风力达 10 级以上，或者阵风 12 级以上并可能持续。防御指南如下。

（1）政府及相关部门按照职责做好防台风抢险应急工作。

（2）停止室内外大型集会、停课、停业（除特殊行业外）。

（3）相关水域水上作业和过往船舶应当回港避风，加固港口设施，防止船舶走锚、搁浅和碰撞。

（4）加固或者拆除易被风吹动的搭建物，人员应当尽可能待在防风安全的地方，当台风中心经过时风力会减小或者静止一段时间，切记强风将会突然吹袭，应当继续留在安全处避风，危房人员及时转移。

（5）相关地区应当注意防范强降水可能引发的山洪、地质灾害。

4. 台风红色预警信号

台风红色预警信号是指 6 小时内可能或者已经受热带气旋影响，沿海或者陆地平均风力达 12 级以上，或者阵风达 14 级以上并可能持续。防御指南如下。

（1）政府及相关部门按照职责做好防台风应急和抢险工作。

（2）停止集会、停课、停业（除特殊行业外）。

（3）回港避风的船舶要视情况采取积极措施，妥善安排人员留守或者转移到安全地带。

（4）加固或者拆除易被风吹动的搭建物，人员应当待在防风安全的地方，当台风中心经过时风力会减小或者静止一段时间，切记强风将会突然吹袭，应当继续留在安全处避风，危房人员及时转移。

（5）相关地区应当注意防范强降水可能引发的山洪、地质灾害。

（二）应对台风

关于台风的应对，包括两部分内容，一部分是根据天气预报在台风来临前的准备工作，一部分是台风到达后的避险常识。

1. 台风来临前准备要点

（1）及时收听、收看或上网查阅台风预警信息，了解政府的防台风行动对策。

（2）关紧门窗，紧固易被风吹动的搭建物。

（3）从危旧房屋中转移至安全处。

（4）处于可能受淹的低洼地区的人要及时转移。

（5）检查电路、炉火、煤气等设施是否安全。

（6）幼儿园、学校应采取暂避措施，必要时停课。

（7）露天集体活动或室内大型集会应及时取消，并做好人员疏散工作。

（8）不要到台风经过的地区旅游或到海滩游泳，更不要乘船出海。

2. 台风来时的避险

（1）尽量不要外出。

（2）如果在外面，千万不要在临时建筑物、广告牌、铁塔、大树等附近避风避雨。

（3）如果你在开车，则应立即将车开到地下停车场或隐蔽处。

（4）如果你住在帐篷里，则应立即收起帐篷，到坚固结实的房屋中避风。

（5）如果你在水面上（如游泳），则应立即上岸避风避雨。

（6）如果你已经在结实的房屋里，则应小心关好窗户，在窗玻璃上用胶布贴成"米"字图形，以防窗玻璃破碎。

（7）如台风加上打雷，则要采取防雷措施。

（8）台风过后需要注意环境卫生，注意食物、水的安全。

思考题

1. 针对雾霾天气，你会给幼儿开展哪方面的教育？如何组织室内运动？如何做好家园沟通？

2. 地震疏散与消防演习区别是什么？带领孩子参与地震演习应该注意哪些问题？

3. 各种安全演习后对幼儿的心理疏导是什么？包括哪些方面？

第五章

幼儿园公共卫生安全教育与管理

（1）掌握幼儿园公共卫生突发事件的应对措施。

（2）幼儿园食品安全、传染病预防等事件的安全教育与管理。

幼儿园公共卫生类突发事件主要包括食品安全、传染性疾病等。2020年，新冠疫情在全球爆发之后，传染疾病的预防与应对是幼儿园公共卫生安全重中之重。本章主要介绍幼儿园食品安全管理与教育、传染病预防与宣传教育等内容。

第一节　公共卫生安全管理相关政策法规及其落实

幼儿阶段是人一生中身体发育和机能发展极为迅速的时期，也是形成安全感和乐观态度的重要阶段，为有效促进幼儿身心健康发展，成人应为幼儿提供合理均衡的营养，保证充足的睡眠和适宜的锻炼，满足幼儿身心发展的需要。需要格外注意的是，幼儿身心发育尚未成熟，需要成人的精心呵护和照顾。

在幼儿发展阶段，健康是幼儿发展最重要的目标和最关键的领域，这在《幼儿园教育指导纲要（试行）》《3—6岁儿童学习与发展指南》等教育部颁布的纲领性文件中就可以感受到，健康被放在一切发展的首位。

幼儿园公共卫生关乎每一名幼儿的身心健康，关系到每一个家庭的幸福生活，因此被高度重视，各级政府颁布了相应法律、法规来规范幼儿园公共卫生工作。

在2003年9月5日北京市人民代表大会常务委员会公告的第10号文件《北京市中小学生人身伤害事故预防与处理条例》的第二章第七条中明确提出，卫生行政部门应当对学校的教育教学设施、教学用具、食品和饮用水的卫生状况依法进行监督和检查，指导学校改进卫生工作。公安机关应当维护学校治安秩序，打击危害校园安全的违法犯罪活动，指导和监督学校做好校内防火和安全保卫工作。规划、建设、质量监督等有关行政部门应当在各自职责范围内做好相关的学校安全工作。

学习这些文件是做好幼儿园公共卫生工作的基础，下面将介绍《托儿所幼儿园卫生保健管理办法》，在系统的学习中，希望大家了解标准、规范，为深入幼儿园工作打好基础。

拓展知识

托儿所幼儿园卫生保健管理办法

第一条　为提高托儿所、幼儿园卫生保健工作水平，预防和减少疾病发生，保障儿童身心健康，制定本办法。

第二条　本办法适用于招收0—6岁儿童的各级各类托儿所、幼儿园（以下简称托幼机构）。

第三条　托幼机构应当贯彻保教结合、预防为主的方针，认真做好卫生保健工作。

第四条　县级以上各级人民政府卫生行政部门应当将托幼机构的卫生保健工作作为公共卫生服务的重要内容，加强监督和指导。

县级以上各级人民政府教育行政部门协助卫生行政部门检查指导托幼机构的卫生保健工作。

第五条　县级以上妇幼保健机构负责对辖区内托幼机构卫生保健工作进行业务指导。业务指导的内容包括膳食营养、体格锻炼、健康检查、卫生消毒、疾病预防等。

疾病预防控制机构应当定期为托幼机构提供疾病预防控制咨询服务和指导。

卫生监督执法机构应当依法对托幼机构的饮用水卫生、传染病预防和控制等工作进行监督检查。

第六条　托幼机构设有食堂提供餐饮服务的，应当按照《食品安全法》《食品安全法实施条例》以及有关规章的要求，认真落实各项食品安全要求。

食品药品监督管理部门等负责餐饮服务监督管理的部门应当依法加强对托幼机构食品安全的指导与监督检查。

第七条　托幼机构的建筑、设施、设备、环境及提供的食品、饮用水等应当符合国家有关卫生标准、规范的要求。

第八条　新设立的托幼机构，招生前应当取得县级以上地方人民政府卫生行政部门指定的医疗卫生机构出具的符合《托儿所幼儿园卫生保健工作规范》的卫生评价报告。

各级教育行政部门应当将卫生保健工作质量纳入托幼机构的分级定类管理。

第九条　托幼机构的法定代表人或者负责人是本机构卫生保健工作的第一责任人。

第十条　托幼机构应当根据规模、接收儿童数量等设立相应的卫生室或者保健室，具体负责卫生保健工作。

卫生室应当符合医疗机构基本标准，取得卫生行政部门颁发的《医疗机构执业许可证》。

保健室不得开展诊疗活动，其配置应当符合保健室设置基本要求。

第十一条　托幼机构应当聘用符合国家规定的卫生保健人员。卫生保健人员包括医师、护士和保健员。

在卫生室工作的医师应当取得卫生行政部门颁发的《医师执业证书》，护士应当取得《护士执业证书》。

在保健室工作的保健员应当具有高中以上学历，经过卫生保健专业知识培训，具有托幼机构卫生保健基础知识，掌握卫生消毒、传染病管理和营养膳食管理等技能。

第十二条　托幼机构聘用卫生保健人员应当按照收托150名儿童至少设1名专职卫生保健人员的比例配备卫生保健人员。收托150名以下儿童的，应当配备专职或者兼职卫生保健人员。

第十三条　托幼机构卫生保健人员应当定期接受当地妇幼保健机构组织的卫生保健专业知识培训。

托幼机构卫生保健人员应当对机构内的工作人员进行卫生知识宣传教育、疾病预防、卫生消毒、膳食营养、食品卫生、饮用水卫生等方面的具体指导。

第十四条　托幼机构工作人员上岗前必须经县级以上人民政府卫生行政部门指定的医疗卫生机构进行健康检查，取得《托幼机构工作人员健康合格证》后方可上岗。

托幼机构应当组织在岗工作人员每年进行1次健康检查；在岗人员患有传染性疾病的，应当立即离岗治疗，治愈后方可上岗工作。

精神病患者、有精神病史者不得在托幼机构工作。

第十五条　托幼机构应当严格按照《托儿所幼儿园卫生保健工作规范》开展卫生保健工作。

托幼机构卫生保健工作包括以下内容。

（一）根据儿童不同年龄特点，建立科学、合理的一日生活制度，培养儿童良好的卫生习惯；

（二）为儿童提供合理的营养膳食，科学制订食谱，保证膳食平衡；

（三）制订与儿童生理特点相适应的体格锻炼计划，根据儿童年龄特点开展游戏及体育活动，并保证儿童户外活动时间，增进儿童身心健康；

（四）建立健康检查制度，开展儿童定期健康检查工作，建立健康档案。坚持晨检及全日健康观察，做好常见病的预防，发现问题及时处理；

（五）严格执行卫生消毒制度，做好室内外环境及个人卫生。加强饮食卫生管理，保证食品安全；

（六）协助落实国家免疫规划，在儿童入托时应当查验其预防接种证，未按规定接种的儿童要告知其监护人，督促监护人带儿童到当地规定的接种单位补种；

（七）加强日常保育护理工作，对体弱儿进行专案管理。配合妇幼保健机构定期开展儿童眼、耳、口腔保健，开展儿童心理卫生保健；

（八）建立卫生安全管理制度，落实各项卫生安全防护工作，预防伤害事故的发生；

（九）制订健康教育计划，对儿童及其家长开展多种形式的健康教育活动；

（十）做好各项卫生保健工作信息的收集、汇总和报告工作。

第十六条　托幼机构应当在疾病预防控制机构指导下，做好传染病预防和控制管理工作。

托幼机构发现传染病患儿应当及时按照法律、法规和卫生部的规定进行报告，在疾病预防控制机构的指导下，对环境进行严格消毒处理。

在传染病流行期间，托幼机构应当加强预防控制措施。

第十七条　疾病预防控制机构应当收集、分析、调查、核实托幼机构的传染病疫情，发现问题及时通报托幼机构，并向卫生行政部门和教育行政部门报告。

第十八条　儿童入托幼机构前应当经医疗卫生机构进行健康检查，合格后方可进入托幼机构。

托幼机构发现在园（所）的儿童患疑似传染病时应当及时通知其监护人离园（所）诊治。患传染病的患儿治愈后，凭医疗卫生机构出具的《健康证明》方可入园（所）。

儿童离开托幼机构3个月以上应当进行健康检查后方可再次入托幼机构。

医疗卫生机构应当按照规定的体检项目开展健康检查，不得违反规定擅自改变。

第十九条　托幼机构有下列情形之一的，由卫生行政部门责令限期改正，通报批评，逾期不改的，给予警告；情节严重的，由教育行政部门依法给予行政处罚：

（一）未按要求设立保健室、卫生室或者配备卫生保健人员的；

（二）聘用未进行健康检查或者健康检查不合格的工作人员的；

（三）未定期组织工作人员健康检查的；

（四）招收未经健康检查或健康检查不合格的儿童入托幼机构的；

（五）未严格按照《托儿所幼儿园卫生保健工作规范》开展卫生保健工作的。

卫生行政部门应当及时将处理结果通报教育行政部门，教育行政部门将其作为托幼机构分级定类管理和质量评估的依据。

第二十条　托幼机构未取得《医疗机构执业许可证》擅自设立卫生室，进行诊疗活动的，按照《医疗机构管理条例》的有关规定进行处罚。

第二十一条　托幼机构未按照规定履行卫生保健工作职责，造成传染病流行、食物中毒等突发公共卫生事件的，卫生行政部门、教育行政部门依据相关法律法规给予处罚。

县级以上医疗卫生机构未按照本办法规定履行职责，导致托幼机构发生突发公共卫生事件的，卫生行政部门依据相关法律法规给予处罚。

第二十二条　小学附设学前班、单独设立的学前班参照本办法执行。

第二十三条　各省、自治区、直辖市可以结合当地实际，根据本办法制定实施细则。

第二十四条　对认真执行本办法，在托幼机构卫生保健工作中做出显著成绩的单位和个人，由各级人民政府卫生行政部门和教育行政部门给予表彰和奖励。

第二十五条　《托儿所幼儿园卫生保健工作规范》由卫生部负责制定。

第二十六条　本办法自2010年11月1日起施行。1994年12月1日由卫生部、原国家教委联合发布的《托儿所幼儿园卫生保健管理办法》同时废止。

附件1：儿童入园（所）健康检查表

姓名		性别		年龄		出生日期		年　月　日	
既往病史	1. 先天性心脏病　　2. 癫痫　　3. 高热惊厥　　4. 哮喘　　5. 其他								
过敏史					儿童家长确认签名				
体格检查	体重		kg	评价		身长（高）		cm	评价		皮肤	
	眼	左		视力	左		耳	左		口腔	牙齿数	
		右			右			右			龋齿数	
	头颅		胸廓			脊柱四肢		咽部		
	心肺		肝脾		外生殖器			其他		
辅助检查	血红蛋白（Hb）			丙氨酸氨基转移酶（ALT）					
	其他								
检查结果				医生意见					
医生签名：				检查单位：					
体检日期：				年　月　日（检查单位盖章）					

附件2：儿童转园（所）健康证明

（留存单）

儿童姓名		性别		出生日期		年　月　日
离园日期		转入新园名称				
既往病史		目前健康状况				
家长签名						
卫生保健人员签名：		转出单位：				
日期：		年　月　日（转出单位盖章）				

备注：自儿童离园之日起有效期3个月。

附件3：托幼机构工作人员健康检查表

姓名		性别		年龄		婚否		编号			
单位				岗位				民族		照片	
既往史	1. 肝炎　　2. 结核　　3. 皮肤病　　4. 性传播性疾病 5. 精神病　　6. 其他受检者确认签字：										
身份证号											
体格检查	血压				心肺			肝脾			
	皮肤				五官			其他			
化验检查	丙氨酸氨基转移酶（ALT）					滴虫					
	淋球菌					梅毒螺旋体					
	外阴阴道假丝酵母菌（念珠菌）					其他					
	胸片检查										
	其他检查										
检查结果					医生意见						
医生签名：					检查单位：						
体检日期：					年　月　日（检查单位盖章）						

备注：1. 滴虫、外阴阴道假丝酵母菌指妇科检查项目。

2. 胸片检查只限于上岗前及上岗后出现呼吸系统疑似症状者。

3. 凡体检合格者，由健康检查单位签发健康合格证。

附件 4：托幼机构工作人员健康合格证

一、《托幼机构工作人员健康合格证》使用期 3 年，每年经体检合格后，由检查机构签发 1 次。

二、《托幼机构工作人员健康合格证》应妥善保存，如有遗失，应重新检查，并申请补发。

中华人民共和国卫生部监制

托幼机构工作人员健康合格证

姓名		性别		照片
年龄		婚否		
岗位		民族		
工作单位				
身份证号				

年度		年度	
体检结果	医生签名 年　月　日	体检结果	医生签名 年　月　日
检查单位盖章		检查单位盖章	
年度		年度	
体检结果	医生签名 年　月　日	体检结果	医生签名 年　月　日
检查单位盖章		检查单位盖章	

第二节　幼儿园食品安全管理与教育

😊**案例导引**

食物中毒引发幼儿园停办

2015 年 3 月 7 日，天津市某幼儿园，140 余名儿童陆续出现高烧、腹痛、腹泻、呕吐等症状，有 22 名患儿在市儿童医院接受治疗。东丽区卫生局表示，事件确定为食物中毒，来源于幼儿园晚餐中的蛋炒饭及洋白菜。由于该幼儿园未取得"民办幼儿园办园许可证"，存在饮食、疾病传染等安全隐患，在 2015 年 3 月 14 日被责令停办。

本节详细介绍食品安全的制度、预案等食品安全的管理以及开展食品安全的教育活动，提高教师的安全意识，并帮助幼儿建立合理饮食、健康生活的良好习惯。

一、幼儿园食品安全工作管理

食物中毒泛指因为进食了受污染食物、致病细菌、病毒又或寄生虫、化学品、天然毒素等感染了的食物，进而引发的疾病。如上述案例，食物中毒对幼儿身心健康有严重的影响，严重者会危及生命；而且厨房涉及到水、电、煤气的使用，是幼儿园的安全防范的重地，因此，各级管理机构对此高度重视，幼儿园管理中，对食品安全工作有明确的制度，并要求严格落实，谨防意外事故发生，且有翔实的预案，以防不测。

（一）明确关键岗位的岗位责任制

在幼儿园中，保健医与食堂工作人员是与食品安全密切相关的岗位，这两个岗位的工作人员责任清晰、落实到位，是幼儿园食品工作安全的保障。

📓 **范例**

保健部门食品安全责任书

为保证幼儿及教师的身体健康，确保我园食品安全，同时为我园的各项工作得以顺利地开展，特分层签订此责任书。

1. 负责科学制定幼儿食谱，保证膳食营养均衡，促进儿童健康成长。

2. 建立健全与儿童膳食管理相关工作职责及管理制度，并指导检查督促制度的落实。

3. 儿童膳食实行民主管理，成立膳食委员会，由园长、后勤主任、保健人员、食品安全管理员、保教人员、炊事人员、财务人员及家长代表组成。每月至少召开1次，研究儿童膳食中存在的问题并随时征求家长意见，总结经验，不断提高膳食质量。

4. 负责监督教职工与儿童膳食各个环节应严格分开。儿童膳食费用专款专用，每月结算并公布账目。

5. 以《中国居民膳食指南》为指导，制定儿童膳食计划。

6. 负责监督班级教师每日统计上报出勤人数，炊事人员根据各班实际出勤人数进行出库，确保幼儿的营养量达到要求。

7. 负责组织教职工进行上岗及定期体检，做好从业人员健康证的存档工作。

8. 负责食品安全的宣传，及时对炊事员、保育员、教师进行食品安全培训工作。

9. 负责指导公共区域卫生人员、食堂人员、班级教师按各岗职责做好卫生清洁和各环节的消毒工作。

10. 负责指导炊事员、保育员严格按照相关要求做好饭菜的发放、留样等相关工作。

11. 负责监督指导炊事人员每日做好留样、出锅记录、食物中心温度、餐饮具清洁消毒等相关记录的填写。

12. 坚持保教结合，养成幼儿良好的生活卫生习惯。

13. 定期抽查食品质量，严把食品质量关；做到先进先出，分类摆放，定期清扫；做好防"四害"工作。

14. 做好食品添加剂的管理工作。

15. 树立高度责任意识，自觉遵守食品卫生法，确保我园全体幼儿及教职员工的食品饮食安全。

签 字：

年 月 日

范例

炊事员岗位安全责任制

1. 上岗前查验工作人员的《托儿所幼儿园工作人员健康证明书》，炊事人员需提供《北京市公共卫生从业人员健康检查证明》和《卫生法规知识培训合格证》。

2. 每日由食堂班长对食品从业人员进行健康晨检，并做好记录，有不适宜的病症者不能从事直接接触食品的工作。

3. 每年定期参加一次健康体检，对在体检中检出疾病的工作人员，做好相关管理工作。

4. 严格执行《食品安全法》，保持食堂的清洁卫生，规范操作，防止食物中毒和肠道传染病的发生。

5. 严格按照北京市食品采购索证管理办法要求，对购入的食品、食品原料和食品相关产品必须进行索证索票。

6. 严格按照餐饮具清洗消毒制度，做好餐炊具的清洗、消毒、保存等工作。

7. 每餐、每样食品都必须由专人负责留样，留足至少 125 克，必须保留 48 小时后，方可倒掉，并做好相关记录。

8. 严格按照分餐卫生管理制度执行，分餐间使用前每次用紫外线消毒灯照射 30 分钟，台案每次使用前用消毒巾擦拭，及时做好相关消毒记录。

9. 所用工具、容器要生熟分开，按照标识使用器具，防止交叉污染，并定期清洗消毒，保持清洁。

10. 生熟食品、成品、半成品的加工和存放要有明显标记，分类存放，不得混放，防止交叉污染。

11. 加强库房管理，储存原材料要做到隔墙离地 10 厘米，先进先出，分类分架摆放；做到勤通风、防潮、防腐，保持干燥清洁；门窗防鼠设施定期检查；不制作、不给幼儿吃腐败变质和隔夜的食物。

12. 禁止无关人员进入食堂，严防传染病发生，炊事人员如患有传染病应及时上报，严格执行"五病"调离制度。

13. 食堂内炊事机械由专人负责，每月检修一次，每学期一次大检修，发现问题及时报修。操作时严格按照操作规程进行，使用前由操作者做检查，特别注意身体各部位的安全，如手臂、头发等；使用后将机械清洗干净，擦干用盖布盖好，切断电源。严禁用湿手或湿毛巾操作或擦拭机器。

14. 随时检查水、电、天然气的安全，发现泄露及时上报处理。

15. 下班前认真检查各项安全措施的落实情况。

（北京市海淀区富力桃园幼儿园）

（二）建立应急预案

食品安全问题关乎幼儿身体健康甚至生命安全，一旦发生，后果不堪设想。因此，在严防的情况下，还必须有防患于未然的举措，把意外引起的伤害降到最低。下面两则范例是关于食物中毒与水污染的应急预案，可供参考学习。

范例

食物中毒应急预案

为了有效预防幼儿园食品安全突发事故的发生，及时控制和消除园内突发事故的危害，切实保障教师和幼儿身体健康和生命安全，维护幼儿园正常的教育教学秩序和幼儿园的稳定，根据《中华人民共和国食品卫生法》《突发公共卫生事件应急预案条例》，特制定我园食物中毒处理预案。

一、组织机构

组长：园长。

副组长：后勤、保教、保健各部门主管领导。

组员：保健医、食堂班长、各班班长等。

二、各组职责

组长职责：统一指挥、协调事故处理工作，上报上级主管部门。

副组长职责：

1. 后勤负责协调保障人力、物资等需求。

2. 保教负责安排班级人员调配，保障班级工作有序进行，负责与家长的沟通工作。

3. 保健医负责联系医院就诊，照顾出现中毒症状的幼儿。

组员职责：

1. 保健医立即去现场查看，初步判断事故原因，及时采取必要的救护措施，密切观察幼儿健康状况，并及时向上级报告。

2. 各班班长协调班级工作，确保幼儿安全，密切观察幼儿健康状况，配合保健医采取防护及救护措施。

3. 炊事班班长负责停止发放可疑饮品、食品，并及时封存保管好，待食监部门检验之用。

三、处置流程

食物中毒处理流程如图 5-1 所示。

```
┌─────────────────────────┐
│   发现疑似中毒幼儿的保教人员   │
└─────────────────────────┘
            │
            ▼
┌─────────────────────────┐
│   报告后勤主管领导及保健医   │
└─────────────────────────┘
      │              │
      ▼              ▼
┌──────────┐   ┌──────────────────┐
│  上报园长  │   │ 上报地段保健科及防疫部门 │
└──────────┘   └──────────────────┘

      ┌──────────────┐
      │   启动应急预案   │
      └──────────────┘
```

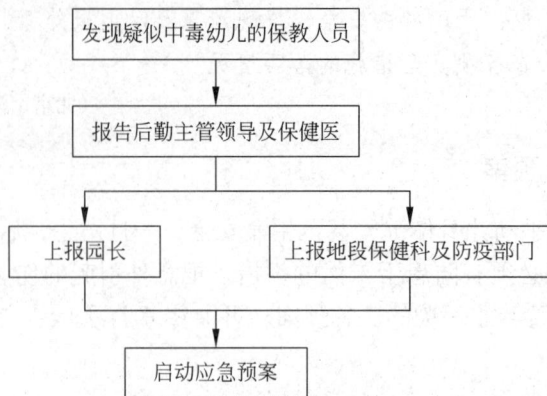

图 5-1　食物中毒处置流程

四、出现食物中毒的紧急处理

在园幼儿如在短时间内同时出现多例以消化道症状为主要病症的情况，应首先考虑食物中毒的可能，并立即采取应急措施。

1.炊事人员马上停止发放食品，保教人员停止分发，幼儿停止食用。

2.炊事员负责保管好可疑致病食物，留待检查。

3.保健医收集患儿腹泻、呕吐物样本，随幼儿就诊化验使用。

4.患儿腹泻物、呕吐物用有效氯 5000 ～ 10000mg/L 的消毒液消毒；周围地面、墙壁及物体表面用有效氯 1000mg/L 的消毒液消毒。

5.配合上级卫生行政部门做好后续分析、查验等相关工作。

（北京市海淀区富力桃园幼儿园）

📖 范例

水污染应急处理安全预案

为加强我园饮水的卫生安全管理工作，不断提升我园公共卫生的工作水平，进一步保障广大师生的身心健康和生命安全，提高园所应对饮水突发污染事故和水源性传染病突发事件的处置能力，根据《突发公共卫生事件应急条例》，特制定本预案。

成立水污染应急工作领导小组，负责幼儿园水污染防范工作的指导、督促与检查。

一、组织机构

组长：园长。

副组长：后勤、保健、保教主管领导。

组员：保健医、食堂班长、各班班长等。

二、各组职责

组长职责如下。

1.负责领导幼儿园水污染防范工作，组织制定水污染的应急预案，并统一指挥、协调应急防控工作。

2.上报上级主管部门，了解发布准确信息。

副组长职责如下。

1. 后勤负责及时提供必需的物资、经费及生活服务，同时做好安全保卫、上报工作。配合有关部门对突发事件进行调查分析，做好水污染信息的收集和分析报告。

2. 保教引导班级全力配合水污染应急处置的各项要求，确保幼儿健康、安全，负责与家长的沟通协调。

3. 保健负责上报防疫部门，及时了解幼儿健康状况并做相对应的处理。

组员职责如下。

1. 保健医了解全园幼儿健康状况，及时上报园领导。

2. 各班班长确保幼儿健康、安全。

3. 食堂班长在后勤指挥下，负责提供安全、清洁的饮用水。

三、处置流程

水污染处置流程如图 5-2 所示。

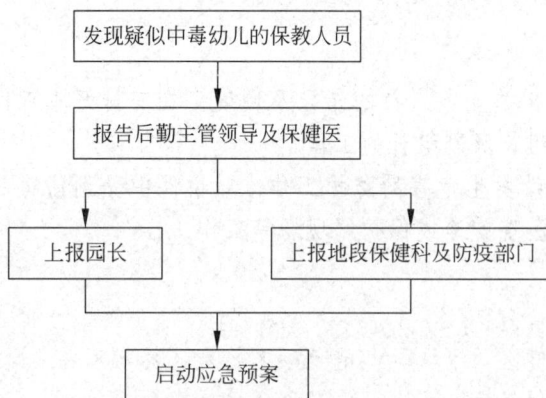

发现疑似中毒幼儿的保教人员 → 报告后勤主管领导及保健医 → 上报园长 / 上报地段保健科及防疫部门 → 启动应急预案

图 5-2　水污染处置流程

四、应急处理

1. 切断污染水源，禁止师幼饮用，并提供安全、清洁的饮用水，以保证师幼用水。保留造成或导致疑似饮用水突发污染事故和水源性传染病疾患的水源及其原料、工具、设备和现场。

2. 在第一时间将患儿送到医院救治，并及时通知家长，征求家长对治疗的意见。

3. 稳定班级工作，指导班级教师做好摸排，做到不遗漏。

4. 相关领导、教师在事件发生的班级持续做好随访工作，直到患儿全部康复。

5. 幼儿园将有关情况上报上级主管部门。

6. 幼儿园配合卫生行政部门进行调查，按卫生行政部门的要求如实提供材料和样品。

范例

突发公共卫生事件应急预案

一、组织机构

1. 组成成员

组长：园长。

副组长：后勤、保健、保教主管领导。

组员：保健医、食堂班长、各班班长等。

2. 职责

组长职责如下。

(1) 负责向上级报告事件发生的种类、性质、危害程度，已经或即将采取的措施。

(2) 负责指挥事件的处理及人员调配工作。

副组长职责如下。

(1) 在突发事件发生时，协助组长工作，协调安排好各部门应对突发事件，实施应急干预措施。

(2) 亲临事件现场指导组员处理突发事件，如有伤病者，则安排人员进行救助，送去医院就诊，指导工作人员保护好现场等。

(3) 做好在园幼儿的情绪安抚以及健康安全，确保班级工作有序，负责与家长的沟通协调。

组员职责如下。

(1) 服从领导及相关业务人员的指导及调度，在安排好本部门人员、保护好健康幼儿的情况下，配合组长及副组长的工作。

(2) 做好事件后续发生危害的防护工作，对事件中受到伤害的或可能受到伤害的幼儿做好护理，转送医院就诊或保护好现场等工作。

二、处置程序

1. 报告

(1) 报告人：保健医　　　　电话：×××××××

(2) 报告部门：保健室　　　　电话：×××××××

2. 停止的活动

一旦发现园里发生突发公共卫生事件时，要立即停止导致事件的一切活动及相关活动。

3. 防救措施

立即对突发事件中发生的受害人采取紧急救援措施，结合突发情况进行现场急救，送医院就诊，保护好健康人员，防止续发危害的发生，联系家长并告知情况等。

4. 善后工作

本着为幼儿负责、为家长着想的原则，积极、认真、细致地做好善后事情处理工作，安抚好幼儿情绪，安抚好家长情绪。若为食源性事件，配合好食品监督人员做好采样等相关工作；若是传染病，则配合防疫部门做好消毒、隔离、检疫及流行病学调查等项工作。向家长做情况沟通工作，介绍我们的干预措施，解除家长的顾虑。

(北京市海淀区富力桃园幼儿园)

(三) 加强对食品安全工作的监督检查

食品安全各项制度的落实必须与定期检查与不定期抽查结合在一起，周期不同，检查的内容也不同。在此，为大家提供三份食品安全工作检查表，分别是年度检查、月检查、周检查，大家可以对照学习，在检查内容的差异中理解食品安全工作。

📖 范例

食品安全卫生检查表

检查项目	检　查　内　容	结果（合格／不合格）	整改期限
组织制度建设	是否建立了以园长为第一责任人的食品安全责任制		
	是否有食品安全管理机构并配备专（兼）职食品安全管理人员		
	是否落实了食品安全责任制度，明确各环节、各岗位从业人员责任		
	是否定期检查食品安全工作并有记录		
许可证情况	园所食品经营许可证是否在有效期内；查验供应商的资质等		
食堂环境	环境是否定期清洁，并保持干净整洁		
	是否具有消除老鼠、蟑螂、苍蝇和其他有害昆虫的防护措施		
	是否具有足够的通风、排烟设备		
从业人员健康管理	是否建立了从业人员健康管理制度		
	从业人员是否都取得健康合格证明和卫生法规知识培训合格证		
	从业人员健康合格证明是否都在有效期内		
	炊事人员患有有碍食品安全疾病时，是否及时离岗，就医治疗		
落实索票索证制度	采购食品原材料及调料，是否进货查验、索证索票并记录台账		
	库存食品是否在保质期内，原料贮存是否符合食品安全要求		
	是否存在国家禁止使用或来源不明的食品原料、食品添加剂及食品相关产品		
清洗消毒	食堂是否配备有效洗涤消毒设施，且数量满足实际需要		
	是否有餐饮具专用保洁设施		
	炊事人员是否掌握基本消毒知识		
	餐饮具消毒效果是否符合相关要求		
食品加工制作管理	贮存食品原料的场所、设备设施是否保持清洁、通风		
	是否存放有毒、有害物品及个人生活物品		
	是否使用超过保质期限、腐败变质等影响食品安全的食品		
	原料清洗是否彻底，加工制作过程是否生熟分开，是否存在交叉污染		
	是否具有留样设备，留样设备是否正常运转，是否按规定留样		
食品添加剂情况	是否使用食品添加剂		
检查人员：		检查日期：	

（北京市海淀区富力桃园幼儿园）

📋 **范例**

每月食品安全检查表

项目	检 查 内 容	分值	得分
采购	从正当渠道进货，采购食品要求供方提供食品流通许可证复印件（检验合格证书），进货验收进行登记	5	
	不得采购腐败变质、霉变生虫、有毒有害、污染不洁、有异味、无标识或《食品安全法》第28条所规定的禁止经营的食品	5	
储存	食品库房整洁，食品存放隔墙离地、分类存放，不存放非食品及有毒有害物品	5	
	库房及操作间内无超过保质期或腐败变质食品或无标识食品	5	
	冷藏设施正常运转，熟食冰箱保持在-4℃左右，带外包装熟食不准进熟食库。生鱼、肉类当天进库、当天出库	5	
加工过程	食堂内各种标识醒目、准确（冰箱、水池、食品容器、工用具等）	5	
	原料、成品、半成品食品工用具、容器、储藏设施分开	5	
	加工过程中水产品、肉禽、蔬菜食品水池、刀具、案板、容器严格分开	5	
	从业人员掌握基本卫生知识，按规定着装，上班不戴戒指、耳环，男不留长发，女发不披肩，化妆淡而大方。无不良卫生习惯（抓头发、剪指甲、掏耳朵、伸懒腰、剔牙、揉眼睛、打哈欠等）及有碍食品卫生疾病	5	
	不加工、不食用剩饭剩菜	5	
	食品烧熟蒸透、中心温度大于75℃	5	
	水果使用专用容器清洗	5	
消毒	消毒设施正常运转，消毒程序正确。物理消毒按消毒器械说明书执行，化学消毒达到规定的消毒浓度、时间，清洁后保存	5	
	已消毒和未消毒餐具分开存放，餐具保洁柜定期消毒	5	
	热力消毒餐具保持光、洁、涩、干	5	
环境卫生	废弃物容器密闭、外观清洁，做到不暴露、不积压、不外溢	5	
	洗手及烘干设备运转正常（操作间、更衣室）	5	
	食堂内外环境整洁、无积水、无瓷砖脱落及霉斑	5	
	防蝇、防鼠、防尘设施有效（包括纱门、纱窗、挡鼠板、粘鼠板、防鼠网等）	5	
	加工用设备、设施工具清洁，无油污、积尘	5	

存在的问题：

改进及处理结果：

检查人员签字：　　　　　　　　　　　　　　　检查日期：

（北京市海淀区富力桃园幼儿园）

📋 **范例**

每周食堂卫生安全检查表

日期：　　　　　　　　　　　　检查人员：　　　　　　　　　　　总分：

序号	区域	卫 生 标 准	分值	评分	反馈内容
1	取餐间	1.地面、墙面、餐架、调理柜、门窗无油污 2.物品摆放整齐、专物专用	4		
	备餐间分餐间	1.地面、墙面、餐架、调理柜、门窗、洗手池无油污 2.留样冰箱物品摆放整齐，及时留样 3.定时紫外线灯照射消毒	6		
2	杂物间	1.地面、墙面、餐架、调理柜、门窗无油污 2.物品摆放整齐 3.燃气间无杂物	4		
	洗消间	1.地面、墙面、餐架、调理柜、门窗无油污 2.物品摆放整齐、专物专用	6		
	面点间	1.地面、墙面、餐架、调理柜、门窗、面案无油污 2.物品摆放整齐、专物专用	5		
3	冰箱	1.冰箱内外无油污 2.冰箱内物品摆放整齐、无不合格物品、无霜、无异味	3		
	饮水机	干净整洁无油污，地面无杂物	1		
	烤箱	内外无油污、盖布干净、无杂物、地面无杂物	1		
4	蒸箱	内外无油污、无异味、地面无杂物	4		
	电饼铛	内外无油污、无异味、地面无杂物	3		
	操作台	内外无油污、无异味、内部物品摆放整齐、地面无杂物	3		
	双眼灶	灶面、窗户、煽锅无油污、无异味、地面无杂物	6		
5	操作台	内外无油污、无异味、内部物品摆放整齐、地面无杂物	1		
	水池	干净无油污	1		
	调料车	干净整洁无油污。地面无杂物、物品摆放整齐、加盖、调料密闭保存	2		
6	大锅灶	灶面、窗户、煽锅无油污、无异味、地面无杂物	6		
	三层货架	表面无水、无油污，物品摆放整齐	2		
	调料车	干净整洁无油污。地面无杂物、物品摆放整齐、加盖、调料密闭保存	2		
7	粗加工间	物品摆放整齐、专物专用、地面污水	5		
	冰箱	1.冰箱内外无油污 2.冰箱内物品摆放整齐、无不合格物品、无霜、无异味	2		
	更衣室	干净整洁，物品摆放整齐	2		
	墩布间	干净整洁，物品摆放整齐	1		
8	库房	1.地面、墙面、餐架、调理柜、门窗无油污 2.物品摆放整齐、专物专用	10		
9	个人卫生	衣物干净整洁；头发整齐；手无外伤，指甲适中	20		

（北京市海淀区富力桃园幼儿园）

二、幼儿食品安全教育

从小给幼儿树立正确的食品安全意识，让幼儿建立正确的饮食观念，是食品安全教育的目的，对于幼儿而言，不吃街边摊、学会看食品的包装、认识垃圾食品等，从点点滴滴做起，建立饮食观念、培养饮食习惯。下面提供三则食品安全教学设计供大家参考。

教育活动

熊猫不要去医院（小班）

一、活动目标

1. 尝试区分出不能食用的物品，知道在游戏、生活中许多物品是不能咬的。
2. 对食品卫生安全有初步的认识，懂得保护自己。
3. 知道一些食物的正确饮食方法和注意事项。

二、活动重点

知道一些食物的正确饮食方法和注意事项。

熊猫不要去医院

三、活动难点

对食品卫生安全有初步的认识，懂得保护自己。

四、活动准备

食物图片、故事录音与PPT。

五、活动过程

（一）教师通过与幼儿谈话，回忆已有经验

1. 教师：小朋友们，你们最爱吃的东西是什么呀？幼儿自由回答后相互分享自己最喜欢吃的食物。

2. 教师：刚刚小朋友都说了很多自己爱吃的零食，有好吃的零食，还有饭菜，我们都是爱吃饭的好宝宝。

（二）故事引入，引导幼儿了解乱吃东西有危险

1. 故事引入。教师：我们每天都会吃一些好吃的饭菜和水果，小熊猫也和小朋友们一样爱吃饭菜，但是今天小熊猫给我打电话，说他去医院了，到底是怎么了呢？我们一起来看看。教师分享故事《卡在喉咙里的五角星》。

2. 关键提问：小朋友，小熊猫为什么会去医院？他吃了什么不该吃的东西？

3. 教师：孩子们，如果我们把不能吃的物品放到嘴巴里，就会发生危险。你们说一说什么东西是不能放到嘴巴里的？

4. 教师小结：我们身边的玩具、小珠子、纸、老师的泥胶、我们做手工的彩泥都不能放到嘴巴里，如果吞到肚子里，就要去医院了。

（三）出示图片，进一步分辨班级中的危险物品

1. 教师：小熊猫明天就要和小朋友们一起做游戏了，我们帮助小熊猫把班级里的

物品分类,告诉小熊猫不能随便乱吃东西。我们每个小朋友的小椅子下都有图片,请拿出来。

2.引导幼儿仔细观察图画,用自己的语言说一说,这是什么物品?能不能吃?为什么?

3.教师小结:尤其是娃娃家里的玩具特别多,有冰激凌和蔬菜还有香香的鸡翅,但是,我们小朋友们能吃吗?它们都是玩具,是不能放在嘴巴里的。我们能够吃的东西都是食堂叔叔经过清洗、做熟的食物,水果酸奶也是新鲜的才可以给小朋友们吃,所以在幼儿园不能乱吃食物。小熊猫,你知道了吗?小熊猫让我谢谢你们。明天他就来和你们一起游戏!

活动延伸:引导幼儿寻找家里可以食用的食物,分享需要注意的事项。

六、活动反思

在了解班级幼儿的实际情况下,掌握幼儿年龄特点,利用故事引入的方式让幼儿了解食品安全的重要性,不能随便把物品放进口中,这样会发生危险。利用图片,丰富幼儿的经验,掌握保护自己的方法。此次活动相对比较成功,家长和老师还要在日常生活中做好随机教育,例如喝酸奶后不能将吸管放在口中走路,帮助幼儿建立良好的生活常规。

(北京市海淀区富力桃园幼儿园 吴雪婧 刘雅楠)

📢 教育活动

肚子疼的小邂逅(中班)

一、活动目标

1.初步了解"三无食品",知道吃了这些食品会危害身体健康。

2.不吃路边摊,知道选购安全、健康的食品。

3.在生活中增强食品安全意识,提高自我保护能力。

二、活动重点

初步了解"三无食品",知道吃了这些食品会危害身体健康。

肚子疼的小邂逅

三、活动难点

能参考安全标志选购安全健康的食品。

四、活动准备

1."小邂逅"录音、医生录音、手偶。

2.食品若干、牛奶若干。

3.路边小摊的相关视频。

五、活动过程

(一)出示手偶进行情境导入

1.播放小朋友哭的声音"呜呜呜,我的肚子好痛呀"。

教师:是谁在哭?他为什么哭?

2. 教师出示手偶，一边摆弄手偶，一边播放录音"小朋友，你们好，我的名字叫小邋遢，今天我的肚子好疼呀，你们能帮帮我吗？"

3. 教师：原来小邋遢肚子疼所以就哭了，这可怎么办才好呢？

小结：对了，如果觉得身体不舒服最好到医院检查一下，这样会让我们的身体保持健康。

4. 教师：小邋遢来到了医院，我们听听医生是怎么说的？（播放医生的话）小邋遢为什么身体会不舒服呢？

小结：原来小邋遢上午和奶奶在外面玩的时候，吃了一根在路边买的烤香肠和鸡蛋灌饼，吃完后不久就开始肚子疼了。医生说路边小贩卖的食品很多都是三无食品，是不卫生也不合格的，小朋友们，你们知道什么是三无食品吗？

（二）了解"三无"食品

1. 教师：我们听医生介绍一下，三无食品是哪三无呢？（播放录音）教师出示一件"三无"商品，帮助幼儿了解其含义。

2. 讨论：生活中三无食品在什么地方比较多见呢？

3. 观看播放路边小摊、小贩卖东西的视频。

小结：三无食品一般在路边的小摊、小贩那里比较常见，小朋友最好不要去路边摊上购买食品。

（三）学习选购食品的方法

1. 讨论：平时我们在哪里可以买到安全、健康的食品呢？在选购食品的时候应该注意些什么呢？

2. 教师介绍选购食品时应该应注意哪些标志。

3. 出示袋装牛奶，请小朋友在牛奶的包装上找一找这三种标记。

教师：你们找到了吗？你们知道这些标记都表示什么意思吗？

4. 教师：原来选购食品还有这么多的方法呢！老师还把这些方法编成了儿歌，我们一起来说一说吧！

（四）尝试选购安全的食品

1. 我们小朋友知道了选购食品的方法，小邋遢还不知道呢！你们想不想把这个好方法告诉他？

2. 教师：小邋遢还在生病，我们要去看望他，我们教室中就有很多食品，请每个小朋友挑选一份食品作为礼物送给小邋遢。

3. 请幼儿介绍自己挑选的食品，说一说为什么要挑选这件食品作为礼物？

（五）活动结束

小邋遢：小朋友们，我的肚子不疼了，以后我再也不买路边摊的"三无"食品了，要去超市里买健康、安全的食品，这样就不会肚子疼了，小朋友们也要记住哦！

六、活动反思

活动一开始，通过手偶情景表演的方式激发幼儿参与活动的兴趣，之后通过录音、视频等幼儿感兴趣的方式帮助幼儿了解什么是"三无"食品。然后继续了解选购食品的方法，并将这些方法编成小儿歌，便于幼儿理解、记住。最后通过为"小邋遢"选礼物的方式，再一次帮助幼儿巩固认识"什么是'健康食品'"。整个活动中，每个环节的设置体现了层层递进，一步一步地引导幼儿完成目标。针对中班幼儿的年龄和认知特点，继续开展家园配合工作，在生活中继续巩固幼儿对健康食品的认知，提高幼儿关注食品安全的意识，学会自我保护。

(北京市海淀区富力桃园幼儿园 杨海霞 李萌)

教育活动

包装袋上的秘密（大班）

一、活动目标

1. 知道购买食物时要看包装上的保质期，了解生产日期和保质期的用途。
2. 通过仔细观察，发现食品袋上的信息及其与身体健康的重要关系。
3. 喜欢参加探究活动，有关注食品卫生安全的好习惯。

二、活动重点

知道食物包装上的信息与食品安全的重要联系。

三、活动难点

能准确地分辨食物是否在保质期内。

包装袋上的秘密

四、活动准备

物质准备：①收集幼儿家里的袋装或瓶装食物（过期和没过期的都有）；②幼儿记录信息表、水彩笔、自制挂历卡。

经验准备：幼儿掌握一些年月日的表达方式。

五、活动过程

1. 幼儿自主观察食品袋，引起幼儿参与活动的兴趣

（1）幼儿自主观察食品袋。

教师：今天我们每一个小朋友都带了一包食物，刚才老师看到你们相互分享着食品袋上的内容，一会儿请小朋友继续观察食品袋，我们一起看看谁能发现食品包装袋上的秘密。

（2）提问：你们发现了什么？

出示大的记录纸，教师将幼儿的回答用简笔画的形式记录在纸上。

小结：哦，原来你们发现了包装袋上有这么多的小秘密，有漂亮的花纹、彩色的文字、标志，这些让我们一看就知道是什么食品了。

（3）进一步发现包装袋上的重要信息。

教师：刚才我们找到了有关于食品的很多秘密，你们觉得哪些秘密可以直接告诉我们这个食物是安全的，对我们健康没有危害，为什么？(请幼儿找一找)

教师：到底哪些秘密是直接可以告诉我们食物是安全的、健康的呢？我们来看一下大屏幕！

2. 观看幻灯片，认识包装袋上的生产日期、保质期、防伪条码

（1）幼儿观看幻灯片，知道这些信息与食品安全的重要联系。

生产日期：商品在生产线上完成所有工序，经过检验并包装成为可在市场上销售的日期和时间。

保质期：在规定的贮存温度条件下产品的质量和安全食用的时间。

防伪条码：一组规则排列的条形标识。有了它，你在超市或者商场购买的食物就可以通过计算机很快查到，而假冒伪劣的商品的条形码就不能在计算机上查到。

小结：以后不管吃什么食品，一定要仔细看看这些信息，才能保证我们吃的食品是安全的、健康的，对身体是没有害处的。

（2）出示两袋生产日期不一样的面包。

提问：请小朋友看看这两袋面包哪袋是生产日期过期的面包？

（3）出示自制挂历卡，教师讲解如何分辨过期食品和健康食品。（重点引导幼儿辨别保质期中月份的变化。）

3. 操作练习，提升认识

（1）幼儿自由选择食物，分辨食物是否在保质期内。

出示操作纸，讲解操作要求：刚才我们学习了在购物时要注意的信息，现在老师要考考你们是否记住了。请小朋友们将你自己带的食物摆放在前面的桌子上，小朋友相互选择一件自己喜欢的食物，我们一起来找一找在小朋友带来的这么多食物里面，哪些是过期食物，哪些是没有过期的食物，我们一起来分分类吧。

（2）与幼儿一起检查食品的保质期。

教师：谢谢小朋友把自己认为过期的食物都挑选了出来，我们一起来看看它们是否都已超出保质期。

总结：今天在小朋友共同努力下，我们了解到了原来购买的食物还有这么多的小秘密，这些小秘密对我们的身体健康有着很大的作用，希望今后小朋友们在购买食品的时候可以按照刚才我们学到的小知识去识别食品的安全，也提醒小朋友：在购买食品时，除了要看清食品的生产日期和保质期，还要选购包装完好的食品，这样我们才能健康长大！

六、活动反思

在活动前收集了各种各样的食品，孩子们对于食品非常感兴趣，对于大班幼儿来说，大部分幼儿都知道购买食物需要有保质期，但是不会自己辨别出这种食物是否在保质期内，需要有认识日期的经验，才能分析出食品是否在保质期内。除了要看食品的保质期，还需要提供给孩子们一些食品安全标志的图片，让幼儿了解到具备安全食品的条件都有哪些，帮助幼儿解决生活中的问题。

（北京市海淀区富力桃园幼儿园 尹伊 范丽娟）

值得一提的是，关于幼儿的食品安全教育更多的是在日常，例如，在每餐开餐前教师或值日生报菜名的时候介绍营养，在指导幼儿进餐的过程中培养良好习惯，在带领孩子春游的时候介绍如何读懂食品包装……将食品安全教育内容融入一日生活活动

中，在潜移默化当中提高幼儿的安全防范意识。

第三节　传染病预防及宣教

☺ 案例导引

诺如病毒在多所幼儿园传播

2016 年 12 月，××市多家幼儿园的幼儿出现腹泻、呕吐症状，一些家长怀疑是食物中毒引起。昨日，××都市报记者从××市疾病预防控制中心获悉，经过调查和取样检测，结果显示，发病原因是一种常见病毒——诺如病毒。

疾控专家表示，每年的 11 月至次年的 4 月，是诺如病毒高发期。该病毒来得快去得也快，可防可控。患儿感染诺如病毒后，需要立即在家隔离。如果症状不重，即使不经过治疗，一般两三天也可自行恢复健康；若症状加重，则需就医治疗。

幼儿园是人口密集的场所，因为幼儿在园游戏、用餐、睡觉，所以如上述案例所述，传染病的传播甚至肆虐时有发生，为了保障幼儿的安全，幼儿园在管理上、日常教育上做了很多工作，以促进幼儿养成良好的卫生习惯、生活习惯，提升自我保护能力，促进身体健康。

一、传染病的基本常识

做好传染病的预防工作，必须了解传染病的基本常识——传染病的特点、类型、预防与治疗等，以这些基础知识为基础，科学管理，有效预防。

（一）传染病的基本概念

1. 什么是传染病

传染性疾病就是我们常说的传染病，是许多疾病的总称，它是由病原体引起的，能在人与人、动物与动物或人与动物之间相互传染的疾病。最常见的如流行性感冒、乙肝、细菌性痢疾、流脑、结核病、急性出血性结膜炎（红眼病）等。

2. 传染病的分类

《中华人民共和国传染病防治法（2013 修订版）》中把传染病分甲、乙、丙三类。

甲类传染病是指鼠疫、霍乱。

乙类传染病是指新型冠状病毒性肺炎、传染性非典型肺炎、艾滋病、病毒性肝炎、脊髓灰质炎、人感染高致病性禽流感、麻疹、流行性出血热、狂犬病、流行性乙型脑炎、登革热、炭疽、细菌性和阿米巴性痢疾、肺结核、伤寒和副伤寒、流行性脑脊髓膜炎、百日咳、白喉、新生儿破伤风、猩红热、布鲁氏菌病、淋病、梅毒、钩端螺旋体病、血吸虫病、疟疾。其中新型冠状病毒性肺炎、传染性非典型肺炎和炭疽，采取甲类传染病的预防防控措施。

丙类传染病是指流行性感冒、流行性腮腺炎、风疹、急性出血性结膜炎、麻风病、流行性和地方性斑疹伤寒、黑热病、包虫病、丝虫病，除霍乱、细菌性和阿米巴性痢疾、伤寒和副伤寒以外的感染性腹泻病。

3. 传染病的特点

（1）传染性。传染病的病原体可以从一个人经过一定的途径传染给另一个人。每种传染病都有比较固定的传染期，在此期间病人会排出病原体，污染环境，传染他人。

（2）有免疫性。大多数患者在疾病痊愈后，都会产生不同的免疫力。

（3）可以预防。传染病在人群中流行，必须同时具备三个基本条件：传染病、传播途径和易感人群。缺少其中任何一个，传染病都流行不起来。通过控制传染源、切断传染途径、增强人的抵抗力等措施，可以预防传染病的发生和流行。

（4）有病原体。每一种传染病都有它特异的病原体，包括微生物和寄生虫。比如水痘的病原体是水痘病毒，猩红热的病原体是溶血性链球菌。病原体有细菌、病毒、真菌、原虫、蠕虫。例如，新型冠状病毒的病原体就是新型冠状病毒，流行性感冒的病原体是流感病毒。

（二）幼儿园常见传染病

在此部分，详细介绍诺如、手足口、水痘、流感等传染性疾病的症状、传播途径、预防、治疗等信息，便于教师参考并采取措施预防与应对。教师还可以在某种传染病的高发时期，把如下内容宣传给家庭，提高家庭的防范意识与应对能力。家园携手，共同为幼儿的身体健康保驾护航。

1. 诺如病毒感染[①]

1）什么是诺如病毒

诺如病毒又称脓融病毒，是一种引起非细菌性急性胃肠炎的病毒，可略写为 NV。感染诺如病毒后最常见的症状是腹泻、呕吐、恶心，或伴有发热、头痛等症状。儿童患者以呕吐、恶心多见，成人患者以腹泻为多，呕吐少见。病程一般为 2～3 天，此病是一种自限性疾病，恢复后无后遗症。

诺如病毒感染性腹泻在全世界范围内均有流行，全年均可发生感染，感染对象主要是成人和学龄儿童，寒冷季节呈现高发。该病毒在全球广泛分布，资料显示，在中国 5 岁以下腹泻儿童中，诺如病毒检出率约为 15%，血清抗体水平调查表明中国人群中诺如病毒的感染十分普遍。

2）诺如病毒感染的症状

（1）发病时间。诺如病毒的潜伏期相对较短，通常 1～48 小时。

（2）病程发展。临床表现与其他病毒性胃肠炎相似，起病突然，主要症状为发热、恶心、呕吐、痉挛性腹痛及腹泻。可单有呕吐或腹泻，亦可先吐后泻，故也称诺如病

---

① 此知识来自于太平洋亲子网，有改动。

毒感染性腹泻。

成人腹泻较突出，儿童呕吐较多。粪便呈黄色稀水状，每日数次至十数次不等，无脓血与黏液。可伴有低热、咽痛、流涕、咳嗽、头痛、肌痛、乏力及食欲减退。

病程长及病情较重者排毒时间也较长，传染性可持续到症状消失后两日。该病免疫期短暂，可反复感染。

（3）诺如病毒感染检查。实验室检查便常规多无异常，培养无致病菌生长。发病后 24 ～ 48 小时大便做免疫电镜检查，可见病毒颗粒。

3）诺如病毒的传播途径

诺如病毒感染全年均可发生，尤以冬季较多，人类是唯一已知的宿主。传染源为该病的患者、隐性感染者及健康携带者。主要传播途径是粪口传播。此外，日常生活接触也可引起该病的传播。传播途径主要如下。

（1）食用或饮用被诺如病毒污染的食物或水。

（2）触摸被诺如病毒污染的物体或表面，然后将手指放入口中。

（3）接触过诺如病毒感染患者，如照顾患者、与患者分享食物或共用餐具。

4）诺如病毒感染的预防

（1）切断传播途径。病毒性腹泻的主要传播途径为粪口传播，传染源多为轻型病人或无症状携带者，故主要预防措施是做好食品和饮水工作，加强病人、密切接触者及其直接接触环境的管理等工作，积极切断疾病的传染途径。

（2）控制传染源。已经发病的学生要隔离治疗，暂停上课，直到症状消失 72 小时后才回校，以免将疾病传染给同学。对病人、疑似病人的吐泻物和污染过的物品、厕所等进行消毒。

（3）避免病从口入。不吃生冷食品和未煮熟、煮透的食物，尤其是禁止生食贝类等水产品；对一些放置时间较久的冷菜最好少吃或不吃，饮用水煮开才喝，不要喝生水。

（4）抓好饮食卫生。严格执行《中华人民共和国食品卫生法》，特别要加强对饮食行业（包括餐厅、个体饮食店、学校周边饮食摊档等）、农贸集市、集体食堂等的卫生管理。食物加工者要严格注意个人卫生，一旦发病立即调离工作岗位。

（5）彻底煮熟食物。避免进食未经彻底煮熟的食物。在超过 80℃ 高温环境达 30 秒，诺如病毒便会死亡。因此，注意彻底煮熟食物，尤其是海产和贝壳类食物，便可预防。

（6）健康教育。加强以预防肠道传染病为重点的宣传教育，提倡喝开水，不吃生的、半生的食物，尤其是禁止生食贝类等水产品，生吃瓜果要洗净，饭前便后要洗手，养成良好的卫生习惯。

（7）个人性的预防措施。锻炼身体，提高机体抵抗力。注意个人卫生，勤洗手，防止病毒病原体的感染。不吃生冷食品和未煮熟、煮透的食物，减少到校外的餐厅就餐，特别是无牌无证的街边小店。流行病高发季节，少去人多的公共场所，杜绝传染渠道，减少感染机会。家中有腹泻病人时，应积极治疗病人，并适当隔离，一有情况，立刻就诊，并报告所在单位、社区。

5）诺如病毒的消毒方法

（1）病人呕吐物、粪便：有效氯 5000～10000mg/L，先覆盖污物，将污染物放入医用垃圾袋，再用 5000～10000mg/L 浓度消毒液覆盖 30 分钟后清理。

（2）地面、墙壁：有效氯 1000mg/L，墙壁可直接用消毒剂按 100～300mL/m² 用量擦拭或喷洒消毒。地面消毒先由外向内喷洒一次，喷药量为 100～300mL/m²，待室内消毒完毕后，再由内向外重复喷洒一次。消毒作用时间应不少于 30 分钟。

（3）物体表面：有效氯 1000mg/L 作用 30 分钟后用清水擦拭干净。

（4）衣物、被褥等织物：先将固体污秽物移除后浸在有效氯为 500mg/L 的含氯消毒剂溶液内 30 分钟，然后清洗。也可用流通蒸汽或煮沸消毒 30 分钟。

当幼儿发生腹泻时，家长切勿盲目使用抗生素，避免抗药性的产生。家长需要做的是留意孩子腹泻物的症状，及时带孩子到医院就诊。通过病原学检查确诊后，由医生制定对应的治疗方案，做到对症处理。

2. 手足口病[1]

1）什么是手足口

手足口病是由肠道病毒 [以柯萨奇 A 组 16 型（CoxA16）、肠道病毒 71 型（EV71）多见] 引起的急性传染病，多发生于学龄前儿童，尤以 3 岁以下年龄组发病率最高。病人和隐性感染者均为传染源，主要通过消化道、呼吸道和密切接触等途径传播。主要症状表现为手、足、口腔等部位的斑丘疹、疱疹。少数病例可出现脑膜炎、脑炎、脑脊髓炎、肺水肿、循环障碍等。多由 EV71 感染引起，致死原因主要为脑干脑炎及神经源性肺水肿。

2）手足口发病原因

引发手足口病的肠道病毒有 20 多种，主要为小 RNA 病毒科、肠道病毒属的柯萨奇病毒 A 组的 4、5、7、9、10、16 型等，B 组的 2、5、13 型、埃可病毒和新肠道病毒以及肠道病毒 71 型均为手足口病较常见的病原体，最常见为 CoxA16 及 EV71。

3）手足口病症状

（1）一般症状表现。 急性起病，潜伏期 3～5 天，有低热、全身不适、腹痛等前驱症状。口腔黏膜出现散在疼痛性粟粒至绿豆大小水疱，手、足出现斑丘疹、疱疹，初起为斑丘疹，后转变为疱疹，圆形或椭圆形，约 3～7mm 如米粒大小，较水痘皮疹小，质地较硬，周围有红晕，疱内液体较少，在灰白色的膜下可以见到点状或片状的糜烂面。皮疹消退后不留瘢痕或色素沉着，如有继发感染常使皮肤损害加重。

除了手足口外，也可以在臀部及肛门附近出现疱疹，偶尔看到在躯干和四肢出现疱疹，数天后干涸、消退，皮疹无瘙痒，无疼痛感。

个别小孩可出现泛发性丘疹、水疱，伴发无菌性脑膜炎、脑炎、心肌炎等，可伴有咳嗽、流涕、食欲不振、恶心、呕吐、头痛等症状。

---

[1] 摘自太平洋亲子网，有删减。

部分病例仅表现为皮疹或疱疹性咽峡炎。全病程约 5 ～ 10 天，多数可自愈，预后良好，无后遗症。

（2）重症病例表现。少数病例（尤其是小于 3 岁者）可出现脑炎、脑脊髓炎、脑膜炎、肺水肿、循环衰竭等。

呼吸系统表现为呼吸浅促、困难，呼吸节律改变，口唇发绀，口吐白色、粉红色或血性泡沫液（痰），肺部可闻及痰鸣音或湿罗音。

神经系统表现为精神差、嗜睡、头痛、呕吐、易惊、肢体抖动、无力或瘫痪；查体可见脑膜刺激征、腱反射减弱或消失；危重病例可表现为频繁抽搐、昏迷、脑水肿、脑疝。

循环系统表现为面色苍白，心率增快或缓慢，出冷汗、末梢循环不良、脉搏浅速、减弱甚至消失，四肢发凉，指（趾）发绀，血压升高或下降。

4）手足口病传播途径

（1）消化道传播。进食被患者粪便污染的食物而传播。患者的粪便在数周内仍具有传染性。

（2）呼吸道传播。患者咽喉分泌物及唾液中的病毒，可通过空气飞沫传播。

（3）接触传播。手足口病传播方式多样，以通过人群密切接触传播为主。病毒可通过唾液、疱疹液、粪便等污染的手、毛巾、手绢、牙杯、玩具、食具、奶具以及床上用品、内衣等引起间接接触传播。

这就是为什么幼儿园一个班有 2 ～ 3 个手足口病儿童时要封班，因为幼儿园的玩具等都是大家共用的，被一个小朋友的手污染了的玩具或其他物品，其他小朋友再用时极易被传染上；接触被病毒污染的水源，也可经水感染；门诊交叉感染和口腔器械消毒不合格也是造成传播的原因之一。

5）手足口病治疗

（1）普通病例治疗。

加强隔离：避免交叉感染，适当休息，清淡饮食，做好口腔和皮肤护理。

对症治疗：发热、呕吐、腹泻等给予相应处理。

病因治疗：选用利巴韦林等。

（2）重症病例治疗。到医院接受治疗，遵医嘱配合。

6）手足口病如何护理

（1）隔离。一旦发现感染了手足口病，应及时就医，避免与外界接触，一般需要隔离 2 周。病者用过的物品要彻底消毒：可用含氯的消毒液浸泡，不宜浸泡的物品可放在日光下暴晒。房间要定期开窗通风，保持空气新鲜、流通，温度适宜。有条件的家庭每天可用乳酸熏蒸进行空气消毒。减少人员进出病者房间，禁止吸烟，防止空气污浊，避免继发感染。

（2）饮食营养。如果在夏季得病，容易引起脱水和电解质紊乱，需要适当补水和营养。病者宜卧床休息 1 周，多喝温开水。患儿因发热、口腔疱疹，胃口较差，不愿进食。宜吃清淡、温性、可口、易消化、柔软的流质或半流质，禁食冰冷、辛辣、咸等刺激性食物。

（3）口腔护理。病者会因口腔疼痛而拒食、流涎、哭闹不眠等，要保持口腔清洁，饭前饭后用生理盐水漱口，如果不漱口，可以用棉棒蘸生理盐水轻轻地清洁口腔。

（4）皮疹护理。病者衣服、被褥要清洁，衣着要舒适、柔软，经常更换。剪短指甲，必要时包裹双手，防止抓破皮疹。臀部有皮疹的，应随时清理其大小便，保持臀部清洁干燥。手足部皮疹初期可涂炉甘石洗剂，待有疱疹形成或疱疹破溃时可涂 0.5% 碘伏。注意保持皮肤清洁，防止感染。小儿手足口病一般为低热或中度发热，无须特殊处理，可让病者多喝水。体温在 37.5 ～ 38.5℃的病者，给予散热、多喝温水、洗温水浴等物理降温。

7）在手足口病流行期间家长如何预防孩子得病

（1）家长和孩子都要勤洗手。

（2）孩子不要吃生冷食物，多喝开水，吃熟食。

（3）家中要注意开窗通风。

（4）对孩子的衣物、床具、衣被及时晾晒，孩子的玩具表面也须定期消毒。

（5）幼儿园每日做好晨检，有条件最好上、下午各一次。

（6）家中有患儿的家长，注意隔离，不要让孩子与其他小朋友一起玩耍。

8）手足口病毒的消灭方法

引起手足口病的病毒是肠道病毒，有共同特性，在 56℃以上高温会失去活性；对紫外线及干燥敏感；甲醛、氯化物、酚等化学物质可抑制其活性。对乙醚有抵抗力，20% 乙醚，4℃作用 18 小时，仍然保留感染性；耐酸，在 pH3.5 仍然稳定；75% 酒精，5% 来苏儿对肠道病毒没有作用；对去氯胆酸盐等不敏感。故多晒太阳、室内通风、手部卫生至关重要，用一般的酒精消毒不行，必须用含氯消毒剂。

3. 水痘[①]

1）什么是水痘

水痘是因为受到水痘 - 带状疱疹病毒初次感染引起的一种具有强传染性的急性传染病，主要的传播途径为呼吸道、飞沫或直接接触，春季和冬季多发生。学龄前儿童易感儿发病率可达 90% 以上；0 ～ 6 个月以内宝宝具有母体来的抗体，发病率较低；2 ～ 6 岁学龄前儿童为发病高峰群体。

2）出水痘的原因

幼儿容易出水痘和水痘自身传染性强、传播途径广以及幼儿自身免疫力低下相关。父母不妨看看幼儿容易出水痘的原因，从而采取相关的措施，降低幼儿出水痘的概率。

（1）水痘具有很强的传染性。首先，水痘是一种流行性病毒，传染性非常强，易感者接触正在出水痘的幼儿后，92%都会发病。其次，出水痘的幼儿会成为传染病毒的主要传染源，在出疹前的 1 ～ 2 天至皮疹干燥结痂时，均有传染性。最后，幼儿与带状疱疹患者接触也可发生水痘，但少见。

（2）水痘的传播途径非常广。水痘主要通过直接接触和飞沫传播，就算是在近距

---

① 摘自太平洋亲子网。

离、短时间内也可通过健康人群间接传播，这种传播途径意味着很难预防，幼儿只要和出水痘的人群接触，而自身又没有种植疫苗，受感染的概率就会非常大。

（3）通过母体感染。一般来说6个月以内的幼儿可以从母体中获得抗体，所以，这个时期的幼儿基本不会生水痘。但也有个别的情况，那就是孕妈妈在怀孕期间患上了水痘，这种情况下有可能会感染给幼儿。幼儿出完水痘后能够获得持久免疫，但仍有概率发生带状疱疹。

（4）全年均可发生，冬春季多见，水痘传染性很强。

3）水痘的症状

水痘一般会伴有头痛、全身倦怠、发热等症状。在发病24小时内出现皮疹，继而变为米粒至绿豆大的水疱。

（1）水痘病毒感染幼儿后，大约经过2个星期的潜伏期，幼儿会出现发烧、头痛、身体不舒服、食欲不振等方面早期的症状，这时候的症状非常像感冒，父母要注意辨别。一旦幼儿是在春季或者是冬季里出现感冒的症状，父母最好给幼儿服用治疗感冒的药物，因为在水痘前期，抗感冒药物对水痘病情有一定效果。一旦发现幼儿不是感冒，而是有出水痘的迹象，要尽快带幼儿到医院就诊，进行治疗。

（2）出现上述症状后，皮肤分批出现丘疹、疱疹和结痂。数小时或者是1天的时间，幼儿身上的皮肤会慢慢出现具有特征性的丘疹，最初只是在腹部或者背部出现犹如蚊子咬了似的红色小疹点，而且一般也仅有1～2个，数小时后就发展到手腕和腿部等处，一部分变成水疱（此时的水疱也由小米粒大涨到犹如绿豆般大）。

（3）出疹24小时后，幼儿的脸上、背上、腹部、四肢等各个地方均会出现红疹点和水疱，一部分会开始结痂，持续一周左右痂皮脱落。皮疹躯干部最多，头面部次之，四肢较少，手掌、足底更少，看起来像是三种疹形并存。

（4）被传染后的14～17天前后，开始出现38℃左右的发热症状，并持续1～2天，伴有头痛、流涕、咳嗽等症状。

4）水痘的预防

水痘的预防十分重要，因为一旦幼儿患上水痘，会显得非常难受，父母看到幼儿难受也会很忧心。预防水痘的方法分为主动免疫、被动免疫和给幼儿喝板蓝根等几个方面。

（1）主动免疫。所谓的主动免疫是指给幼儿接种水痘疫苗。接种水痘疫苗是目前国内预防水痘发生最经济也是最有效的手段。幼儿一旦接种完水痘疫苗，一般都可以保护幼儿10年或者更久不出水痘。水痘疫苗是一种高度活性的减毒疫苗，适用人群是1岁以上12岁以下的健康幼儿，注射完成后，2个星期左右幼儿体内就可产生对抗水痘的抗体了。这里父母需要注意的是，当幼儿正在出水痘的时候，是不可以接种水痘疫苗的。

（2）被动免疫。所谓的被动免疫，是在指幼儿在接触水痘或带状疱疹后96小时内马上使用水痘带状疱疹免疫球蛋白，但是注射这种药物后，保护的作用是十分有限，而且目前国内并无此药。

（3）保持房间通风，尽量远离病源。平时要多给幼儿的房间开窗通风，保持空气流通。春节和冬季是水痘高发的季节，建议父母尽量不要带幼儿去人多不通风的公众场所。

5）水痘的控制措施

（1）隔离传染源。水痘病例应隔离治疗，隔离期为自发病至水痘疱疹全部结痂为止。幼儿返园时到所属的地段医院预防保健科开具复课证明方可返园。幼儿园各班级开展晨、午、晚检并追踪幼儿缺勤原因，早期发现病人，以免造成疫情播散。

（2）切断传播途径。水痘流行季节，室内要经常通风换气、开展湿式扫除。疫情发生至结束期间禁止集体活动，暴发疫情和突发公共卫生事件的首次消毒，必须由区疾控中心专业消毒人员到达现场进行指导。

（3）保护易感人群。目前水痘尚无特异的治疗方法。对于发生疫情的学校、托幼机构，应开展免费水痘疫苗应急接种。应急接种对象为未患过水痘、未接种过水痘疫苗且无疫苗接种禁忌的 15 岁及以下儿童，既往患病史和接种史不详的 15 岁及以下儿童也应接种。

发生 1 例病例，班级其他幼儿作为接种对象；达到 5 例及以上病例，幼儿园全体幼儿作为接种对象。应急接种不考虑疫苗接种时间间隔。接种工作由幼儿园、学校所属地段医院预防保健科在发现病例后 3 天内完成，接种率应超过 95%。

4. 流行性感冒

1）什么是流行性感冒

流行性感冒简称流感，是由病毒引起的疾病，表现为全身酸痛、高热、眼结膜炎症等，全身症状较重，每年的 9 月到 11 月是接种流感疫苗、预防流感的最佳时机。流感可以通过空气飞沫传播，如果要到人群聚集的地方，最好戴上医用口罩。一些免疫力低的人群，特别是儿童，容易受到流感病毒的侵袭，家长们要细心照顾，增强他们的免疫能力。

流感病毒分为甲、乙、丙三型，其中甲型抗原极易发生变异，因此流感大流行均由甲型病毒引起，乙型和丙型呈局部小流行或散发，从感染病毒到发生症状，潜伏期为数小时到 2 天。春季和冬季是流感的高发期，这个时期要做好防护措施，多吃预防流感的食物，如绿豆、川贝冰糖炖雪梨、冬瓜子红糖水等。

2）流行性感冒的症状

流感在学龄前儿童中的发病率可达 30%～40%，甚至更高。感染流感病毒后，体温会升高到 38℃以上，且伴随发热、咳嗽、嗓子疼和肌肉酸痛等症状。出现这些症状时不要太过担心，要做到避免和其他人接触，隔离治疗。如果体温在 37.3℃以上，要注意休息，不要到外面活动，防止病情加重或者交叉感染。

流行性感冒由病毒引起，具有较强的传染性，有些人得了流感后会食欲不振、恶心呕吐，还会出现便秘或者腹泻等症状。如果发现有如下症状:高热、头痛、没有力气、全身酸痛，体温升高到 39～40℃，要马上治疗，如服用一些药物退热，隔离病人防止传染他人或令情况更严重，饮食方面多吃一些流质食物，饭后用温开水漱口，注意保持口鼻干净清洁。

肺炎型流感可在发病 1～3 天后迅速加重，出现高热、咳嗽、胸痛，甚至呼吸衰竭及心肝、肾等多器官衰竭。

3）流行性感冒的传播途径

流感可以通过空气飞沫传播。当患有流感的人咳嗽、喷嚏以及大声说话的时候，病毒会伴随飞沫喷到周围空气中，正常人在呼吸之间，病毒会侵入他们的鼻黏膜而传染，通过尘埃及日常用品的间接接触传播也有可能。流感患者是主要传染源，自潜伏期即有传染性，发病 3 天内传染性最强。因此患有流感的人不能到人群聚集的地方，应该被隔离开，防止传染他人也防止交叉感染。

流感有多种类型，典型流感表现为高热、乏力、头痛、身痛、咽部干痛，可有鼻塞、流涕、打喷嚏、干咳，咽部可见充血，肺部可闻干啰音。发热 3～4 日后热退，但上呼吸道症状及乏力可持续 2 周左右；轻型流感症状轻，发病 2～3 日；肺炎型流感主要发生于老幼体弱者；甲型 H1N1 流感早期症状与普通人流感相似，表现为发热、咳嗽、喉痛、身体疼痛、头痛等，有些会出现腹泻或呕吐、肌肉痛或疲倦、眼睛发红等。如果出现不适，应该及时就医，避免延误病情。

4）流行性感冒的预防

要预防流行性感冒首先要提高身体免疫力，降低病毒入侵成功的概率。提高免疫力，进行体育锻炼是最简单直接的方法，除此之外，还可以食用一些预防流感的食物。而对于一些身体较为虚弱、免疫力低下的人群，如儿童、老年人，可以通过注射流感疫苗获得更好的保护效果。预防流感从身边小事做起，下面是一些预防流感的方法。

（1）屋内或者办公室、幼儿园等应该经常开窗透换新鲜空气，保持室内空气流通。

（2）流感高发期不要到人群聚集的地方，做好家长的健康宣教工作，如果一定要出行也需要戴好口罩，注意个人卫生。搭乘公共交通工具时，如果能打开窗户，最好打开，令车内空气流通，防止病毒在空气中传播扩散。

（3）注意保暖，不要受凉。外出时建议戴口罩，避免外感风寒。

（4）每年接种流感疫苗。目前接种流感疫苗是世界公认的预防流感的有效方法。

（5）经常锻炼身体，提高抗病毒能力。在饮食方面，要做到均衡营养，摄取蛋白质、维生素等。

5）儿童为何更容易感染流感？

学校、幼儿园作为人群密集区域，常有学生集体感染流感的现象，儿童更容易感染流感等呼吸道传染病，原因可能有以下几个方面。

第一，学校、托幼机构为集体场所，儿童在集体场所中聚集、接触密切，一旦有流感病例，很容易导致疾病传播，出现更多病例。

第二，儿童自然感染流感病毒或疫苗接种少，体内预存免疫弱，对流感病毒的交叉保护作用较弱。

第三，儿童自身呼吸道较成人可能没那么发育健全，且自身免疫系统处于发育状态，容易受到流感等呼吸道病毒的侵袭并出现症状。

第四，儿童的个人卫生习惯不太良好，不能完全做到咳嗽遮住口鼻、勤洗手等，造成疾病传播风险加大。

5. 新型冠状病毒性肺炎 [①]

1）什么是新型冠状病毒

新型冠状病毒是指以前从未在人类中发现的冠状病毒新毒株。2019 年 12 月，导致武汉病毒性肺炎暴发疫情的病毒为新型冠状病毒，世界卫生组织将该病毒命名为2019-nCoV。

2）人感染新型冠状病毒的症状

人感染新冠病毒后，潜伏期 1～14 天，多为 3～7 天。以发热、干咳、乏力为主要表现。部分患者可以鼻塞、流涕、咽痛、嗅觉味觉减退或丧失、结膜炎、肌痛和腹泻等为主要表现。重症患者多在发病一周后出现呼吸困难和（或）低氧血症，严重者可快速进展为急性呼吸窘迫综合征、脓毒症休克、难以纠正的代谢性酸中毒和出凝血功能障碍及多器官功能衰竭等。儿童病例症状相对较轻，部分儿童及新生儿病例症状可不典型，表现为呕吐、腹泻等消化道症状或仅表现为反应差、呼吸急促。

3）新型冠状病毒的传播途径

目前，经呼吸道飞沫和密切接触传播是主要的传播途径；其次，在相对封闭的环境中经气溶胶传播；接触被病毒污染的物品后也可造成感染。

4）预防新型冠状病毒感染的措施

（1）避免去疫情高发区。

（2）避免到封闭、空气不流通的公共场所和人多聚集的地方，特别是儿童、老年人及免疫力低下人群。外出要佩戴口罩。

（3）加强开窗通风。居家每天都应该开窗通风一段时间，加强空气流通，以有效预防呼吸道传染病。

（4）注意个人卫生。勤洗手，用肥皂和清水搓洗 20 秒以上。打喷嚏或咳嗽时注意用纸巾或肘部捂住口鼻，不宜直接用双手捂住口鼻。

（5）及时观察就医。如果出现发热（特别是高热不退）、咳嗽气促等呼吸道感染症状，应佩戴口罩及时就医。

5）针对新型冠状病毒的消毒

新型冠状病毒怕热，在 56℃条件下，30 分钟就能杀灭病毒；含氯消毒剂、酒精、碘类、过氧化物类等多种消毒剂也可杀灭该病毒。皮肤消毒可选用 75% 的酒精和碘伏等（注：黏膜用碘伏或其他黏膜消毒剂）；居家环境消毒可选用含氯消毒剂（如 84 消毒液、漂白粉或其他含氯消毒粉 / 泡腾片）配制成有效氯浓度为 250～500mg/L 的溶液擦拭或浸泡消毒。耐热物品可采用煮沸 15 分钟的方法进行消毒。

6）感染新型冠状病毒的治疗

首先需要根据病情确定隔离管理和治疗场所。治疗方法主要有一般治疗、抗病毒治疗、免疫治疗、抗凝治疗、俯卧位治疗、心理干预、重型和危重型支持治疗以及中

---

① 资料来自于《新型冠状病毒肺炎诊疗方案（试行第九版）》。

医治疗。

二、预防传染病传播的管理

📝真实事例

集体演出后多名幼儿患手足口 [①]

南京一幼儿园集体演出后 12 个孩子同患手足口病。2010 年 6 月 29 日，南京 10 多位家长来到 ×× 幼儿园，称他们的孩子患上手足口病，怀疑是 6 月 6 日集体演出造成疾病暴发，要求园方负责。家长称：怀疑是幼儿园演出化妆共用口红惹祸。家长们介绍，6 月 6 日园方搞过一场集体表演，每个班的孩子都要出节目，在上台前老师给孩子们化妆，共用一套化妆品，很可能是因为共用口红，才造成孩子间交叉感染。家长间还有传言，最早患病的孩子 6 月 3 日就出现症状，可老师迟迟没有采取措施，反而加以隐瞒。

事例启示：由于幼儿园是人口密集的场所，存在活动、游戏、进餐、睡眠等各种活动，为预防传染病，幼儿园一般从消毒的细节入手，严防传播。

下面是幼儿园卫生消毒制度的范例。

📠范例

幼儿园卫生消毒制度

加强卫生消毒的管理，能够预防疾病，尤其是预防传染病的发生和传播，特制定此制度。

1. 个人卫生消毒

（1）园内儿童每人两巾，毛巾轮流使用，每天清洗并消毒一次，意外污染及时换洗，毛巾每日用肥皂清洗后用含氯消毒液浸泡 10 ～ 15 分钟后，再用清水漂洗干净后晾晒，于次日送户外阳光下暴晒 6 小时以上，暴晒时不得相互叠加，消毒后的毛巾放到幼儿用品专用柜里不能暴露。水杯、牙杯在幼儿离园前清洗消毒。

（2）幼儿进餐后擦嘴布每次用完后清洗消毒。

（3）水杯、牙杯、牙刷、牙膏个人专用，水杯、牙杯每天晚上离园前清洗，送食堂蒸汽消毒。牙刷每次使用后，保育员应及时检查、清洁，牙刷每三个月更换一次，有龇毛的随时更换。

（4）被褥个人专用，被褥、拖鞋冬季每月带回家中清洗，夏季两周带回家中清洗。有尿床或者是弄脏的被褥，应当日进行晾晒，当天带回家中清洗。

（5）儿童梳子每周在园内由保育老师进行清洗，保持清洁。

（6）班级工作人员应保持仪表整洁，注意个人卫生，饭前便后及接触儿童食物前

---

① 任立燕.幼儿园安全管理与教育[M].北京：北京出版集团公司，北京少年儿童出版社，2013.

应用肥皂和流动水洗手并佩戴围裙、套袖、三角巾，值日生在教师的帮助下也要佩戴围裙、套袖。工作人员上班时不戴戒指，不得染指甲、留长指甲。

（7）炊事人员进入食堂穿工作服，佩戴好口罩和帽子，操作前、分餐前及便后要用香皂、流动水洗手；品尝食物时要用专用餐具。

（8）成人、儿童洗手，坚持使用规范的"七步洗手法"。

2. 班级环境卫生消毒制度

（1）保洁员每天打扫全园公共环境，并于每日对公共区域楼梯、楼梯扶手及户外大型玩具用的 250mg/L 有效氯消毒液进行消毒，禁止堆物堆料。消灭死角和蚊蝇滋生地。

（2）室内环境卫生每日湿拭清扫。保持室内外清洁、整齐、空气流通。

（3）夏季应有防蚊、防蝇设备，做好各类病媒生物防控工作。垃圾日产日清，并用带盖容器密闭存放。

（4）班级玩具每周一次使用 250mg/L 有效氯消毒液浓度擦拭、浸泡消毒，图书每周一次放在阳光下暴晒六小时及以上。

（5）墙围、门窗、床栏、门把手、饮水龙头、自来水龙头每天用 250mg/L 有效氯消毒液浓度擦拭一次，保持清洁。桌椅每周一次进行全面清洗消毒。

（6）各班清洁用具专用，抹布、拖布要求专用，用后清洗干净消毒挂起。

（7）班级厕所幼儿专用，用后及时冲刷，做到清洁、无异味，每天至少消毒一次，幼儿离园后用 500mg/L 有效氯消毒液浓度浸泡消毒。

（8）室内定时通风：每日通风不少于 4 次，每次大于 15 分钟，也可根据季节气温变化延长，保持室内空气新鲜，夏季可持续开窗通风；特殊天气（雾霾）要减少通风次数与时间。

（9）疫情防控常态化下，幼儿接触较多的重点部位适当增加消毒频次。

3. 饮食卫生消毒制度

（1）具有有效的《食品经营许可证》，制度必须上墙悬挂。

（2）食品应当在具有《食品生产许可证》或《食品流通许可证》的单位采购，进货前采购查验及索票索证，建立食品采购和验收记录，做好出入库账目登记。

（3）食堂环境整洁，地面无油垢，墙壁无塌灰，玻璃无污垢，水池清洁，设施完善，杜绝交叉感染。非厨房工作人员禁止进入厨房。

（4）炊事用具及容器用后洗净消毒。洗刷用具和盛放餐具的容器，要每天进行刷洗、消毒。面案、菜案、餐具柜要定期擦拭消毒。

（5）有通风、防蝇、防鼠、灭蟑螂设备，并保证设备能正常使用。

（6）炊事员保持个人卫生，工作服专用，操作时戴帽子、口罩，每周换洗两次，如厕前脱掉工作服、帽。

（7）接触幼儿饮食工作的人员，在操作前要用洗手液和流动水洗手，饭、菜、汤做熟后要及时加罩盖好，盖布上标出正反面。品尝副食时用专用器械，剩余食物不倒回锅内。

（8）接触生熟食品的人员应分开，在接触熟食之前彻底清洁消毒双手。

（9）清洁用具专用，物品摆放到位，有固定、专用存放垃圾的容器，有盖，垃圾不能外溢和滴漏。

（10）物品分类分架摆放，生熟食品分开，不能在同一冰箱内存放。不得有过期、腐烂及变质食物。不放杂物和药品，库存食物不宜太多，做到隔墙离地，先进先出。

（11）生熟盆专用并有标识，做到生熟分开，熟盆一餐一消毒，保洁柜每天擦拭消毒，加工生熟食品所用的工（用）具分开，并有明显的标识。

（12）餐具由炊事员餐后统一清洗消毒，消毒的时间必须达到规定要求。餐具消毒后呈保洁状态，防止使用前的污染。

（13）食品做到无毒、无害、无污染、无异物，外卖熟食要加热后再吃，幼儿不吃隔日剩饭菜；水产品、蛋类、蔬菜类、肉类加工前，要清洗干净。对幼儿食品做到冬季保暖，夏季降温。

（14）水果在厨房清洗干净后存放于专用水果盆内并加盖布备用，中午保育员取回各班，在幼儿起床前 15 分钟内开始削水果，削皮前教师应把手洗干净，吃前不能暴露，用水果盖布盖好保鲜。

（15）每餐前餐桌、餐车消毒，使用 100～250mg/L 浓度次氯酸钠类消毒剂消毒10～30 分钟，消毒后用生活饮用水将残留消毒剂擦净。

（16）幼儿用后的餐具及口布每次用后先清洗，然后送食堂集中高温蒸汽消毒。

（17）饮水杯个人专用，每天幼儿离园后清洗并送食堂蒸汽消毒。

4. 公共环境卫生消毒

（1）保洁员每天打扫全园公共环境，并且每日对公共区域楼梯、楼梯扶手、门把手、门帘及户外大型玩具用 250mg/L 的有效氯消毒液进行消毒，禁止堆物堆料。消灭死角和蚊蝇滋生地。

（2）公共环境玩具每周消毒一次，用 250mg/L 有效氯消毒液浸泡消毒 20 分钟后清洗晾晒；图书室图书每周一次，在阳光下暴晒六小时。

（3）清洁用具（如扫帚、墩布、抹布等）专用有标识；抹布、笤帚等用后及时清洗干净，晾晒后存放。

（4）保安室卫生由各时段当班人员负责，各当班人员要确保保安室内外环境整洁，有污物随时清理。

（北京市海淀区富力桃园幼儿园）

为了妥善应对幼儿园出现的传染病突发事件，幼儿园要拟定细致的传染病应急预案，预防传染病发生时能够妥善应对，把对幼儿的伤害降低到最低。

📁 **范例**

传染病应急处理安全预案

一、组织机构及岗位职责

组长：园长

职责：负责组织、督查本单位各部门传染病防控工作情况并向上级部门上报。

副组长：后勤、保教、保健各部门主管领导

职责：负责做好防控传染病物品保障和交通保障，组织做好宣传以及家长沟通工作，组织协调全园进行消毒工作，密切关注班级传染病发生情况，一旦发生疫情，做好家长稳定工作以及居家幼儿的线上活动指导。

组员：保健医、各班班长、食堂班长

职责：保健医负责确保各项传染病防控制度的落实、做好疑似和确诊病例的隔离、追踪和上报工作，班长落实本班晨午检、消毒及缺勤追踪等工作，食堂班长负责食堂人员的健康检查及严格把关食品安全及食堂卫生消毒。

二、事故应急处理

（1）当班级教师发现疑似传染病患病幼儿时，立即将其送至保健室。保健医依据幼儿情况进行初步排查，对于传染病或疑似传染病患儿在隔离室实施暂时隔离，保健医立即上报后勤、保教主管领导。

（2）园领导接到报告后，迅速到达现场，进行协调指挥，同时启动幼儿园相应的传染病防控预案。

（3）保教部门即刻通知幼儿家长，由家长带幼儿去医院进一步排查诊治，并将医院诊治结果电话反馈给幼儿园。

（4）患病幼儿所在班级在保健医指导下重点完成各项卫生消毒工作。幼儿园全面加强各项卫生消毒工作，每天对公共场所进行全面消毒。

（5）报告人按时完成疫情上报工作。

（6）幼儿园协助卫生部门对传染病疫情进行调查处理，并在其指导下执行关班等应急措施，配合做好各项终末消毒工作。

（7）检疫期间本班无疑似病症的幼儿可以正常入班，划定活动区域。检疫期内全园教师及幼儿不串班，幼儿园不接收和转出幼儿。

（8）患病幼儿需居家隔离，每日由所在班级教师电话联系，及时了解其情况，隔离期满痊愈后必须持有医疗卫生机构的痊愈证明方可返园。

（9）保健医和班级教师全面加强晨、午检，发现疑似病症幼儿及时就医，做到早诊断、早隔离、早治疗，尤其加大对患病幼儿所在班级的排查力度。

（10）园领导、保教人员共同稳定幼儿情绪，做好家长工作，维护园内正常的生活秩序和工作秩序。

（11）后续工作：配合相关部门进行调查处理、善后处理工作，班级教师做好居家幼儿的一日生活指导。

在新冠肺炎疫情防控的特殊时期，如出现密接或确诊病例，应立即启动新冠肺炎应急处置预案，上报上级主管部门并在主管部门的指导下做好现场处置及后续各项工作。

（北京市海淀区富力桃园幼儿园）

三、预防传染病安全教育

关于传染病的预防，除卫生保健与保育人员做好消毒、预防等工作外，教师还要根据季节变化、传染病流行情况，有针对地开展集体教育与日常提醒。下面是与传染病预防有关的教学设计，供大家参考。

教育活动

再见！病毒君（小班）

一、活动目标

（1）愿意参加活动，积极了解预防病毒的方法。

（2）了解洗手的重要性，知道手脏时要洗手。

（3）尝试在集体面前表达自己对预防病毒的想法。

二、活动重点

积极了解预防病毒的方法。

三、活动难点

尝试在集体面前大胆地表达。

四、活动准备

面包片、自封袋、胶带、一次性手套、记号笔、《写给孩子的新型冠状病毒科普绘本》。

五、活动过程

1. 故事导入，引导幼儿自由讨论

教师：今天老师带来了一个故事和小朋友们一起分享，请小朋友们认真地听一听故事中讲了什么。

（1）教师：故事中的人们为什么要在人多拥挤的地方戴上口罩？

（2）教师：医生和护士为什么要穿上厚厚的隔离服？

教师小结：我们的眼睛看不到新冠病毒，但是在显微镜下科学家们发现它们的形状好像王冠一样，所以称它们为新型冠状病毒。感染新冠病毒的人会发烧咳嗽、没有力气，病得很重的人可能会失去生命。

2. 引导幼儿讨论预防病毒的方法

教师：新冠病毒可能会从嘴巴、鼻子和眼睛进入人的身体里，小朋友应该怎样预防病毒，保护自己呢？

教师：小朋友们，之前老师和小朋友们一起进行过一个面包片的小实验，你们还记得吗？我们一起来看看用手套拿取的面包片、洗手后拿取的面包片、脏手拿取的面包片变成了什么样子？

科学实验的准备工作：在幼儿面前将面包片取出来，戴上一次性手套，将其中的一片放进自封袋中，粘在墙上，并用记号笔写上"用手套拿取的面包片"。接着摘下手套，按照正确的步骤洗手，用手拿出一片面包，放进自封袋中密封，粘在墙上，写上"洗手后拿取的面包片"。最后，拿出仅剩的一片面包，第一名幼儿摸过后传给下一名幼儿，直到班里的所有孩子都摸过面包后结束，老师将面包片放进自封袋中密封，粘贴在墙

再见！病毒君

上，并用记号笔写下"脏手拿取的面包片"。

3.集体讨论，知道洗手的重要性

教师：我们一起来看看用手套拿取的面包片、洗手后拿取的面包片、脏手拿取的面包片，它们变成了这样（教师出示图片）。

（1）教师提出问题：这三个面包片有什么不同呢？教师鼓励幼儿大胆表达。

（2）教师小结：细菌，虽然我们肉眼看不见，但它是真实存在的。如果我们吃了沾染细菌的食品就很容易生病。孩子们，每天我们会接触滑梯的扶手、卫生间的门把手、玩具、图书，如果我们不洗手，就会将这些细菌都吃到肚子里，久而久之，小朋友们就一定会生病。那我们要怎么做才能和病菌说再见呢？

4.游戏活动：洗手大比拼

刚刚我们有的小朋友说要认真洗手，马上就要到我们的加餐时间了，我们一起来进行洗手大比拼吧，看看哪个小朋友的小手洗得最干净呢！

六、活动反思

在活动中，教师根据小班孩子的年龄特点，结合孩子们感兴趣、有价值的教育点，引导幼儿在活动中了解预防新冠病毒的方法。孩子们在情景实验后对活动产生了浓厚的兴趣，通过观察、探索、发现的方式，从抽象到具体，从感官认知到体验探究，在操作中发现，孩子们开始敢于在集体面前表达自己对预防病毒的想法，效果良好。

（北京市海淀区富力桃园幼儿园　唐柳　刘峥明）

教育活动

小老鼠生病了

一、活动目标

（1）对传染病有一定的概念，有自我保护意识。

（2）认识手足口病的病症，知道预防手足口病的方法。

（3）能积极参与，大胆讨论手足口病的预防方法。

小老鼠生病了

二、活动重点

认识手足口病的病症，知道预防手足口病的方法。

三、活动难点

能积极参与，大胆讨论手足口病的预防方法。

四、活动准备

手足口病相关PPT、清水、橡皮屑、硬币、盆、洗洁精（或洗手液）。

五、活动过程

1.故事导入，引起幼儿兴趣

教师播放故事《小老鼠生病了》，引发幼儿讨论。

教师：小老鼠怎么了？你怎么知道的？

教师小结：原来这种病叫手足口病。在得病前会出现发烧、口痛等症状，还会在

我们的手、脚、臀、口、背部等出现很多的小红点。所以小朋友们出现身体不舒服时要及时告诉老师和爸爸妈妈。

2. 互动讨论，了解手足口病的原因

教师：小老鼠是怎么得的这种病呢？

小结：去了人多的地方，吃了不干净的食物，吃饭前不洗手，不讲个人卫生，会得手足口病，这种病会传染。

3. 小组讨论，收集信息

教师：你觉得用什么样的方法可以预防？

幼儿两两讨论，集体梳理记录。

（1）勤洗手能更好保护自己。

（2）开窗、开门，房间里就会不断地有新鲜的空气，细菌就会到室外，不会一直停留在房间里，就不容易生病了。

（3）在传染病的高发期，尽量少去或不去人多密集的地方。

（4）在换季的时候，及时、适当地添减衣物，避免生病。

（5）在咳嗽的时候不可以对着别人。

（6）不能随地吐痰，将痰吐在卫生纸上扔进垃圾桶中。

（7）多运动，保持身体健康。

4. 健康小达人

鼓励幼儿制作运动卡，做健康小达人，运动强身，预防疾病。

教师：我们从今天开始，将开启我们的"萌娃话奥运，运动享快乐"的运动主题打卡活动，打卡时间为30天，选择一项你喜欢且每天能坚持的运动，希望在打卡的30天内你们收获坚持的品格，强健的体魄，乐观的性格，预防各种疾病！加油孩子们！

集体分享运动卡，互相鼓励。

六、活动反思

整个活动从故事导入，引发孩子对手足口病的关注，鼓励幼儿尝试与同伴合作，讨论预防疾病的方法，记录梳理，增强孩子的预防意识和保持良好生活卫生习惯的意识，并从幼儿自身出发，引导幼儿制作运动卡，帮助幼儿更好地体验实践，把生活与疾病防治有效地结合在了一起。

（北京市海淀区富力桃园幼儿园　马瑞雪　李艳萍）

🔲 **教育活动**

感冒了我不怕（大班）

一、活动目标

（1）了解感冒的基本病症以及传播的主要途径。

（2）学习擦鼻涕的正确方法。

（3）回忆感冒给自己带来的不愉快的感受，知道身体健康的重要性。

感冒了我不怕

二、活动重点

了解感冒的基本病症以及传播的主要途径。

三、活动难点

能正确地擦鼻涕，不用手或衣袖擦鼻涕。

四、活动准备

(1) 故事欣赏《感冒的快乐小兔》。

(2) 通过各种途径回忆以前感冒时去医院打针、吃药的情景。

五、活动过程

1. 通过故事《感冒的快乐小兔》了解感冒传播途径

(1) 欣赏童话故事《感冒的快乐小兔》。

(2) 故事中的小兔怎么了？发生了什么？

(3) 小青蛙、小刺猬去看他的时候，小白兔为什么不见他们。

(4) 朋友们用什么方法关心小兔的。

教师小结：不注意冷热会得感冒，人的身体抵抗力就会弱，另外感冒还可以通过吐唾沫、痰等传播给他人。

2. 教师通过谈话归纳感冒的主要症状

你感冒过吗？你感冒出现了哪些症状？有什么感觉？

教师小结：感冒了会打喷嚏、流鼻涕、鼻子不通，喉咙干痛、头痛等，让我们会觉得很难受，身体非常不舒服。

3. 师生共同讨论感冒的原因

(1) 教师："人为什么会感冒？"

(2) 教师："感冒了怎么办？"引导幼儿谈一谈感冒时，爸爸妈妈是怎么照顾自己的。

(3) 教师："有鼻涕怎么办啊？"教师引导幼儿学习正确地擦鼻涕的方法：用干净的餐巾纸或手帕捏住一只鼻孔，擤鼻涕，再捏住另一只鼻孔擤鼻涕。

教师小结：当我们受凉或身体的抵抗力下降时，就会流鼻涕、咳嗽等，感冒时要及时看医生，按时吃药，多喝开水，注意休息等。

4. 幼儿交流预防感冒的方法

(1) 现在我们知道了感冒的症状，那怎么预感冒呢？

(2) 幼儿相互交流经验。

(3) 幼儿讲述预防感冒的方法和措施，教师记录在表格上。

教师小结：经常锻炼身体可以预防感冒，在天气变冷或变热时要及时增减衣服，不要和生病的人接触，还要注意营养，以增强抵抗力。

5. 活动延伸

知道了这些预防疾病的好方法，我们就要去做，我们要多运动，来，让我们一起去户外运动一下吧！

六、活动反思

每次季节变化时感冒的幼儿就比较多。选择这一活动，一方面可以帮助孩子回忆感冒时的痛苦症状，在回忆中，孩子们能够感受到感冒了会很不舒服；另一方面可以让幼儿了解有效预防感冒的方法，如开窗通风、多锻炼身体等，提高幼儿自我保护意识。

不足方面：

（1）在活动中，个别幼儿未能用完整的语言表达，今后还需加强锻炼幼儿的口语表达能力。

（2）本课用时较短，今后在活动中加强对时间的把控。幼儿有些意犹未尽，如果能让幼儿拿出健康书翻阅，结合本次活动效果会更好。在这个活动中，利用故事导入，渗透了情感的教育，幼儿对生病有体会，也能展开讨论说出自己的想法，锻炼了幼儿的口语表达能力。同时，幼儿对如何预防感冒、自我保护意识、锻炼身体的重要性也有了解，经验得到了提升。

（北京市海淀区富力桃园幼儿园 徐伟娜 鄢嫣）

✎ 思考题

1. 假如你所在的班级有幼儿感染了诺如病毒，在班级集体午餐时有呕吐现象，你将如何处理？如何提高全班幼儿的预防意识？

2. 如果在传染病多发季节，班级幼儿有高烧的情况，你要如何处理？如何做好隔离工作？

3. 疫情期间，如何让家长保证幼儿的身体健康，并且能够及时真实地反馈幼儿的身体情况？

4. 倡导家长进行家园合作，给幼儿计划外出游戏的机会，如果要和家人外出，需要准备食品，你需要给予幼儿什么提示？

5. 在日常生活中，引导幼儿参与家庭购物，在幼儿购物中需要给予幼儿哪方面的提示？

第六章

幼儿园日常生活安全教育与管理

(1) 了解幼儿一日生活中各个环节的工作流程。

(2) 了解幼儿园日常工作中的安全隐患，熟记各个环节的安全注意事项，有的放矢地组织和开展安全教育活动。

幼儿教育是养成教育，这种养成教育包含了习惯与意识的培养，而习惯与意识的培养，更多的是在日常，"一日生活皆教育"就是对此最好的诠释，安全教育更是如此，我们不能脱离实践、脱离幼儿一日生活去教育，要重视一日生活的教育契机，在一日生活中提高教师的安全意识，培养幼儿的安全意识与初步自我保护能力。本章根据幼儿在园的一日环节，详细介绍各环节的安全隐患、注意事项等，提高教师的安全意识，促进新入职教师快速适应工作需要。

第一节　幼儿入园环节的安全教育与管理

案例导引

老人的不舍也伤人

早晨，5 岁的亮亮（化名）被奶奶送到了幼儿园，奶奶舍不得孩子，在孩子进入教学楼的过程中，三番五次和孩子说事情、说再见，亮亮不断地回头看奶奶，边回头边往前走，结果没有看到台阶，摔在了台阶上，磕破了膝盖。

入园环节是家长与教师的交接环节，幼儿游离于家长和教师的注意范围，为安全隐患提供了存在的空间，只有实现无缝对接，才能使危险远离幼儿。

入园环节是幼儿园一日活动的开端，是幼儿积极、美好、主动进行一日活动的前提，对幼儿身心全面发展有着不可或缺的重要作用。在入园环节，虽然时间很短，但是既有餐前准备，也有户外锻炼，还有幼儿的物品收放以及盥洗等，琐碎的事情很多，涉及的空间比较广泛，是安全事故多发环节。下面详细介绍入园环节中老师们应注意几个方面。

一、"手递手"入园

这里的"手递手"不是家长拉着孩子的手交到教师的手里，这样的方式不便于培养孩子的自主发展。"手递手"是指家长送孩子入园时，首先要在园门口处打卡，其次确定幼儿园工作人员（门卫、保健医或行政人员）已经注意到孩子入园，从这一时刻孩子在园一日生活已经开始。在实际工作中，常常有些家长送孩子过于匆忙，没有做到家长与幼儿园的"手递手"，孩子没有入园，或悄悄跟着家长又溜出幼儿园，或像案例中的情况，老人的不舍引发了孩子的受伤，针对这些情况，教师要做好以下四方面的工作。

（1）要加强对家长的提醒与安全教育，提高家长的安全意识。

（2）对幼儿进行安全教育，让幼儿知道入园环节的要求。

（3）加强幼儿园门卫管理，确保入园幼儿的安全，留意入园幼儿不随意外出。

（4）建立行政值班制度，明确站位，幼儿入园所经路线要无死角站岗值班。

二、不与家长攀谈

幼儿集中入园时，会出现家长与教师攀谈的现象，这样的现象在小班幼儿刚入园时会更频繁，家长也许是以此缓解自己内心的焦虑，殊不知入园环节中每名教师都有分工，家长占用教师的时间会使教师无暇顾及班上幼儿，容易引发安全事故。针对这样的情况，教师要做好以下三方面的工作。

（1）新生家长会上要明确给家长说明幼儿一日环节中教师的工作内容，让家长了解班级工作内容，并提出不能在入园环节攀谈的要求。

（2）教师在日常教育中积极鼓励幼儿入园后独自进班，避免家长进入班级。

（3）根据教师工作时间分配，明确教师接待家长的时间，在此时间内家长可以与教师沟通幼儿发展、学习等方面的情况。

三、检查幼儿穿着与随身携带物品

适宜的服装既可以方便幼儿的游戏与生活，也可以避免伤害事故的发生。现在幼儿的服装丰富多样，但并不是所有的服装都适合幼儿在园穿。某幼儿园大班户外活动期间，教师组织幼儿玩大型玩具，到了集合的时间发现少了一名幼儿，便四处寻找。最后发现此名幼儿悬挂在大型玩具高处的一个栏杆处，此位置比较靠近场地的拐角处，不宜被发现，孩子被自己穿的帽衫带子勒住脖子导致窒息，经抢救无效，宣布死亡。

经事后医院做出检验报告："幼儿系长时间被帽衫的带子勒住脖颈，导致窒息身亡"。像这类"带带子的帽衫"，对幼儿来说，就是不适宜的，那幼儿入园应该穿什么样子的服装呢？

（一）便于运动

（1）服装的大小应合身，便于孩子活动玩耍，服装的造型应简洁明快，服装可以宽松些，不然会影响孩子血液循环和生长发育，使孩子们的活动受到阻碍。

（2）不宜穿有带子、帽子的上衣，女孩子不宜穿拖地长裙，避免玩滑梯中出现意外事故。

（3）建议幼儿穿运动鞋，户外奔跑安全，不宜穿皮鞋、露脚趾凉鞋、未过膝的短裙／短裤，避免擦伤膝盖。

（二）便于孩子自己穿脱

（1）尽可能在前面开襟，纽扣、拉链在幼儿能看到和摸到的地方。

（2）便于分辨前后，最好有口袋和装饰图案。

（3）小班幼儿的鞋子应选择不系鞋带的，因为系鞋带动作过难，幼儿不易掌握，鞋带过长、过松都会影响到小朋友的活动与安全。若买回了有鞋带的鞋子，可把鞋带换成松紧带，既免去了幼儿系鞋带之苦，也便于幼儿自己穿脱。

（三）适合幼儿集体生活

（1）服装的式样与衣料的花色、质地不宜过于精致，如背带裤就很不适合幼儿集体生活时穿着。

（2）在集体活动时，不应穿带有响声的服饰，以免分散教师和小朋友的注意力。

（四）不携带危险物品

3—6 岁幼儿缺乏自我保护意识，不理解什么是危险，对外在的新鲜事物容易产生好奇，他们会把一些觉得好玩的东西带到幼儿园，如打火机、小纽扣、小别针、小卡子、玻璃球、小珠子、小刀、豆子、花生米等。在幼儿入园晨检环节，教师要通过与幼儿的交流，检查口袋和书包等，制止幼儿携带危险物品，避免引起误食、误伤等意外事故。

四、严格管理幼儿用药交代

幼儿在园用药必须严格按照保健室的统一管理，严格按照准入机制执行，而且可以在幼儿园内使用的药物，必须清晰填写用药单，写清楚时间、次数、用量等信息，避免引发误服事故。保健医同意在园服用的药物，家长要把药物与用药单一起交给教师，教师要妥善保管药物，不能让其他幼儿误服，按时按量指导幼儿服用，并做好服用观察。需要格外提醒的是，作为教师，不能私自与家长进行幼儿用药的交涉，避免发生意外事故。

范例

幼儿服药时教师安全注意事项

1. 幼儿在园服用的药品统一由保健医进行接收、登记。教师不得自行接药。

2. 保健医与家长沟通幼儿病情，核查药品（营养药、消炎药、中药汤剂、分装药、消炎滴剂等禁止在园用药）。

3. 家长如需委托教师在园为幼儿服药，需填写"幼儿服药记录单"并签字，与近期（一周内）医院处方一并交与保健医核对。在药盒上写明幼儿信息、药品名称、计量与用法。核对无误后使用密封袋将记录单、药品、处方一并包装好。

4. 保健医与班级教师进行药品交接，核对药袋内记录单、药品、处方，核对无误后将本班幼儿药品放入班级药箱内。药箱摆放至安全区域防止幼儿触及。服用完的空药盒需放药箱内保留三天。

5. 教师给幼儿服药时，应进行"三查、四对、一注意"：即服药前、服药中、服药后，要核对幼儿姓名、药名、剂量及服药时间，注意药品有效期。

6. 如需同时给班级内多名幼儿服药时，应做好间隔，不得多名幼儿同时进行服药，避免错服、漏服药物。

7. 教师按时给幼儿服药后，在"家长委托老师给幼儿服药单"上签字并填写服药时间。

8. 幼儿服药后，老师重点关注幼儿身体情况，适量增加饮水，并做好班级交接记录。

9. 为了避免班级内发生交叉感染，建议患病幼儿在家休息，待康复后再来园。

（北京市西城区虎坊路幼儿园　藏锡娟）

五、教师分工明确、配合默契

在入园环节，教师要分工明确，做好配合与相互补位，保证幼儿在教室的视线范围内。新冠疫情后，为促进幼儿独立性发展，保障园所卫生安全，幼儿园开展幼儿独立入园活动，在这一环节中，教师分工应细致、责任到人，既要符合幼儿园要求又要符合各个班级的实际情况。

例如：幼儿从园所大门到教室门口都有老师定点执勤，保证幼儿一直在老师视线范围内，确保幼儿人身安全；班级内下午班老师定点执勤，上午班老师兼顾走廊、盥洗室内幼儿的动态；保育老师做好餐前准备，兼顾活动室内幼儿的安全。

除上述问题外，教师在接待幼儿来园环节还应注意幼儿的情绪与身体状况（心情是否愉快，身体是否发热、流涕、有没有伤等），尽早发现幼儿的异常状况避免延误病情。比如幼儿常见的传染性疾病水痘，早期首先出现于面部、头皮和躯干，呈向心性分布；手足口病和疱疹性咽颊炎可以引起幼儿口腔和手心手背出现疹子；腮腺炎则有面颊近耳垂处腮腺肿大、发热、局部红肿等症状。

在幼儿入园环节及时发现并控制疾病，可以有效避免传染病的传播和蔓延，保障大多数幼儿的健康，有利于发病幼儿得到及时隔离和治疗。

第二节　进餐环节的安全管理

😊**案例导引**

不爱吃菜的豆豆

　　某日，幼儿园的午餐是清炒小白菜和土豆炖牛肉，豆豆（化名）最不爱吃绿叶菜了，老师只好一小口一小口地喂他吃，吃着吃着豆豆被几片菜叶噎住了，吐又吐不出来，咽也咽不下去，折腾得面红耳赤，好半天才呛出来。豆豆眼泪汪汪地对老师说不想再吃了，老师只能劝着他再多吃一口就行了。吃完午饭豆豆蒙着头就睡了，本来蒙头睡觉是不被允许的，但因为天气太冷，老师也就没有追究。

　　到了起床的时候，其他的小朋友都起来了，可豆豆一点动静也没有。老师扯开被子一看，吓出了一身冷汗。豆豆脸色铁青，已经奄奄一息。老师赶紧送豆豆去医院抢救，方才脱离危险。原来，豆豆是含着饭睡觉的，满嘴的饭噎着了孩子，加上又蒙着被子，老师一点都没有察觉。

　　幼儿在已经吃饱，吃不下去的情况下，老师仍坚持要幼儿再吃或进行喂饭，致使幼儿口中有饭菜残留，是导致幼儿熟睡后食物堵住咽喉或气管而发生窒息的主要问题。

　　幼儿园一般都包含一日三餐，由于幼儿自理能力弱，教师要照顾好每名幼儿，所以进餐环节中存在许多隐形的安全隐患。如幼儿咀嚼能力较弱，蔬菜中的粗纤维不容易嚼烂，难以下咽，或者是将不喜欢吃的蔬菜含在嘴里午睡；孩子午餐时吃撑了，还没消化就直接入睡，导致食物倒流，堵塞气管；热汤、热菜烫伤幼儿等；这些都是非常危险的安全隐患，如不及时发现，并采取相应的措施，有可能造成的严重后果，甚至造成死亡。

　　教师在进餐前、进餐中和进餐后的观察和整理工作至关重要。在进餐过程中，教师分工明确，以便照顾到每位幼儿。进餐中可为幼儿播放轻柔的音乐，帮助幼儿安静下来，营造一个安静、温馨的进餐环境；进餐中不催饭，提醒幼儿咽下最后一口饭后再起身做其他事情，避免含饭做事；幼儿进餐完毕后擦嘴、漱口，做好餐后的清洁卫生后，养成好习惯；进餐后教师要带领幼儿散步 10 ～ 15 分钟。

　　幼儿园进餐环节涉及餐前盥洗、值日生指导、分餐以及进餐常规指导等，为避免安全事故的发生，很多幼儿园对进餐环节的安全管理进行了深度研究与推敲，制定了行之有效的进餐安全制度。

📖**范例**

指导幼儿进餐的安全注意事项

一、进餐前

1. 环境卫生、整洁、舒适。

2. 餐前做好充分的准备，在幼儿进餐前（约 15 分钟）不组织幼儿进行剧烈活动，避免过度兴奋。按时进餐，餐前和进餐时要保证幼儿情绪愉快，专心进餐。

3. 桌面及餐车进行清消。

（1）穿分餐服、三角巾、洗手（摘手表、饰品）。

（2）配置含有效氯 250mg/L 消毒液，待消毒片充分溶解后浸泡毛巾 10 分钟。

（3）每桌用三块毛巾，先用清水布擦一遍，再用消毒水布擦一遍，保持消毒液水膜 10 分钟后再用清水布擦一遍，擦的过程中不留白。

4. 使用后的毛巾放入洗衣机内进行清洗，清洗毛巾加洗衣粉清洗一次，漂洗至少两次。将洗好的毛巾放在阴凉通风处晾干，毛巾之间不互相叠放。

5. 保育教师取餐前用七步洗手法清洗双手，按餐车、食梯使用要求到食堂取餐，餐车放在固定位置，专车专用，不作他用。食梯餐前消毒，餐后清洁，随时加锁。

6. 每桌中间放两个垃圾专用盘供幼儿使用，一个装厨余垃圾，另一个装其他垃圾。

7. 餐前组织幼儿使用七步洗手法洗手，做到随洗随吃，减少等待时间。

二、进餐中

1. 待所有幼儿入座后，保育老师用幼儿化语言介绍饭菜名称及营养成分，增加幼儿食欲。

2. 进餐时间在 20 ~ 30 分钟之间，培养幼儿养成良好的进餐习惯，倡导节约粮食。

3. 教育幼儿不接近过热的饭、菜、汤，以防烫伤。夏季稀粥、菜汤等教师要先进行降温，保证幼儿进餐的温度合适。

4. 教师为幼儿添饭、菜、汤后，要及时盖上盖子，保证饭菜的温度。

5. 提示幼儿养成正确的坐姿，并指导幼儿正确使用勺子或筷子，不拿着餐具走动、打闹，不含咬餐具。

6. 纠正幼儿偏食、挑食，关注食物过敏幼儿。

7. 不在进餐时批评幼儿，让幼儿保持愉快情绪，告诉幼儿进餐时保持安静，不要大声说笑，防止食物误入气管发生意外。

8. 幼儿进餐时教师要巡视，帮助幼儿养成良好进餐习惯。多关注年龄小和能力弱的幼儿，给予适当照顾，关注班级肥胖幼儿的进餐过程，为幼儿盛饭时"少乘多添"，提示幼儿细嚼慢咽。

三、进餐后

1. 幼儿在餐后擦嘴、漱口（鼓漱三次），以达到清洁口腔预防龋齿的目的。

2. 午餐后组织幼儿散步，过程安静、有秩序。

3. 餐后做好卫生工作，用洗涤灵清洁残渣碗，并统一进行消毒。

（北京市西城区虎坊路幼儿园 桂春阳）

进餐环节的安全事故防范还需延伸到幼儿午睡环节，教师在这一环节要做到"一听""二看""三摸""四做"，以确保幼儿的状态是否正常。

"一听"是听听幼儿呼吸的声音，观察幼儿呼吸是否正常。

"二看"是看看幼儿的面部神态、身体姿态，严密注视幼儿的举动有无异常，发现问题，及时处理。

"三摸"是摸摸幼儿额头的温度。

"四做"是对个别踢被子、捂着头睡觉的幼儿及时做护理。

第三节　区域游戏环节的安全教育与管理

😊**案例导引**

区域游戏时间奔跑磕伤

一天早上小朋友们都在活动区玩，晨晨小朋友选择了表演区，游戏刚开始没多会儿，她就跑过来问了老师一个问题，老师为她做了解答后，她很高兴又大步跑回表演区，老师提醒她："小心点，走着回去，别跑。"话音刚落，只见晨晨重重地摔在了地上，老师赶紧跑过去把她扶起来，她用手紧紧捂住自己的嘴，老师轻轻打开她的手一看，血流得满嘴都是。

老师立刻用清水帮她把嘴进行了清洗，进行简单处理后，又带她去了保健室，保健大夫进行了进一步的消毒处理，孩子的血止住了，但是下巴处肿了一大块，于是给她进行了冰敷，同时给她的家长打了电话……晚上老师又主动给孩子的妈妈打了电话，说明了事情的原委，妈妈表示非常抱歉给幼儿园和老师们添麻烦了，并愿意和幼儿园一起帮助幼儿建立自我保护的安全意识和能力。

在区域游戏时间，班级的所有区域对幼儿都是开放的，幼儿的自由度较高，相对比较分散，幼儿因自由、自主、自选活动而比较开心甚至情绪兴奋，无形中会增加很多安全隐患，这对教师的观察指导是很大考验。因此，区域游戏时，教师对安全的关注应该是全面性的对班级安全隐患的警觉。一方面，教师要清晰班级的各种安全隐患，并随机提醒和指导；另一方面，教师可以组织集体教育活动，让幼儿清晰班级的安全隐患并主动规避。

一、幼儿活动室的各种安全隐患及预防措施

班级的各种安全隐患大体可以分为三类：常见的尖利物品、玩具的安全隐患、幼儿不宜接触物品的安全摆放。这些物品的安全隐患及防御措施具体详见下文。

📠**范例**

班级物品的安全隐患及防御

1.教室内通电物品使用安全注意事项

（1）在教学活动中使用的电视、投影仪等有电源的物品，教师要在电器插有电源时（在低处使用接线板时），提示看好幼儿远离插座；还要在拔掉电源后把电线放置在

高于幼儿的位置，避免电线垂到下面发生安全隐患。

（2）教师在使用胶枪加热时，要将其放置在高于幼儿的位置；使用后将其放置高处等待冷却后再放回美工区。

（3）幼儿使用胶枪时，要为幼儿准备防热安全保护手套，幼儿戴好保护手套后方可操作使用；在使用时要有成人陪同，避免烫伤。

2. 幼儿使用剪刀、铅笔、筷子等尖利物品的安全注意事项

（1）为幼儿准备专用安全剪刀、专用筷子等用品。

（2）成人为幼儿准备铅笔时，只削一端且不宜削得过尖，要存放在铅笔盒或笔袋中。

（3）指导幼儿正确使用和取放剪刀的方法。如传递剪刀时，把握柄的一端递给对方；取送剪刀时要手握剪刀处；在制作过程中需要取其他物品时，要将剪刀放下后，再去取物；使用剪刀时要和眼睛保持一定距离，不要太近。

（4）指导幼儿拿筷子、握笔时的正确姿势和方法，坐姿要端正、身体不歪斜、不扭曲，筷子头和铅笔尖要向下，不要指向自己和他人，防止扎伤。

（5）为幼儿提供相对宽敞的活动空间，以防幼儿相互拥挤碰撞发生意外。

（6）提醒幼儿不含咬铅笔，不用铅笔、剪刀打闹，用完后要放回原处。

3. 为幼儿选择玩具安全的注意事项

（1）为幼儿选择安全、卫生、环保的玩具。

（2）玩具形状、大小应符合幼儿年龄特点。小班幼儿的玩具不应过小，如珠子、扣子、棋子、硬币等小物品，防止误入幼儿口、鼻、耳发生意外。

（3）选购毛绒玩具时一定要检查缝合部分，以免松脱、开缝。

（4）发声玩具的声音要适宜，声音柔和不刺耳。

（5）为幼儿选择能操作、多变化、多功能的玩具材料或废旧材料，鼓励幼儿拆装或动手制作玩具前，教师要对收集的原材料进行筛选检查，保证安全，经清洗、晾晒消毒后才能使用，防止把有毒和有菌的材料带进玩具中来。

（6）自制玩具材料要能进行消毒，保证幼儿使用的卫生。

（7）教师为幼儿区域活动提供的辅助材料要安全卫生，如提供的易拉罐、瓶类物品要结实，不要易碎的，同时要把瓶口处做好安全处理，避免刮伤幼儿。

4. 班级物品摆放安全注意事项

（1）对班级所有物品，教师要分门别类，分区域放置。区域设置要科学合理，便于幼儿活动和自由取放，给孩子创设一个开放、温馨、有序的环境。

（2）帮助幼儿养成良好的生活常规习惯，提示幼儿来园入班，先洗手、放水杯，保证幼儿的卫生安全。

（3）班级幼儿生活、卫生及洗消用品按园内统一规定放在固定的吊柜内，并贴有相应标识，教师和幼儿用品要严格分开存放。

（4）消毒剂及清洁用品，教师要随用随取，用完后应置于专用柜内专用盒中，防止幼儿触及。

（5）成人的暖水瓶、水杯应放在固定柜内（高于幼儿），幼儿触碰不到的地方，避

免造成烫伤。

5.班级玩具柜及桌椅的安全使用注意事项

（1）班级玩具柜尽量选择圆角，如果是直角，教师要贴上防护角，避免碰伤。

（2）教师定期检查桌椅，避免出现露出钉子或有裂缝，保证幼儿使用安全。

6.家园配合

家园配合，加强幼儿一日生活中物品使用的安全教育，强化幼儿安全及自我保护意识。

（北京市西城区虎坊路幼儿园　王丽杰）

除此之外，教师还应该关注班级用电的安全，在建筑标准中有明确规定，幼儿园班级的电源插座距离地面不低于 1.8 米，所以，为了幼儿安全，教师不得在班级中私自拉接电源盒，而且教师不应该在教室充电和使用手机，这些基本的常识教师们在带班过程中要注意。

二、以集体教育活动方式开展班级安全教育

为了幼儿对班级的安全隐患高度重视，教师可以组织集体教育活动的方式，让幼儿通过共同游戏、集体探究等方式发现安全隐患所在，并集体制定防患措施。这样的教育活动一般在新开班小班或者班级新搬家的情况，在共同学习的过程中了解班级安全隐患，提高幼儿在后续活动中的安全意识与自护能力。

🖼 教育活动

危险的电（小班）

一、活动目标

1.认识"有电危险"的标志。

2.知道日常生活中"有电危险"的物品和区域，不能用手触摸。

3.提高自我保护能力，具有一定的安全意识。

危险的电

二、活动重点

知道日常生活中"有电危险"的物品和区域，不用手去触摸。

三、活动难点

知道远离"有电危险"的区域，具有一定的安全意识。

四、活动准备

1.经验准备：知道电有什么用途。

2.物质准备："有电危险"的标志区域图片一张、家用插电设备的图片若干、手偶。

五、活动过程

1.听故事并回答问题，了解危险的电在哪里。

教师：故事里有谁？他们拿走的宝贝是什么？（教师根据幼儿提问并出示电插线板）电插线板里藏着什么？电插线板可以碰吗？我们教室里哪里有电插线板？你家哪里有

电插线板？（出示：家里常见的插座图片）

2. 观看图片，认识"有电危险"的标志。

教师：佩奇还给我们带来了许多图片，我们一起来看一看，出示图片引导幼儿认一认，说一说在哪里见到过这样的标志。这些地方为什么会有这些标志？小朋友们看到这些标志后知道了什么？要怎么做？

3. 看谁做得对。

（1）教师：这是佩奇给我们每个小朋友的两张图片，佩奇要考考我们，这两张图片上的小朋友谁对谁不对。（幼儿自由交流并请个别幼儿说一说）

（2）出示伤心的表情和高兴的表情，请幼儿根据自己的判断，将你认为做得对的送到笑脸处，做得不对的送到哭脸处。

4. 教师总结。

教师：小朋友们是不可以碰电插线板，不能用手指和小金属片捅插电插线板和插座的小嘴巴，要学会保护自己，危险的事情我们不能做。必要时要请爸爸妈妈来帮忙。

5. 活动延伸：提醒幼儿生活中不碰危险的物品。

六、活动反思

电对于幼儿来说是神秘的，所以他们总想摸一摸，碰一碰，在生活中看到插线板的时候，个子较高的幼儿还想垫高一些去摸摸电插座，大家都知道这是十分危险的。

本次活动由幼儿最喜欢的故事引入，故事中的情节非常吸引他们，他们兴趣极高，而且班中幼儿有很强的安全用电意识，知道哪些用电方法是不正确的。同时也能很好地掌握活动内容，能够了解开关插座不能碰，基本认识"有电危险"的标志。最后，因为环境对幼儿有着潜移默化的作用，我会把"有电危险"的标识粘贴在班级的插座旁。

活动后，孩子们意犹未尽，于是我和孩子们一起到操场、盥洗室、楼道中寻找危险的电，并把"有点危险"的标志粘贴上。提高幼儿的日常生活中的安全意识，同时也增强幼儿自我保护的意识。

（北京市西城区虎坊路幼儿园　徐月阳）

💬 **教育活动**

危险的事情我不做（中班）

一、活动目标

1. 初步懂得一些保护自己的安全常识。

2. 知道不做危险事情。

3. 愿意大胆地表达自己的想法。

二、活动重点

了解保护自己的安全常识。

危险的事情
我不做

三、活动难点

能够发现生活中的安全隐患。

四、活动准备

1. 物质准备：小熊维尼玩偶，PPT。

2. 精神准备：幼儿有保护自己的意识。

五、活动过程

1. 情景导入，引起幼儿对活动的兴趣。

(1) 出示小熊维尼玩偶，引起幼儿的兴趣。

教师："今天老师请来了一位小客人，你们看它是谁呀？"

(2) 引导幼儿与小熊维尼打招呼。

(3) 教师："维尼怎么了，怎么身上有那么多的创可贴？""维尼哪里受伤了？"

(4) 教师转向维尼："你摔跤了吗，我们来听听到底发生了什么事？"

2. 故事导入，在家里什么东西是危险的，并联系幼儿生活经验进行拓展。

(1) 听故事，理解故事内容。

(2) 教师根据故事内容进行提问。

教师："它怎么受伤的？""你们受过伤吗？能不能告诉小熊维尼你是怎么受伤的？"

(3) 让幼儿阐述自己受伤的地方和过程，由小熊维尼的故事联系到幼儿本身。

教师："所以小朋友要小心桌子的角，小朋友之间互相玩的时候要特别当心。"

(4) 教师总结。

教师对着维尼说："你下次玩的时候一定要小心了，现在，和小朋友一起学本领吧。"

3. 出示PPT，幼儿仔细观察。

(1) 教师："看，这是老师的家，请你们找一找，老师家里有哪些东西如果不小心碰到，会发生危险？或者在家里做哪些事情，容易发生危险呢？"

(2) 教师："我们在家里不能拿尖尖的东西乱跑，千万要小心，不能像维尼一样，不然，会弄伤自己的。"

(3) 教师："我们要小心门的后面，不然会像维尼一样受伤的。小朋友不要碰热水瓶，如果热水烫在身上，会让我们伤得非常厉害。"

(4) 教师："小朋友在老师家里发现那么多要特别注意的事情以及也许会发生危险的地方。老师也提示小朋友们在自己家里有些事情也是不能做的，有些东西不能随便触碰，否则就像维尼那样受伤。还有没有哪些事情我们也要特别小心？"

4. 活动结束。

六、活动反思

幼儿及园所的安全是开展各项工作的基础，也是一日工作正常开展的保证。如何在幼儿园教学中有效地开展安全教育，提高幼儿的安全防范能力和意识，消除安全隐患，是我们工作中值得探索的课题。因此我们通过故事引发幼儿关注日常生活中存在的安全隐患，初步学会判断隐患，并知道如何去避免危险发生，增强幼儿自我保护的能力。

例如：幼儿在家时，不能摸哪些物品，开门、关门时要先看看手是否放在门框上，吃饭时不嬉笑打闹、不玩筷子等。通过这些日常生活的有机渗透，不仅可以避免一些意外伤害的发生，还可以提高幼儿的安全意识，为幼儿安全行为能力的发展奠定基础。

（北京市西城区虎坊路幼儿园　肖文卿）

教育活动

发生火灾怎么办（大班）

一、活动目标

1. 知道正确的火灾逃生方法。

2. 能够与同伴合作，设计班级火灾逃生的最佳路线。

3. 学会自我保护，具有一定的安全意识。

二、活动重点

知道正确的火灾逃生方法。

三、活动难点

能够用正确方法快速撤离。

发生火灾怎么办

四、活动准备

1. 经验准备：知道火灾逃生时的正确姿势，听到火灾警报声能立即逃生。

2. 物质准备：火灾背景图、每组一盒水彩笔和一张 A4 白纸、火灾警报器、相机、火灾逃生视频。

五、活动过程

1. 播放消防警报信号，激发幼儿参与活动的兴趣。

教师："你刚刚听到了什么声音？听到这个声音你有什么感觉？""这个声音是做什么用的？""刚刚的声音是消防警报声，发生火灾时提醒人们安全、快速逃生。"

2. 学习正确的逃生方法，并讨论。

（1）讨论发生火灾时保护自己的方法。

教师："发生火灾的时，我们应该怎么做？"

（2）播放安全逃生视频。

教师："老师也带来了一段视频，我们一起看看发生火灾时，小朋友们都是怎样做的？"

（3）总结正确、快速的逃生方法。

教师："通过刚才的视频，我们看到真正发生火灾的时候，大家是怎样做的？怎么保护自己？怎么快速逃生？"

3. 设计班级"火灾逃生路线图"，提高幼儿安全意识。

教师："小朋友们都学会了正确逃生的方法，如果幼儿园的消防警报信号响起，发生火灾，我们二楼班级的幼儿从哪里逃生最快呢？为什么？"请小朋友们分组画一画我们的逃生路线。

教师："请小朋友们说一说你们组是怎么设计的？为什么？"（分三组设计）

4. 延伸活动：设计幼儿园火灾逃生路线图及安全标志。开展火灾逃生演习活动。

六、活动反思

在本次活动中选取现实生活中的真实题材，有目的地开展相应的安全教育。对幼儿的生活经验有较强的指导作用，具有一定的现实意义。在活动中运用多种教学方法，通过让幼儿听、讨论等教学手段，使幼儿初步掌握安全技能，提高自我保护能力，同时结合大班幼儿的年龄特点，以小组合作的形式进行分组设计。

在《幼儿园教育指导纲要》中指出：为幼儿提供丰富的、可操作的材料，让每个幼儿都能运用多种感官、多种方式进行探索，为幼儿提供活动的条件，让每个幼儿都有机会尝试。

（北京市西城区虎坊路幼儿园　郭佳萌）

第四节　过渡环节的安全教育与管理

案例导引

小便池边摔倒的浩浩

浩浩正踮起脚尖在男孩小便池尿尿，这时候有另外两个女孩从他身边经过，三个人在狭小的空间有了无意的肢体碰撞，没站稳的浩浩倒在了小便池上，生殖器的包皮划了 0.5～1 厘米长的口子。老师赶紧把孩子送到医务室，保健医生问明情况赶紧上报园长并联系家长将孩子送到幼儿医院急诊就诊。在急诊室大夫确诊包皮外伤，并进行了清洗和消毒。

在过渡环节时，有的幼儿小便洗手，有的幼儿饮水，还有的幼儿在玩手头和桌面的玩具，涉及的空间和物品、设备较多，也是安全事故高发的时段，需要教师之间密切配合、相互补位、共同关注。

一、过渡环节的注意事项

（一）幼儿盥洗时的安全注意事项

(1) 盥洗时，教师根据盥洗室的大小组织幼儿分组进行，防止拥挤。

(2) 教育幼儿盥洗时不玩水、不浸湿衣服和地面，注意安全。

(3) 幼儿如厕时，男、女孩要分开，教师要跟随，教育幼儿不在盥洗室停留、打闹。

(4) 提示幼儿便后整理好衣裤再走出盥洗室。

(5) 帮助年龄小和自理能力差的幼儿穿、脱衣裤，为能力弱的幼儿擦净大便并及时洗手，防止交叉污染。

(6) 教师要随时保持盥洗室地面清洁干爽，防止幼儿滑倒摔伤。

(7) 秋冬季为幼儿提供温水洗手，热水器使用前由专人进行检修，统一调试水温适宜后，方可供幼儿使用，防止烫伤。

（二）幼儿饮水时的安全注意事项

（1）教师要全天为幼儿提供足量、温度适宜的饮用水。

（2）教会新入园幼儿认识自己的水杯，做到专人专用。

（3）鼓励幼儿随渴随喝。

（4）教育幼儿接水时按顺序排队，不要边走边喝水。

（5）教育幼儿不喝生水，饮水时不打闹、不说笑。

二、过渡环节的合理组织

过渡环节的组织会因为班额大小、教师教育风格有一定的差异性，但无论如何组织过渡环节，都要保障幼儿安全、有序、愉悦地完成如厕、盥洗、饮水，以保障孩子的身体健康。现在，很多教师采取借助音乐组织过渡环节的方式，让幼儿自主有序地完成上述内容。

在过渡环节使用音乐有两种作用：一方面，音乐作为幼儿活动的提醒，培养幼儿跟随音乐主动做事情的习惯，促其自我管理；另一方面，音乐可以影响幼儿的情绪，让幼儿在轻松愉快的氛围中活动，因此，音乐的选择十分重要，过渡环节的音乐不能过于活泼，也不能过于低沉，应该选择舒缓、优美、轻松的音乐。

下面以案例的方式介绍一则过渡环节的组织，以供参考。

范例

晨间来园环节的组织

7:30，主班老师播放来园音乐，并站在班级门口迎接幼儿早来园。幼儿来园后，先到保健老师处进行体温测量、晨检，随后回到班级中先与老师问好，再将自己的口罩、外套、帽子等放入格子中，找主班老师进行二次晨检。进班后，与班中老师再次问好，保育老师在盥洗室门口提醒幼儿手消小便，小便后用七步洗手法洗手，取擦手纸将手心、手背、手腕擦干之后，将纸揉球扔进其他垃圾的垃圾桶中，到开饭桌前取水杯，自主喝水，最后将水杯放到水杯格中。助教老师在活动区位置照看幼儿取放玩具，提示幼儿在取玩具时不争抢、推挤，做到有序排队，安静回到自己的座位上进行游戏。

7:45，大部分幼儿已经到班，此时保育老师负责等待、检查未到园的幼儿，主班老师组织幼儿有序将玩具送回，助教老师配合主班老师工作。待玩具全部送回，主班老师组织幼儿有序站队，此时助教老师帮助幼儿排队、喷洒花露水，并查看幼儿服装是否整齐。

8:40，主班老师带领全部幼儿进行户外活动，保育老师与助教老师跟随在队中和队尾照顾幼儿的安全。

（北京市西城区虎坊路幼儿园　金豆）

范例

餐前过渡环节的组织

10：50到了，主班老师组织幼儿进入睡眠室进行餐前准备活动，配班老师关注部分去盥洗室如厕的幼儿的安全，并提醒幼儿先进行手部消毒，小便完毕后整理衣物后用七步洗手法洗手，幼儿进入睡眠室与主班老师进行餐前活动。

保育老师对桌面消毒完毕后，请值日生洗手进行值日（值日内容为全体幼儿讨论结果，如摆放桌面垃圾筐、摆放小椅子等）。保育老师准备分餐时，主班老师请值日生监督盥洗室幼儿便后裤子是否披好、手是否洗干净，并对在盥洗室打闹、喧哗的幼儿进行纪律提醒。主班老师利用游戏（词语接龙、逛三园、邮递员、木头人等）形式邀请幼儿去盥洗室如厕、洗手、进餐，配班老师帮助播放轻音乐，有利于幼儿进餐心情，主班老师随最后一名幼儿去盥洗，穿戴好围裙、头巾，并照顾幼儿进餐。

（北京市西城区虎坊路幼儿园　张涵）

第五节　户外活动的安全教育与管理

案例导引

大型玩具太近引发的磕伤

下午三点，小朋友欢呼雀跃来到操场进行户外活动。年轻的老师正在组织幼儿玩平衡木和攀爬架。平衡木和攀爬架并列摆放，位置比较靠近。老师没有注意到这点，当乐乐从攀爬架上下来时，一个趔趄摔到了平衡木上，马上，口里鲜血直流。老师吓慌了，抱起孩子往医务室跑。保健医赶紧让孩子漱口，看清乳牙磕掉了，牙龈破了，然后马上跟班级老师带乐乐上医院。家长也赶来了，孩子要马上缝针，看到孩子因为固定要"五花大绑"，触目惊心的治疗过程让家长和老师的眼泪止不住地往下流。

户外活动中幼儿运动量大，运动速度快，因此也是安全事故高发的环节，事故可能会因为器械、器材引起，也可能会因为活动组织不妥引起，还有可能与幼儿的着装有关，因此，户外活动的安全管理既包含对场地、器材的管理与检查，也包括教师组织活动的科学有效。为确保安全，教师可以在开学初组织集体教育活动，让幼儿清晰户外活动的隐患，提高幼儿的安全意识。

一、幼儿园户外活动场地的管理与检查

在幼儿园制度建设与日常管理中，户外活动场地都是不可或缺的一环，既要在制度建设上高度重视、明确责任，也要在日常管理中加强管理，防患未然，下面两则案例，一则是幼儿园活动场地安全制度，另一则是户外场地使用的注意事项，前者在制度上

明确管理，后者在细节上落实管理，有较大的参考价值。

📁 范例

幼儿园活动场地安全制度

为了保障幼儿的身心健康与安全，在我园制定的各项安全措施的基础上，根据我园幼儿活动的实际情况，特制定此制度。

1. 幼儿活动场地的安全与保护

（1）我园的幼儿活动场地是幼儿园资产所属，要合理分配和使用；做到人人爱护、人人保护公有财产和设施。

（2）增强对幼儿活动场地的保护意识，消除各种不安全因素；随时排除安全隐患现象的存在，例如电路、场地、物品、器材安全等，确保幼儿一日活动的安全。

（3）定期检查幼儿活动场地是否符合安全卫生要求，对出现的问题及时处理解决，保证幼儿的正常活动。

（4）做到幼儿活动场地专人专管，定期检查。

（5）在疫情特殊时期，要严遵守卫生消毒制度，按要求完成环境、物品消毒工作，保证幼儿身心健康发展。

2. 幼儿活动的安全

（1）幼儿教学活动必须以幼儿"健康第一"为原则，必须做到安全第一。

（2）在幼儿教学活动中必须严格执行教学常规，加强安全教育，严禁幼儿违规活动。

（3）教育幼儿重视自我保护，引导幼儿学会自我保护方法，提升幼儿安全自护能力。

（4）教师对所开展活动的认识要全面，要有严格的预防和防范措施及保护措施，合理运用保护机制。

（5）根据幼儿的年龄、性别等客观因素，严格按照幼儿身体发展规律合理安排幼儿活动内容，并运用适宜的教学方法开展活动。

（6）充分了解每位幼儿的体质状况或特殊疾病，给予适宜的、必要的照顾和指导。

（7）幼儿活动中一旦发生伤害事故，应严格按照伤害事故应急方案，及时采取必要措施，将幼儿的伤害程度降到最低，并第一时间通知园领导和家长，根据情况及时就医。

（8）在疫情特殊时期，及时关注幼儿在活动中的身体与心理状态，并根据情况及时调整活动内容与强度，对幼儿消极情绪做出及时的积极回应。

（北京市西城区虎坊路幼儿园）

📁 范例

幼儿户外大型活动场地安全使用注意事项

幼儿户外大型活动通常包括玩各种大型玩具、组织郊游、文艺会演、运动会、家长开放日活动等。这些活动具有规模较大、涉及人员多、场地多为户外、不确定因素较多等特点，区别于日常安全管理，安全隐患较大。因此了解组织各种户外大型活动的安全常识，先期制定详尽的活动方案及有效的安全防护措施，并在实施的各环节中落实，是保障幼儿人身安全、成功组织实施的有效保证。

1. 户外活动时幼儿着装安全注意事项

（1）结合季节气候情况，提示家长为幼儿准备适宜的户外活动服装，应以宽松、舒适、透气、吸汗、便于运动的服装为宜。冬季根据天气情况和幼儿需要佩戴帽子或手套。夏季女孩建议穿平角裤或打底裤。

（2）衣服应简洁合体，无绳、链等装饰物，幼儿纽扣要扣齐，防止衣服角等处剐在器械上发生意外。裤腿长度要适宜，以免在活动中裤腿过长踩住裤腿造成摔伤，或裤腿过短对裸露皮肤造成划伤等。

（3）应穿轻便、大小合脚的平底运动鞋，来园后教师提醒穿皮鞋或凉鞋的幼儿更换运动鞋，帮助幼儿将鞋带系好、系紧，防止幼儿活动时扭伤或绊倒。

2. 组织幼儿玩大型玩具时的安全注意事项

（1）每天早上，保安员要对园内大型玩具进行安全检查，发现隐患并设立警示围栏，立即停止使用，及时上报园领导、保卫干部，并告知班级教师及时维修。上、下午幼儿户外活动前，园内保洁员对大型玩具进行清洁擦拭，确保其安全卫生。

（2）活动前班级保教人员应仔细检查活动场地及大型玩具安全，清除活动场地的危险物及障碍物，防止幼儿活动时绊倒跌伤。发现安全隐患要立即停止游戏活动，并上报园导、保卫干部处理解决。

（3）教师及时清点幼儿人数，检查幼儿着装，确认安全；观察幼儿精神状态，确认良好。同时检查幼儿手、口袋，避免携带小树枝等危险物品。

（4）教师示范讲解活动规则及安全要求，提醒幼儿用正确的方法有秩序地进行游戏，在器械上不互相推挤、不打闹。

（5）活动时班级教师做好分工，找准站位，各负其责，活动中不论在器械上或器械下的幼儿，都要在教师的视线范围之内，教师视线不得随意离开幼儿。

（6）教师要观察每一位幼儿的活动和情绪，防止幼儿间发生冲突，出现相互推挤等现象。教师要科学观测幼儿活动量，并合理安排幼儿活动强度、密度。根据幼儿年龄特点，掌握活动时间，遵循动静交替的原则，防止幼儿由于运动过量发生意外。

（7）教师要做好幼儿的照顾和保护，特别是照顾好动作不灵活、肥胖儿、体弱儿等有特殊需要的幼儿，防止发生意外。

（8）活动结束后，带领幼儿做放松运动，舒缓幼儿情绪以及身体疲劳。

（9）清点幼儿人数，检查幼儿着装，冬季活动后要及时回到室内，防止幼儿着凉；夏季尽量在树荫下活动，避免受热中暑。

（10）遇到恶劣天气，要及时调整户外场地，避免幼儿受到安全伤害。

3. 组织外出活动的安全注意事项

（1）遵循安全第一的原则，班级大型活动方案需逐级上报，经领导批准后，方可组织进行。

（2）活动前，教师和家委会成员共同策划、协调沟通完善活动方案，提出本次活动的要求及安全注意事项。

（3）教师事先对活动现场进行踩点，全面了解场地、环境安全、行车路线、交通工具、设施、设备、消防、疏散通道等情况，尽可能在可预见范围内采取必要的安全防范措施，认真排查各种安全隐患，并有应对突发情况的第二套备选方案。

（4）在活动的前几天，要用书面形式提示每一位家长，让家长明确安全要求，协同做好幼儿教育工作。根据季节性、郊游的时间及地点，提示家长为幼儿选择适宜的服装、鞋帽等。

（5）活动前和活动中，对幼儿进行安全教育，增强幼儿的安全意识和自我保护能力，如遵守交通规则，不单独行动，不触摸危险设施，不吃陌生人给的食品，不随意采摘或食用野果、蘑菇等，减少来自幼儿自身原因引起的安全事故。

（6）活动时安排保健医及行政后勤人员随行，随时进行现场管理、提供保健等后勤安全保障，防止发生意外。

（7）活动结束，教师清点幼儿人数，与家长做好交接，组织幼儿随家长有序撤离场地。

（8）乘坐交通工具时，教师要提示家长与幼儿共同遵守乘车安全守则，系好安全带，保证幼儿行进中的安全。

4. 组织大型会演的安全注意事项

（1）遵循安全第一的原则，班级大型会演方案需逐级上报，经领导批准后，方可组织进行。

（2）活动前，对家长进行宣传，取得家长的积极配合。

（3）以班级为单位，划分场地位置，安置幼儿和家长。

（4）教师组织幼儿有秩序排队入场，严防挤压、推搡事故发生。

（5）检查确保活动中内容、形式、活动场地、器材、道具的安全。

（6）演出过程中，注意调控幼儿的情绪，防止过于兴奋发生意外。

（7）场地周围安排行政后勤人员进行安全维护，发现问题，现场及时处理。

（8）一旦发生意外，迅速启动园内应急预案，做好组织、引导、疏散工作。

5. 组织大型运动会安全注意事项

（1）遵循安全第一的原则，班级大型会演方案需逐级上报，经领导批准后，方可组织进行。

（2）教师要依不同年龄班的特点、身心发展规律和幼儿平时锻炼的实际水平，确定适宜的运动会项目。

（3）运动会开始前，应确认幼儿身体健康，适宜运动。

（4）合理划分活动区域，确保活动场地、游戏道具、器械安全卫生。

（5）教育幼儿遵守游戏规则，使游戏能顺利安全地进行。

（6）对家长进行宣传，取得配合。遵守运动会要求，不随意出入活动场地，以免拥挤发生意外。

（7）教师分工明确，保证在场幼儿及观众席幼儿的秩序及安全。

（8）安排行政后勤人员在场地周边进行巡视，发现安全隐患，及时处理。

（9）一旦发生意外，迅速启动园内应急预案，做好组织、引导、疏散工作。

6.家长开放日活动的安全注意事项

（1）请家长在园门口扫健康宝、测温、刷接送卡，保安人员依据当天班级家长开放日活动安排时间表，确认家长身份后允许入园。

（2）教师要确认幼儿活动场地、道具材料卫生安全。

（3）做好家长宣传，让家长熟悉活动流程并了解相关安全要求，有秩序进入班级参与活动。

（4）提示家长中途若要带幼儿提前离园，请事先告知班级教师。

（5）活动前、后，教师都要清点幼儿人数。

（北京市西城区虎坊路幼儿园）

二、户外活动看护及户外玩具的使用

（一）户外活动看护注意事项

户外活动安全注意事项包括幼儿户外活动前教师的准备工作与注意事项，幼儿出入上、下楼梯的安全事项，幼儿户外活动中教师的看护要点，幼儿户外活动后教师的看护要点及安全教育四部分内容。

1.幼儿户外活动前教师的准备工作与注意事项

（1）检查幼儿衣着（帽子不挡眼睛、围巾不拖地、拉链拉好），是否携带了不安全的饰物，排除不安全的着装行为，鞋子大小合适，检查戴眼镜的幼儿眼镜上是否有固定绳。在活动过程中，一旦发现幼儿的着装有可能影响其安全，教师要采取防范措施，绝不能有"等一会儿"的想法。

（2）检查场地安全。

（3）检查活动器材有无损坏。

（4）户外活动前对幼儿进行安全教育。活动前和幼儿一起分析容易出现的危险情况，并共同讨论应该怎样玩才不会出现危险。例如，先和幼儿一起分析容易出现的危险情况，应该怎样玩玩具，不应怎样玩，怎样做才对，怎样做不对，让幼儿了解游戏规则，提高他们的安全意识，避免不安全事情的发生。

（5）带领幼儿做好热身活动。

（6）活动开展前，教师应提出活动要求。例如，在绿色垫子上玩，有问题找老师，同伴间要相互谦让等。

2.幼儿出入上、下楼梯的安全事项

幼儿进行户外活动一定会经过室内和户外的场地转换，在转换过程中，楼梯是多数幼儿的必经之路，在组织幼儿上、下楼梯时，应该注意以下事项。

（1）组织幼儿有秩序上、下楼梯，靠右侧行走。

（2）指导幼儿一手扶着楼梯扶手，不要双手提握物品上、下楼，防止发生摔伤。

（3）教育幼儿注意力要集中，不左顾右盼，一级一级上、下楼梯，在楼梯上不拥挤、不争抢、不打闹。

正确的操作做有助于避免伤害事故，引导幼儿以正确的方式上、下楼梯（图 6-1），培养幼儿良好的行走习惯。

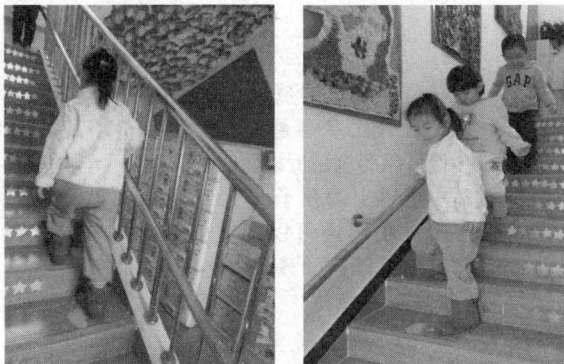

图 6-1 正确上、下楼梯

3. 幼儿户外活动中教师的看护要点

（1）户外活动时，保育员应积极配合教师组织幼儿有序地进行活动。

（2）活动中教师之间要合理站位，确保孩子在教师的视线范围之内，相互配合。

（3）根据幼儿的年龄特点选择适宜的户外玩具。例如，小班选择软的、轻的，易于幼儿操作的玩具。

（4）幼儿之间发生争抢、有矛盾时，教师要及时进行制止，并询问原因。

（5）幼儿兴奋点较高时，教师要及时进行提醒，稳定其情绪。

（6）引导幼儿知道累的时候或是出汗多的时候要休息一下。

（7）密切关注幼儿身体状态，特别关注体弱儿和肥胖儿。

（8）尊重幼儿生长发育规律，活动量适宜，注意合理搭配与协调，避免过长的剧烈运动。

（9）引导幼儿自我检查、相互检查、帮助幼儿学会发现危险，排除不安全因素。

（10）教师在游戏中要做好安全防护。例如，玩攀爬架时，地面要铺好垫子。

（11）教师如发现户外场地或者设施器材方面有破损或存在安全隐患，要立即停止游戏，并及时上报。

4. 幼儿户外活动后教师的看护要点及安全教育

（1）组织幼儿回教室盥洗喝水，进行安静的活动，如讲故事、读书等。

（2）结合活动情况对幼儿进行安全教育，必要时增加安全教育课程，注重在活动中培养幼儿的自护能力。

（3）根据需要设计安全标志，强化安全意识。例如，认识"不要用手摸"的标志，"不要拥挤"的标志，"不要头朝下滑"的标志，"不准攀爬"的标志等。

（二）户外玩具的使用

关于幼儿户外玩具的功能、使用方法和注意事项，详情如表6-1所示。

表6-1　幼儿户外玩具的功能、使用方法和注意事项

名称	功　　能	使用方法	注意事项
穿越墙	培养孩子的钻、爬技能，增加身体的灵敏性与协调性	1. 托班和小班的孩子，不宜在此玩具上从事翻越的动作，但可以爬过贴近地面的大洞； 2. 中班以上的孩子，不仅可以爬过小洞还可以翻越墙体，教师可以鼓励孩子以不同的方式穿越墙体	1. 不同年龄阶段的孩子要根据不同的使用方式来完成动作； 2. 穿越墙只能同时容纳四个孩子活动，要控制活动人数； 3. 多人同时游戏时，要保持好秩序，不得争抢； 4. 孩子在活动时，切勿将头伸入较小的洞内； 5. 孩子活动不能脱离教师的视线，教师可以用手扶持孩子完成活动； 6. 孩子每次活动时间不可太长，以孩子微微出汗为宜
钻爬网　拱形门	在钻爬活动中，锻炼胆大、勇敢、不怕困难；体验体育活动带来的成功感、快乐感，增强自信心；发展动作的灵活性、协调性	有目的、有计划地设置一些活动，引导孩子在自由活动中得到发展。例如，玩"小鱼游呀游"的游戏，孩子在孩子用手搭起来的山洞中钻来钻去，为了防止被"渔网"网住自己，有的孩子就会讲究方法，观察扮演渔网孩子的反应，在"渔网"快要网下来之前迅速钻出去。还有的孩子会在渔网中间穿来穿去，故意引起扮演渔网的孩子注意	在活动中教师要不断地对孩子进行鼓励，增强孩子的自信心
攀登架	培养孩子的攀、爬技能，发展孩子的平衡能力，促进空间知觉的发展，增加孩子自信心	1. 此玩具不适合小班及小班以下孩子活动； 2. 中班孩子在攀爬时不宜过高，到达各类攀登架的中央即可； 3. 大班孩子可以攀爬到攀登架的三分之二处，不宜太靠近顶部； 4. 孩子在攀爬时要注意四肢的配合	1. 每根爬架、爬杆和爬绳同时只适合一个孩子活动，请勿多人同时活动； 2. 攀爬时不可爬到顶部，要保持手中有稳固的抓握物； 3. 帮助孩子系好鞋带，穿戴严实，避免衣物钩挂或损伤皮肤； 4. 不得从攀登架的高处跳下，同样要攀爬而下； 5. 孩子活动不能脱离教师的视线，教师可以用手扶持孩子完成活动； 6. 孩子每次活动时间不可太长，以孩子微微出汗为宜

续表

名称	功　能	使用方法	注意事项
万能工匠	万能工匠玩具拥有丰富的百变创意形象结构，色彩斑斓，可以吸引孩子的目光，引起孩子注意。更为特别的是，万能工匠为不同年龄阶段、不同性格的孩子们，设计了不同的玩具以及玩法，让孩子们在体能游戏中有更多的选择	1. 孩子可通过大胆搭建拼搭游戏材料； 2. 教师可搭出攀爬架等新型游戏玩具，引导孩子活动	"万能工匠"属于建构游戏里的结构类游戏，结构游戏是一种由各种结构原件组成的素材玩具，与形象玩具不同的是当它处于结构状态时，只表现为一个结构元件，只有通过活动中的构造，结构元件才会产生出千变万化的形象。而"万能工匠"其多变与多样性的特点使结构游戏更具有丰富的表现力，为孩子提供了创造想象的广阔天地。教师鼓励孩子大胆创作、制作，并可结合其他玩具进行游戏
滑梯	玩滑梯能锻炼孩子的全身肌肉，发展孩子的运动能力，增加其平衡能力与协调性	孩子可以在滑梯上活动，活动方式是自上而下自然滑下	1. 按秩序活动，每次只允许一位孩子滑下，不得争抢； 2. 滑下的孩子应及时离开滑梯口，避免被碰撞； 3. 不得从滑梯的高处跳下； 4. 孩子活动不能脱离教师的视线，教师可以用手扶持孩子完成活动； 5. 孩子每次活动时间不可太长，以孩子微微出汗为宜
秋千	发展孩子的动态平衡能力，在运动中，孩子需要保持身体重心的平衡，这样可以增强其前庭器官的机能	秋千是托班、小班、中班、大班孩子都适宜的一种活动，但在摇摆幅度上，应注意孩子的年龄差异	1. 孩子只能坐在秋千上摇动，不可站立在秋千的坐板上； 2. 教师在推动秋千时，用力不可太大，摇动幅度前后不超过45度； 3. 注意秋千前后有无行人，避免发生碰撞； 4. 不可让孩子单独活动，应在教师的配合下完成； 5. 孩子每次活动时间不可太长，注意孩子的自身感受
接力方台	综合性地培养孩子的平衡协调能力，纠正孩子的感统失调	1. 托班和小班的孩子可以在方台上单独活动，速度要慢； 2. 中班和大班的孩子可以在方台上开展接力活动，由两到四个孩子共同完成	1. 注意让孩子保持平衡，对于托班与小班的孩子，教师应适当出手扶持； 2. 注意清理方台周边的树枝，避免刷到孩子； 3. 及时检查玩具有无毛刺，特别是钻桶部分，应保持玩具表面光滑安全； 4. 孩子活动不能脱离教师的视线； 5. 孩子每次活动时间不可太长，以孩子微微出汗为宜

名称	功 能	使用方法	注意事项
轮胎	运用轮胎进行多种游戏，锻炼身体平衡能力、四肢力量及动作协调性	1. 小班可使用绘画材料进行立体绘画； 2. 中大班可运用不同方式运送轮胎，或在轮胎上作走、跳、爬等动作游戏	1. 使用轮胎前对轮胎进行打磨，避免对孩子造成伤害； 2. 教师带领孩子充分活动四肢及腰腹； 3. 在进行轮胎搬运游戏中提示孩子使用正确姿势
高跷	促进身体平衡、跨越能力的进一步发展，提高动作的协调性和灵活性	绘制游戏环境，例如沿线走的曲线、直线；可以跨越的小河、小溪；需要绕行的石头、小草	1. 教师指导孩子正确游戏动作； 2. 可适当增加场地障碍物，同时给予保护材料
梅花桩	锻炼孩子的身体平衡能力及协调能力，使孩子能积极参与活动，遵守活动规则	1. 走木桩，传统游戏玩法，将梅花桩按同等间距摆放，孩子一脚一个往前走； 2. 绕木桩，将梅花桩按同等间距摆放，孩子以S型线路绕过梅花桩； 3. 将梅花桩按同等间距摆放，孩子双脚并拢跳过梅花桩	小班孩子可进行滚木桩的游戏玩法，中班、大班孩子在游戏中教师提示孩子保持距离并及时帮助孩子
平衡木	促进孩子身体两侧肌肉力量的协调发展，发展其平衡能力，促进其感知觉发展	1. 托班和小班的孩子应选择性地在平衡木上活动，转身平衡木不宜小班及小班以下孩子活动； 2. 中班和大班孩子可按秩序从头到尾走不同的平衡木	1. 控制场地人数，平衡木区域同时活动人数不得超过10位； 2. 注意周边环境，不要碰到墙体、铁栅栏； 3. 保持适中速度，不要让孩子在平衡木上奔跑； 4. 孩子活动不能脱离教师的视线，教师可以用手扶持年龄小的孩子完成活动； 5. 孩子每次活动时间不可太长，以孩子微微出汗为宜
蹦床	发展上肢及腰腹力量与动作协调能力；体验与同伴合作游戏的快乐，初步建立合作意识与能力	1. 设计情景游戏，例如贴鼻子、摘星星； 2. 中大班孩子在游戏中教师可规定时间或设置高度	1. 穿着柔软宽松的运动服入场（最好穿长袖、长裤），穿上专业的防滑袜； 2. 教师带领孩子做热身运动，重点部位为脚踝、腰部、颈部、手腕及各个关节部位； 3. 尽量确保让孩子在蹦面中间玩耍，以防摔到蹦床边沿
荡桥	锻炼孩子的身体协调性，提高孩子的平衡感	小班、中班、大班孩子都喜爱荡桥游戏，它的刺激和挑战提高了孩子自信心及身体素质发展。游戏时教师应注意游戏安全	1. 提示孩子在通过荡桥时统一由一侧进入、一侧出行； 2. 孩子不敢于通过时，教师应及时给予鼓励
小车	通过竞赛性体育游戏，培养孩子的竞争意识，提高孩子参与体育活动的积极性	1. 此玩具是小班、中班、大班必不可少的玩具，孩子可使用不同种类小车自由创新游戏玩法。 2. 中班、大班增设游戏情景，通过故事、竞赛激发孩子游戏兴趣	适当添加障碍物、曲线车道、有一定高的斜坡，可提高孩子对全身的控制能力和平衡性

续表

名称	功　能	使用方法	注意事项
接抛球	锻炼抛接球能力，增强上肢力量；提高动作协调性与灵敏性	小班可沿地面推球、向上扔球；中班、大班可进行双人或多人的抛接球类游戏	1. 孩子相互抛接球时保持适当距离，避免由于错误投掷误伤到其他孩子； 2. 活动多以同侧投掷为主
跳绳	能探索出绳子的各种玩法，掌握跳绳的基本技能，发展孩子的身体动作	1. 单人游戏，原地跳绳及花样跳绳； 2. 多人组合游戏，双人跳等； 3. 结合其他游戏材料创新玩法	1. 活动前教师带领孩子充分热身，重点活动手腕、脚踝； 2. 活动中选择空旷场地，孩子之间保持距离
足球、篮球	愿意与他人分享游戏的快乐；培养孩子一定的耐力和力量	1. 利用游戏的方式来引导孩子进行动作的学习； 2. 开展嘉年华、亲子活动等，帮助孩子认识足球运动，激发孩子对足球/篮球运动的喜爱	1. 足球/篮球活动要符合孩子生理发展特点，避免对孩子身体的损害； 2. 教授孩子相关的自我保护方法
沙水区	玩沙戏水的活动可以培养孩子们动作的精确性以及手眼协调能力，此外，沙和水都有一定阻力，在沙水区域活动，还可以刺激幼儿运动觉的发展	1. 作为孩子最爱游戏的区域，可为孩子大胆创作提供多种材料； 2. 进行大带小活动，培养孩子互助心和规则意识	1. 为孩子提供罩衣，保证孩子游戏安全； 2. 制定活动区域规则，培养孩子规则意识
种植区	孩子园食育课程的延伸，培养孩子们的生活观念，让孩子们体验自然，并且在种植过程中还可以培养孩子的秩序感，遵守规则等良好的习惯	1. 每班孩子可在区域内种植蔬菜，并每日观察记录； 2. 收获时开展节约粮食教育活动	种植区需要避免设置在园区的上风口，在种植区到建筑路口之间尽量有室外洗手池的设置，保证幼儿的卫生安全
户外绿化	户外绿化在幼儿园装修中起着画龙点睛的作用，美化环境也丰富了空间的层次，使整个幼儿园更富有生机，同时也有助于幼儿的成长。幼儿园绿化分为自然绿化、人为绿化以及活动绿化三种。自然绿化一般是指人工栽种且无须刻意修剪的植物（多以大型植物为主）；人为绿化是指按照合理的布局栽种并定期修剪低矮的铺地植物，如绿化带、草坪等；活动绿化是指用盆栽的四季花卉点缀和丰富户外环境的植物	1. 孩子早来园/晚离园时，教师可带领孩子观察绿植变化； 2. 孩子户外游戏后可作为休息区，放松孩子心情； 3. 开展户外写生活动及植物标本制作，使孩子爱护环境	绿化区一般会根据整体设计以不同的形式分布，同样，绿化区设计也需要符合孩子特点，合理搭配苗木，还可以根据场地设计适宜的大型户外玩具，如树屋等，也可在树木花草挂上标牌，引导孩子认识树木

三、针对户外活动开展安全教育

为保障幼儿安全，在组织幼儿户外活动前，要开展必要的安全教育活动，或者在户外活动中发现了典型的安全隐患，有必要围绕发现的问题设计教育活动，提高全体幼儿的安全意识与自护能力。

🗨 教育活动

橡皮膏小熊学安全（小班）

一、活动目标

1. 知道户外活动中不做危险的事情。
2. 学会游戏中自我保护的方法。
3. 形成初步的自我保护意识。

二、活动重点

知道户外活动中不做危险的事情。

橡皮膏
小熊学安全

三、活动难点

学会游戏中自我保护的方法。

四、活动准备

物质准备：故事《橡皮膏小熊》、橡皮膏小熊手偶、情景图片。

经验准备：幼儿具有自由户外游戏的经验。

五、活动过程

1. 出示橡皮膏小熊手偶，引发幼儿猜想橡皮膏小熊受伤的原因。

教师：小朋友们快来看谁来咱们班了？他怎么了？小熊去幼儿园同伙伴们玩游戏回来后就这样了，你猜猜在他身上发生什么事情了？鼓励幼儿结合自己经验说出自己的想法。

2. 利用橡皮膏小熊手偶以及情景图片依次呈现小熊受伤的过程。

（1）户外奔跑游戏

教师：老师带领小朋友们玩开汽车的游戏，结果小熊怎么玩的？和小伙伴一起拉着手跑发生了什么事情？为什么会摔倒？摔倒了之后怎么样了？我们可以怎么保护自己不摔倒？

（2）拉圈游戏

教师：在玩吹泡泡游戏的时候小熊太开心了，他拉着小朋友跑来跑去的结果怎么样了？磕到了哪里啊？可以怎么做就不容易摔跤了？

（3）滑梯游戏

教师：滑梯是小熊最爱玩的大型玩具，他排队了吗？这样会有什么危险啊？小熊是怎么滑下去的？结果哪里又被贴上绷带了？滑滑梯的时候应该怎么做？

（4）上下楼梯

教师：小熊玩累了，它急急忙忙地跑回来班中，上楼的时候排队扶把手了吗？结

果怎么了？我们应该怎么做可以保护自己呢？

3.总结提升户外游戏时保护自己的安全方法。

教师：小熊玩游戏不讲规则、不会保护自己，结果奔跑的时候磕到了腿、拉圈的时候磕到了头、滑滑梯的时候戳到了胳膊、上楼的时候又因为不排队不扶把手直接从楼上摔了下来结果全身缠满了绷带，再也没法去幼儿园同小伙伴们高兴地玩游戏了，那你知道怎么做才能保护自己不受伤吗？引导幼儿结合自己的经验和故事内容，依次说一说如何在游戏中保护自己。

（教师根据幼儿说的保护自己的好方法，用图片的形式表示，加深印象。）

4.在真实情景中实践保护自己的方法。

教师带领幼儿到户外场地，依次进行相关游戏，活动前向幼儿进行正确的安全提示，提示幼儿在活动中学会保护自己。

5.活动延伸。

在接下来的生活活动以及游戏活动中持续用橡皮膏小熊的形象提示幼儿，也可将教师观察到的危险情景继续通过故事的形式传递给幼儿，引导幼儿说出正确保护自己的方法。

六、活动反思

小班幼儿喜欢听故事，所以我们将户外活动中的安全问题通过故事的形式呈现给幼儿，大大地提升了幼儿的专注性，在活动中，我不断地同幼儿进行互动，帮助幼儿通过图片中的故事情景和幼儿已有经验建构新的认知经验，提升幼儿的安全意识，丰富幼儿的安全经验。在活动后带领幼儿到户外进行实践，让幼儿在亲身体验中感受规则的有用，以及学会自我保护的重要性。通过不断的提示和引导强化幼儿的安全意识。

（北京市西城区虎坊路幼儿园 董鸿燕）

教育活动

户外活动要注意（中班）

一、活动目标

1.初步了解一些基本的自我保护常识和相应的策略。

2.能够推测可能发生的事情，了解户外游戏中的危险。

3.感受与小朋友们一起游戏的快乐。

二、活动重点

知道如何避免在户外活动中发生意外。

三、活动难点

初步掌握一些简单的处理意外伤害的方法。

四、活动准备

1.经验准备：幼儿已熟悉幼儿园的户外环境和器械。

2.物质准备：一些户外活动中小朋友发生危险的图片、急救处理的图片或视频。

户外活动要注意

五、活动过程

1.请幼儿仔细观察挂图，引发幼儿讨论户外安全的话题。

教师：仔细观察图上的小朋友在玩什么？这样玩好吗？为什么？大家猜一猜，如果他们这样玩会怎么样呢？户外活动时还有哪些做法或事情是危险的？

2.幼儿到户外寻找危险并记录，提高幼儿观察能力。

（1）将幼儿分组在操场、树屋、大滑梯处寻找不安全物品及可能发生的危险，并做记录。

（2）幼儿进行交流，教师帮助记录，增强幼儿自护意识。

教师：你发现了哪里危险？为什么？可以怎样保护自己？（教师用图示的方法帮助幼儿进行记录。）

3.观察照片，了解在户外活动时避免受伤的方法。

教师：在户外活动时我们怎么做就不会发生危险了？在户外活动前、活动中、活动后，我们应该怎样做？

4.观察图片，了解受伤后的简单自救方法。

教师：如果受伤了怎么办？（分别介绍眼睛进异物、摔倒后、磕破皮、流鼻血的简单处理办法。）

5.活动延伸：安全游戏真快乐。

教师带幼儿到户外进行游戏，活动后总结安全游戏的方法并给予肯定。家园共同提醒幼儿注意安全，及时阻止危险行为，增强安全意识。

六、活动反思

本次活动内容涉及了许多户外场地以及户外器材，在短短的一节活动中不能做到面面俱到，孩子们对于户外活动安全知识有了一些简单的了解。但是在活动中，教师还可以根据幼儿当时的情况，及时调整活动的节奏以及环节设置。在本节活动中，幼儿通过实践操作、思考、表达等多维度地参与游戏，知道了一些安全常识，以及自我保护的方法。待提高的是活动的游戏性可再强一些。

（北京市西城区虎坊路幼儿园　刘曦妍）

🗨 教育活动

我是安全小卫士（大班）

一、活动目标

1.能仔细寻找、细心观察发现幼儿园户外容易发生危险的地方。

2.能运用绘画的方式尝试为幼儿园设计安全标志。

3.知道标志在人们安全生活中的作用，增强幼儿的自我保护意识。

二、活动准备

1.经验准备：认识安全、交通标志，知道标志的作用。

2.物质准备：画笔、画纸、胶条若干，塑膜机一台。

我是安全小卫士

三、活动过程

1. 自由结伴寻找幼儿园户外安全隐患。

（1）教师为小卫士们布置任务。

（2）幼儿分组寻找，并做记录。

2. 幼儿分组讨论：我的发现。

（1）教师提问：你找到了小朋友容易发生危险的地方了吗？容易发生哪些危险呢？要怎样注意？你要怎么设计你的标志呢？

（2）讨论：怎样让小朋友一看到你设计的标志，就知道应该怎样做？设计标志的时候需要注意什么？

3. 绘画安全标志：幼儿绘画安全标志，教师巡回指导。

4. 经验分享，张贴安全标志。

（1）同伴间互相欣赏安全标志，交流设计理念及提示意义。

（2）教师帮助幼儿塑膜，与幼儿一起张贴安全标志。

5. 延伸活动：幼儿自主分组进行户外安全宣传，并张贴安全标识。

四、活动反思

在此次活动中，幼儿表现出了较强的安全意识，能认真细致地观察户外游戏环境和器材的安全性，并根据观察细致地分析需要注意的游戏玩法和规则，从而提升幼儿的自主安全意识。大班幼儿有较强的观察能力、分析能力和独立思考能力，幼儿在活动中能积极地投入活动中，活动热情较高，通过自主分组的方式，孩子们对户外场地：一层操场、二层操场、菜园等地进行了细致的实地考察，幼儿观察较细致、全面，并通过记录的方式将自己的发现进行简单记录、讨论。作为幼儿园的大哥哥大姐姐，孩子们自身有很强的责任感，愿意为幼儿园做一些力所能及的事情，在设计完成安全提示标志后，我们与孩子们进行了安全宣传和张贴安全标志的活动，帮助全园小朋友增强安全游戏意识，提升户外安全游戏能力。

（北京市西城区虎坊路幼儿园　鲁欣）

第六节　午睡环节的安全教育与管理

☺ 案例导引

可怕的螺母

2008 年 6 月，某幼儿园中班发生了一件意外安全事件，那是进入初夏比较炎热的一天，幼儿吃完午饭，像平时一样进行餐后的安静活动，有的幼儿看书，有的幼儿操作手头玩具，等待午睡时间的到来。餐后散步完毕后，教师提示幼儿说："请小朋友们先去小便，再上床。"幼儿如厕完毕，一个个走到自己的小床上躺好了。午睡巡视过程中，教师发现小乖辗转反侧睡不着，教师马上走过去问，孩子支支吾吾指着床边上的螺丝处。教师马上发现了上面只有螺丝而没有了螺母。老师马上稳定幼儿情绪，让孩子张开嘴巴，看是否卡在了喉咙里。此时幼儿告诉老师好像是咽进去了！教师急忙抱起孩子奔向医务室，并马上上报给值班园长，保健人员观察孩子情况后，立即送孩子就医，并通知家长到场。经过拍摄 X 光片后发现，确实有一枚螺母进入了孩子的体内，由于体积不大，没有卡在孩子的喉咙处，但需要经过密切观察等待孩子经体内排出。

午睡时段的安全隐患不易被察觉，教师应通过幼儿午睡前、午睡中、午睡后的状态认真观察、正确指导和及时解决问题，为幼儿的健康成长创造良好条件。教师不仅要关注幼儿是否进入睡眠，还要对幼儿的睡眠姿势进行提示和调整，及时纠正有碍健康和接近危险的睡眠姿势，保证幼儿的健康与安全。

午睡环节中切忌看护人看手机、备课、做文案工作、离岗或进入睡眠状态，这样会导致教师无法在第一时间发现危险，如幼儿打闹发生伤害，幼儿突发急症而延误救治等。教师的侥幸心理会让看似安静的午睡存在诸多安全隐患。教师要做到睡前准备和检查不能少，睡中巡视观察不间断，睡后处理要正确（图 6-2 ～图 6-4）。

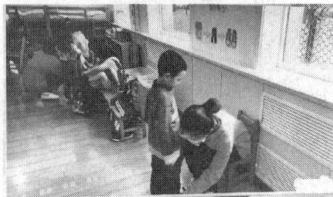

图 6-2　安全检查　　　　　图 6-3　巡视　　　　　图 6-4　检查服装

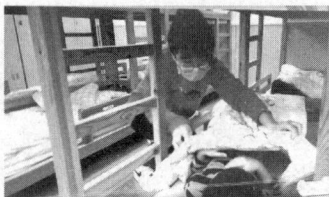

1. 午睡前准备

（1）排除安全隐患，幼儿上床前教师要做好安全检查。避免幼儿携带扣子、发卡、玩具等细小物品上床。提前检查枕头、被褥或衣服上的线头，防止幼儿缠绕手指发生危险。

（2）检查幼儿双手是否干净，口腔内是否有残余食物，避免幼儿入睡后发生误吸。

（3）组织安静活动。例如讲故事、听轻音乐、散步、桌面游戏等。剧烈的活动会使幼儿的中枢神经产生兴奋，不利于睡眠。

（4）提醒幼儿排尿。吃饭时，幼儿可能会进食大量的汤水，而午饭和睡眠的时间间隔相对较短，所以上床前要提醒幼儿如厕，以免尿床。

（5）关注幼儿的情绪。应注意保持幼儿的良好情绪，使他们在轻松、愉悦的精神状态下安然入睡。教师要态度温和，语气和蔼，声音要轻柔。为幼儿的睡眠营造出良好的精神氛围。

（6）提前将窗帘拉上，使睡眠室内光线幽暗，营造良好的睡眠气氛，有利于提高幼儿的睡眠质量。

2. 午睡中管理

（1）睡眠室内外应保证相对安静，没有噪声。要求幼儿、教师进入睡眠室后说话时要放低声音，动作轻柔。

（2）根据气温情况确定睡眠室开窗通风的时间和次数，保证空气流通、新鲜。幼儿就寝时要将窗户关闭，以防受凉。春、夏季节只要没有风，窗户可以一直开着。冬季室内的温度控制在 20 ～ 24℃，湿度标准为 40% ～ 60%。夏季使用空调时注意调整方向，不要直吹幼儿。室内温度控制在 25 ～ 27℃为宜。

（3）对体质较好、怕热的幼儿，可以把他们的床铺安排在寝室门口、窗户下面等通风好的地方，以保证其睡眠质量。

（4）对于经常尿床的幼儿入睡前要提醒小便。入睡后要经常摸一摸其被褥，如有尿床，应及时给予更换。同时要注意观察，掌握其排尿规律，在睡眠中及时叫醒排尿。

（5）加强巡视，防止被子捂住口鼻，注意观察幼儿的睡眠情况，被子盖到胸口处即可。教师不串班、不擅自离岗，注意巡视观察孩子的睡眠情况，掌握了解幼儿睡眠情况：一听（呼吸），二看（姿势、面色），三摸（体温），四做（盖被子、纠正睡姿）。

3. 午睡后处理

（1）及时晾被子。将被子里面翻转，平铺在床上摊晾 10 分钟左右，将被子的湿气排出。

（2）教师应先照顾幼儿穿衣、小便、喝水，将幼儿带离睡眠室，再拉开窗帘、开窗通风。

（3）整理床单位可使用粘尘滚清洁床单，每床使用一片粘纸防止交叉。疫情期间要按消毒标准执行。

（4）清理睡眠室环境。按常规要求消毒床围栏，湿拭清扫地面，不留卫生死角。

（5）穿脱衣服时，教师应督促幼儿动作迅速，不要边脱边玩，以免着凉。检查幼儿的衣裤是否穿倒、鞋带是否系好，以免活动时发生危险。

第七节　离园环节的安全管理与教育

☺ **案例导引**

接完孩子聊天导致孩子磕伤

9 月 30 日晚上，幼儿园离园环节让家长进班取被褥，因为马上面临国庆小长假，一些平时比较要好的家长在接完孩子聊起了自己的国庆旅行计划，三名妈妈在楼门口说得热火朝天，孩子们手拉手跑到操场上玩户外玩具，小朋友们一起玩转筒滑梯，玩着玩着就不按常规方式玩了，有的从下面往上爬，有的从上面往下滑，致使几个小朋友撞在一起，其中一个小朋友撞在了滑梯口上，磕破了额头。

离园环节人多嘈杂，幼儿也往往比较兴奋，容易出现磕碰、摔伤、走失等意外事故，对此幼儿园要加强管理，确保离园环节的有序，保障每个幼儿平安回到父母身边。

离园是幼儿在幼儿园一日生活的最后一个环节，也是教师、幼儿和家长三方共同交汇的契合点。幼儿因见到家人而变得较为兴奋；家长既要从老师手里接过孩子，又想从老师这里获得与幼儿有关的信息；教师在离园环节中同时面对几十名幼儿及家长。以上这些是每个幼儿园每天都要经历的情景，稍有不慎就会发生危及幼儿生命和健康的安全事故。幼儿园应重视离园环节的规范化管理，做好幼儿离园工作，保证幼儿平安离园，最大可能地杜绝幼儿接送过程中安全事故的发生。

📖 范例

幼儿离园环节基本流程介绍

1. 离园前

（1）提醒幼儿收放好刚拿的手头玩具。

（2）提醒并逐一检查、帮助幼儿整理自己的衣物（避免有尿湿、穿反鞋等情况）。

（3）与幼儿简单游戏或进行简单交流，稳定幼儿情绪，总结、梳理、分享当天活动中的快乐。

（4）带领幼儿拿好东西集合排队，走到幼儿园门口（封闭管理制度，家长不进园内）。

2. 离园中

（1）家长刷卡后，主动招呼家长，与幼儿告别，提醒他们带好自己的物品。

（2）与个别需要沟通的家长有礼貌地交流，请他们在旁边稍后一下，等所有孩子接完后，再与其沟通（避免疏忽对其他小朋友的监护）。

3. 离园后

（1）班级教师一起回顾一天的情况，分析突发、典型、重大事情的缘由及经过，并商讨更好的解决方法（如有重要事情忘记和家长沟通，及时打电话与家长联系）。

（2）整理班级卫生，按卫生消毒要求进行细致消毒工作。

（3）准备第二天的活动材料及活动计划。

（4）再次检查班级物品设施安全后离园。

（北京市西城区虎坊路幼儿园　杜丝缘）

📖 范例

幼儿离园的注意事项

1. 离园时教师必须手递手将幼儿交给家长。他人替接幼儿时，家长必须提前与教师联系，不能把幼儿交给陌生人。如果遇到临时替接，必须由教师方主动与幼儿直系家长取得联系沟通，允许后方可接幼儿离园，并做好接送记录。

2. 提醒幼儿在回家路上一定与家长手拉手，注意安全，避免走丢走散。

3. 大部分幼儿离园后，教师在确保其他幼儿有人看护的情况下，方可与家长沟通。和家长交流时，教师要看重方法，多说孩子在园的具体表现和进步，比如："××今天把饭菜都吃完了，可棒了！""×××第一个举手要求讲故事，而且声音很响亮"等。对幼儿提意见时，态度要委婉或先扬后抑巧妙带出幼儿的不足，但当幼儿发生了特殊事情时，教师一定要主动告知家长。

4.对待家长晚来接的幼儿，教师要有爱心和耐心，安抚好幼儿的情绪，对于偶尔家长晚来接的幼儿，教师要与其家长联系询问情况，一方面可告知幼儿原因及还需等待的时间；另一方面可避免家长忘接漏接。

5.本幼儿园已建立离园接送制度，比如安装幼儿入、离园安全识别系统，制定接送卡等。另外教师要要求接送的家长相对固定，避免频繁更换，如接送人员临时更换，要及时和教师联系，对于家庭背景特殊的幼儿，如离异家庭的幼儿，教师要更加关注，慎重对待，以免造成不必要的纠纷。

（北京市西城区虎坊路幼儿园　杜丝缘）

第八节　幼儿园对幼儿一日生活中安全的监管与检查

☺ 案例导引

隐瞒是不可原谅的

幼儿欢欢在一次体检的时候被查出心脏有杂音，保健医写成了"杂心"。家长不依不饶，找到园长投诉，说在小班的时候出现过脚骨骨折，幼儿园保健医当时说没事。然后家长带着孩子去医院，发现骨折了。班级教师自己买了慰问品去看望孩子，并且个人给孩子退了当月伙食费。班级交接本上一直写的是扭伤而非骨折，事假而非病假。家长质疑幼儿园的管理和保健医的水平。

根据家长反映的问题，幼儿园认真查实，在查实情况后针对保健医和班长进行批评教育，并且两人在全园大会上做了检讨，加强了保健医对未来园幼儿追访制度的落实，重视交接班记录的如实填写。该班班长深刻反省当时因糊涂大胆包庇班级教师，应该如实上报孩子的病情。保健医反思工作不可随意马虎，对幼儿的病情诊断不能妄下结论，幼儿的事情就是大事。

这个案例说起来让人唏嘘，感叹老师的胆大和无知，但类似这样的事情却时有发生。因此，幼儿园管理者一方面要加强日常进班巡查，检查教师带班情况，同时留意是否有安全隐患，及时发现问题解决问题；另一方面要做好监控设备的使用与管理，确保教师工作无死角留痕，这既是对教师的监督，也是对教师的保护，出现安全问题时，便于核实情况与分清责任。

校园安全一直都是社会热点话题，安保建设是校园工作的重中之重。安装监控录像是为了更好地保护幼儿的安全，是幼儿成长的记录。2007年4月1日起施行的《北京市公共安全图像信息系统管理办法》对公共安全图像信息系统的安装、采集和使用给出了明确而具体的规定。要有效管理与合理使用监控录像，避免不必要的纷争。

根据《北京市公共安全图像信息系统管理办法》（以下简称《管理办法》），幼儿园在幼儿一日生活安全监管中应遵守以下规定。

一、应当安装公共安全图像信息系统的区域和单位

《管理办法》第五条第二款明确规定，宾馆、饭店、商场、医院、学校、幼儿园、文化娱乐场所，举办体育赛事的场馆、场地，住宅区、停车场等人员聚集的公共场所需安装图像信息系统。

二、保证公共安全图像信息系统安全运行

《管理办法》第十二条明确规定公共安全图像信息系统的使用单位，应当采取下列措施。

（1）对与公共安全图像信息系统密切接触的人员进行岗位技能和保密知识的培训。

（2）建立安全检查、运行维护、应急处理等制度。

（3）保持图像信息画面清晰，保证系统正常运行。

（4）不得擅自改变公共安全图像信息系统的用途和摄像设备的位置。

使用单位委托其他单位运营、维护、管理公共安全图像信息系统的，双方应当明确保证系统安全运行的责任。

三、建立、健全公共安全图像信息安全管理制度

《管理办法》第十三条中明确规定：

（1）建立值班监看制度，发现涉及公共安全的可疑信息及时向公安机关报告。

（2）建立图像信息使用登记制度，对图像信息的录制人员、调取时间、调取用途等事项进行登记。

（3）按照规定期限留存图像信息，不得擅自删改、破坏留存期限内图像信息的原始数据记录。

四、负责图像信息监看工作人员的工作要求

《管理办法》第十四条明确规定：

（1）应当遵守各项图像信息安全管理制度，坚守岗位，爱护仪器设备，保守秘密。

（2）与图像信息监看工作无关的人员不得擅自进入监看场所。留存的图像信息除按照本办法的规定使用外，任何人不得擅自查阅、复制、提供、传播。

五、政府有关主管部门工作人员查看、调取、复制图像信息的规定

《管理办法》第十七条明确规定：

（1）工作人员不得少于两人。

（2）出示工作证件和证明文件。

（3）填写查看、调取、复制图像信息情况登记表。

（4）遵守图像信息的使用、保密制度，不得擅自提供、传播图像信息，对涉及国家秘密、商业秘密和公民个人隐私的图像信息予以保密。

《管理办法》第二十六条中指出，政府有关主管部门的工作人员查看、调取、复制图像信息时违反相关管理制度，由主管部门追究其行政责任。构成犯罪的，依法追究刑事责任。

为了强化幼儿园的安全工作，增强师生安全意识，确保幼儿身心健康成长，确保监控系统的正常使用和安全运作，充分发挥其作用，根据上级安全工作规定的指示精神，下面介绍监控录像管理以及幼儿园监控视频调阅管理制度范例。

范例

幼儿园监控录像管理制度

为有效做好幼儿园监控设备管理，保护幼儿身心健康且便于多种渠道掌握工作状况，现制定北京市西城区虎坊路幼儿园监控录像管理制度如下。

1. 监控室钥匙由保卫干部、保安员保管，任何人未经园领导批准不得私自借用开启监控室门锁。

2. 任何单位、个人如需调阅、复制监控录像必须经过教委保卫科、当地派出所、园长同意后，由保卫干部负责现场调阅。

3. 监控室严禁烟火。

4. 监控室内不得存放易燃易爆物品，私人物品。

5. 每日保卫干部、保安员按时巡查监控室，做好巡查记录（每日四次，早八点至晚十八点，三小时一次）。

6. 监控设施每学期由指定单位（设施安装单位）负责维护、检查一次。

7. 发现监控设备有任何异常情况，保安员要第一时间上报园领导和保卫干部，及时处理。

8. 查看监控过程中发现问题及时处理解决并告知园长。

范例

幼儿园监控视频调阅管理制度

1. 监控设施由安全保卫干部专人负责管理、设置密码、维护、更新、视频图像检查、调阅工作。

2. 视频监控室未经教委、园领导许可不接受任何形式的参观、采访。任何人员不得将图像信息、操作员密码、监控点数及探头安装的位置信息对外泄漏，违者将追究其相关人员责任。

3. 视频监控室设备实行专业化管理，所有设备维修、保养必须由指定的、有专业资格的技术人员进行，并按要求做好审核、登记备查等工作。

4. 视频监控信息按保密信息进行管理，所有信息独立备份、建档，未经许可，任何人员禁止查阅、复制、公布和销毁。查阅、复制、销毁信息必须履行相关审批手续，并做好登记。

5. 严禁利用监控设备从事与工作无关的事，不准在监控室聊天、玩耍、抽烟等，不准随意操作机器设备。

6. 非维修、保养人员禁止随意关闭硬盘录像机、摄像头的电源，防止人为对硬盘录像机的损坏。突发停电或系统故障，系统不能正常工作时，保卫干部要第一时间上报园领导，通知专业技术人员排除故障。

7. 监控报警资料查阅调用管理规定。

（1）园长、保卫干部负责视频信息的管理工作时，对幼儿园监控信息负有保管保密责任。

（2）监控过程中获取的违法人员活动或重要事件的视频信息须备份存档，未经许可任何人禁止查阅、复制、公布或销毁；严禁自行删除存储设备上的视频信息。

（3）严禁将视频信息带出监控室或指定的存放区域。未经主管领导批准，严禁随意复制视频信息，因工作需要查阅、复制视频信息，必须做好记录。

（4）需查阅、复制或销毁监控视频信息的，必须履行相关审批手续并做好登记。涉及刑事、治安案件公安机关依法调取与案件有关的视频信息时，园方应当如实提供。使用属于敏感信息和涉密信息须经相关领导审批。

8. 监控报警存储备份管理规定。

（1）幼儿园所有监控探头对相关区域进行 24 小时不间断连续录像，各类监控信息不得少于 90 天的全天视频监控存储量。

（2）对监控过程中获得的属于案件现场或案件线索的信息资料，应及时固定证据，采取备份存储，妥善保管视频监控图像信息资料，并记录时间、地点、类型、使用探头、储存位置、储存人签名等基本信息。

（3）任何人不得变更、删减监控存储信息。发现有监控视频信息丢失或保存时间达不到 90 天的情况，应立即向园领导汇报，第一时间修复设备。任何人员不得人为中断录像和将录像资料删除，不得强行将设备关闭或者中断设备电源。严禁故意隐匿、篡改和毁弃视频监控系统采集涉及违法犯罪活动的信息资料。如果值班人员不按规定操作导致设备损坏的，除承担所损坏设备的经济费用外，还要追究其相关人员责任。

（北京市西城区虎坊路幼儿园）

✎ 思考题

1. 为了幼儿一日生活的安全便捷，你觉得幼儿入园着装应该注意什么？作为带班教师，为保障一日工作顺利开展与幼儿安全，你认为教师着装应该注意什么？

2. 举例说明幼儿出现意外情况，你的处理流程是什么？

3. 午睡时间是幼儿园比较容易出现安全隐患的时间，你认为教师在幼儿午睡环节应注意哪些事项呢？

4. 你在组织幼儿玩大型玩具时应注意哪些安全注意事项？

5. 为确保幼儿安全离园，幼儿离园环节的注意事项有哪些？

第七章

幼儿出行安全教育与管理

教学目标

（1）掌握幼儿出行安全教育知识。

（2）了解幼儿园开展出行安全教育的基本途径和方法。

章前导语

幼儿因其年龄特点，出行必须有成人陪伴。除日常生活中与家人的出行，幼儿教育阶段还包括乘坐校车、集体校外实践活动等出行。在本章节，详细介绍这些关于幼儿出行安全的教育内容与教育方法，为教师开展此方面的教育实践提供支持。

第一节　出行安全的教育内容

案例导引

4岁男孩遭遇车祸"心碎"了

4岁的男孩洋洋（化名）家在农村，某日下午，洋洋独自到家对面的小卖部买零食，回来时，横穿马路，一辆躲避不及的黑色轿车撞了上来。车头撞到孩子的腰侧，孩子被撞飞两三米远。当时孩子还清醒，直喊肚子疼，家人赶紧把孩子送往当地医院急救。医生初步检查之后发现孩子伤情较重，建议立即送往上级医院抢救，洋洋的家人立即带着孩子赶往市儿童医院。

孩子到达市儿童医院时，已经是晚上9点多，抢救室立刻开通绿色通道，给孩子进行头部、胸腹部等全方位的检查，并请来心胸外科、神经外科、外科重症监护室等多科进行紧急会诊。当晚 10 点多，洋洋出现了抽搐、呕吐、精神反应差等症状。经过多科会诊之后，基本确定孩子是多发性损伤，心脏破裂、心包大量积液、胸腔、腹盆腔都有积液、气胸等，情况非常危重，必须立刻实施急诊手术，修补心脏。

心胸外科主任医师、麻醉科副主任医师等接到医院电话之后，迅速从家中赶往医院。与此同时，备血、体外循环保障等一系列术前准备工作快速展开，孩子进入手术室时，血压已经降到正常孩子的一半都不到，B 超下只能看到心脏轻微蠕动，随时可能停跳，情况十分危急。

在多科医生的密切配合下，一边进行心包穿刺减压，一边进行输血灌注，同时立即开胸寻找心脏破损进行修补，术中发现患儿右心房下腔静脉处有一直径 1 厘米左右的撕裂口，主任医师对裂口进行了快速、准确的缝合。当看到孩子的心脏恢复跳动，血压逐渐恢复正常，手术台旁的医护人员终于松了一口气，孩子的命终于保住了。

术后洋洋的生命体征平稳，心脏破损已经完全修复好，肺部、盆腔等地方的损伤也在慢慢恢复，但是后期还需要进一步的康复治疗，修复脑部的损伤。

交通事故猛如虎，特别是对于身心稚嫩、经验欠缺、防护能力差的幼儿来说，致伤、致死的可能性比成年人更高。根据有关报告，全球每年有 1000 万幼儿因交通事故受伤或者致残，道路交通伤害已成为我国 0 ~ 7 岁未成年人伤害致死的第二位原因。横向比较来看，我国每年有超过 185 万名幼儿在交通事故中死亡，死亡率是欧洲的 25 倍。这些是多么触目惊心的数据。

在科技发展的现代，为了提高生活的质量与节奏，出行的方式越来越多样。幼儿的出行方式以步行、搭乘公共交通（地铁、汽车、火车、飞机）等方式为主，每一种出行方式所使用的工具都有各自的特点，为减少涉及幼儿伤亡的道路交通事故的发生，下面将详细列举不同形式出行时，幼儿应该注意的安全事项。

一、行人应遵循的交通规则

行人是交通环境中的弱势群体，幼儿因其心理、生理、思想、技术等因素的不成熟，成为这个群体中自我保护能力最低的个体。幼儿作为行人在道路上行走时，必须有成年人的陪伴和引领，陪伴是为了确保幼儿在交通环境中的人身安全，引领是为了教会幼儿遵守交通规则，培养幼儿在交通环境中的自我保护意识。

上面的案例十分痛心，小小的生命因为没有遵守交通规则，横穿马路，导致严重的后果，这也为家长和老师敲响了警钟，一定要把幼儿的生命安全放在首位，给幼儿最基本的出行安全常识。2017 年最新的交通规则中，第四章第四节明确规定了行人与乘车人应该遵循的交通规则，具体内容如下文。

拓展知识

行人与乘车人应该遵循的交通规则

在 2017 年最新的交通法规中，第四章第四节明确规定：

第六十一条 行人应当在人行道内行走，没有人行道的靠路边行走。

第六十二条 行人通过路口或者横过道路，应当走人行横道或者过街设施（地下通道、过街天桥等）；通过有交通信号灯的人行横道，应当按照交通信号灯指示通行；通过没有交通信号灯、人行横道的路口，或者在没有过街设施的路段横过道路，应当在确认安全后通过。

第六十三条 行人不得跨越、倚坐道路隔离设施，不得扒车、强行拦车或者实施妨碍道路交通安全的其他行为。

第六十四条 学龄前儿童以及不能辨认或者不能控制自己行为的精神疾病患者、智力障碍者在道路上通行，应当由其监护人、监护人委托的人或者对其负有管理、保护职责的人带领。盲人在道路上通行，应当使用盲杖或者采取其他导盲手段，车辆应当避让盲人。

第六十五条 行人通过铁路道口，应当遵守铁路道口信号，服从管理人员的管理。没有铁路道口信号和管理人员的，应当在确认无火车驶临后，迅速通过。

第六十六条 乘车人不得携带易燃易爆等危险物品，不得向车外抛洒物品，不得有影响驾驶人安全驾驶的行为。

幼儿的认知水平很难理解交通规则内的法律条文，将专业的术语用幼儿能够理解的语言和文字进行表述，有助于幼儿交通安全意识和能力的培养，有益于交通安全教育活动的开展。幼儿过马路应掌握以下知识点。

（1）过马路要先看红绿灯。

（2）过马路要走斑马线。

（3）没有红绿灯时，过马路要左右看，等没有车时再过去。

（4）小朋友过马路应由成人带领。

（5）快速通过斑马线。

（6）过马路不要嬉闹。

（7）过马路时，应紧跟着队伍一起走。

二、乘车注意事项

《中华人民共和国道路交通安全法》规定未满 12 周岁的儿童不能乘坐摩托车，家长骑自行车带小孩，也同样存在危险。幼儿上、下学交通方式除摩托车、自行车及助动车外，可分为家长步行接送、家长乘坐公共交通接送、家长驾驶汽车接送三类。其中校车被归属于公共交通范畴。

在上述三种交通方式中，家长乘坐公共交通接送和家长驾驶汽车接送都包括幼儿乘坐汽车的情况。幼儿在乘坐汽车时与成年人明显不同，如：幼儿在乘坐公共汽车或私家车时不能安静自处；幼儿目标较小，容易被忽略，安全带无法起到保护作用，幼儿的视觉范围较成年人小，不能及时发现周边的危险等。我们应该让幼儿明确乘车的安全注意事项，对幼儿采取专门的防范措施，确保幼儿的人身安全。下面的内容是幼儿乘坐汽车出行的注意事项。

（1）乘坐公共汽（电）车，要排队候车，按先后顺序上车，不要拥挤。上、下车均应等车停稳以后，先下后上，不要争抢。

（2）不要把汽油、爆竹等易燃易爆的危险品带入车内。

（3）乘车时不要把头、手、胳膊伸出手窗外，以免被对面来车或路边树木等刮伤；也不要向车窗外乱扔杂物，以免伤及他人。

（4）乘车时要坐稳扶好，避免紧急刹车造成意外伤害。

（5）乘坐小轿车、微型客车时，无论坐在前座还是后座，乘客都要系好安全带；乘坐小轿车时，幼儿不能坐在前排，在后排最好为幼儿安装安全座椅。

（6）不在乘车过程中看手机、笔记本电脑等电子产品及书籍，避免晕车，影响视力发展。

2012 年 7 月 1 日，我国第一部有关儿童和车辆安全的强制性国家标准《机动车儿童乘员用约束系统》正式实施，法律规定儿童在车内不能使用成人安全带，要专门为孩子配备安全用具。2021 年 3 月 24 日，《道路交通安全法（修订建议稿）》征求意见稿中，第五十九条规定"身高不足一百四十厘米的乘车人乘坐家庭乘用车，应当使用符合国家标准的儿童安全座椅或者增高垫等约束系统""驾驶人员不得安排未满十二周岁未成年人乘坐副驾驶座位"。同年 6 月 1 日新修订的《中华人民共和国未成年人保护法》对未成年人交通安全提出了新的规定，使用儿童安全座椅首次纳入全国性立法。

儿童安全座椅的使用首次纳入全国性立法中，体现了国家对儿童安全出行的重视，也意味着我国正在以最大限度保护儿童权益，同时也是从交通安全角度保护儿童人身安全的法律举措，将安装儿童安全座椅从一种习惯变成强制性的法律义务，让家庭和社会重视并参与，让未成年人保护法的规定得到落实，也让儿童的合法权益得到充分保障。

拓展知识

安全座椅的重要性

欧洲国家使用儿童安全座椅的比例超过 90%。另外，每年我国有超过 1.85 万名 14 岁以下儿童死于交通安全事故，死亡率是欧洲的 2.5 倍，美国的 2.6 倍。虽然大家都知道儿童安全座椅是用来保障儿童的行车安全，但是使用的人却如此的少。来看看那些明知故"犯"的人都抱着哪些侥幸心理。

在发生碰撞时，儿童安全座椅可以将婴儿的致命可能性降低 70%，将幼儿的碰撞致命可能性降低 54%，能够保证幼小的儿童不被惯性甩出去，座椅可以吸收一定的冲击力，也能够保证发生事故时不会被安全带伤害，另外安全座椅的头枕也能够有效的保护儿童脆弱的颈椎。

三、乘坐轨道交通的安全注意事项

每种出行方式都有自己的特殊性，在幼儿的出行安全教育中，要注意各种出行方式的特殊性，结合实践，做好安全教育。下面是幼儿乘坐轨道交通出行的安全注意事项。

（1）在站台上候车，要站在站台一侧白色安全线以内，以免被列车卷下站台，发生危险。

（2）列车行进中，不要把头、手、胳膊伸出车窗外，以免被沿线的信号设备等刮伤。

（3）不要在车门和车厢连接处逗留，那里容易发生夹伤、扭伤、卡伤等事故。

（4）不带易燃易爆的危险品（如汽油、鞭炮等）上车。

（5）不向车窗外扔废弃物，以免砸伤铁路边行人和铁路工人，同时也避免造成环境污染。

（6）乘坐卧铺列车，睡上、中铺要挂好安全带，防止掉下摔伤。

（7）乘坐动车、高铁全程禁烟，不能在列车任何部位吸烟。

第二节　认识交通规则

😊 案例导引

红绿灯那儿的意外

小雨（化名）已经4岁了，家人经常牵着他的手过马路。平时爸爸妈妈也和他反复地讲一些交通规则，可是他好像并没有放在心上。有一天，家人正拉着他等待绿灯过马路，急性子的小雨没等绿灯亮就挣脱家人的手往马路对面跑，幸亏一辆汽车在他前面及时停住了，否则后果不堪设想，小雨当时也吓坏了。

从这个案例中我们可以看到，家长对幼儿进行过出行过马路时的安全教育，但缺少即时性的教育，即在当时的情境下对幼儿进行安全提示，同时也可能由于缺少一些方法，没有对幼儿起到相应的作用。

幼儿交通安全教育需要学校和家长协同完成，提高幼儿的交通安全意识，培养幼儿交通安全自我保护能力，以多样的教育形式为这个特殊群体健康、安全的成长保驾护航。

家长是幼儿安全的第一责任人，要切实负起孩子的安全监护责任。孩子的行为习惯大多数来自于他们的家庭，来自于家长的言传身教，作为家长，在教育孩子遵守交通规则的同时，自己首先要自觉遵守规则，做好孩子遵守交通规则的榜样。

学校应有计划、有目的地开展交通安全教育，提高幼儿的交通安全意识和自我保护意识。交通安全教育可以利用集体教育活动，与所在地辖区的交通部门建立互动关系，邀请民警进入课堂，定期给幼儿进行交通安全教育（图7-1）、召开家长会（图7-2）、致家长公开信、使用微信群交流等形式，形成学校、社会、家长的教育合力，共同为幼儿建立安全意识而努力。

图 7-1　交通安全课堂

图 7-2　家长会

教育活动

我会过马路（小班）

一、活动目标

1. 能初步的了解一些交通安全知识，知道红灯停、绿灯行的交通规则。

2. 知道过马路时要注意红绿灯，要走斑马线。

二、活动重点

了解一定的交通安全，知道交通规则的内容。

三、活动难点

初步了解遵守交通规则的重要性。

四、活动准备

图片、PPT。

我会过马路

五、活动过程

1. 通过故事内容，了解交通安全知识，知道红灯停绿灯行的规则。

（1）教师讲述故事，与幼儿共同讨论故事内容，了解基本的安全知识。

出示图片 1 和图片 2 提问：现在小汽车要通过十字路口了，你们快看看小汽车怎么才能安全地过马路呢？

（2）出示图片红灯和绿灯，帮助幼儿了解红灯不能走，绿灯可以走。

2. 通过创设的环境，请幼儿看图片知道如何正确地过马路。

（1）出示巧虎玩偶要过马路，知道过马路要看红绿灯还要走斑马线。

教师：巧虎下车要过马路，这么多车，怎么才能安全地过马路呢？没错，要看红绿灯，红灯的时候不能走，绿灯的时候才可以过马路，过马路还要走人行横道，也叫斑马线。

（2）小朋友在过马路的时候要拉紧爸爸妈妈的手，走过斑马线。

教师：巧虎怎么还不过去啊？他太小了，走在叔叔阿姨中间都看不到他了，那怎么办呢？一定要牵好爸爸妈妈的手，这样才会非常安全地过马路。

3. 小小交警。

(1) 观察图片中发生的事情,安全还是不安全。

教师:发生什么事情了?小交警们快来看一看,我们用什么好办法帮助他们安全地过马路呢?

(2) 幼儿表达图片中的内容,并正确说出如何正确过马路。

4. 延伸活动:户外活动进行小司机的游戏,幼儿知道红灯要停车,绿灯才能通行。

六、活动反思

通过本次活动,我们发现部分幼儿知道红灯停、绿灯行的交通规则,通过故事内容和有趣的情景创设,幼儿的兴趣非常高,在认识斑马线的时候,有些幼儿能说出它的名字,通过对斑马线的介绍,孩子们积极地说,自己过马路会看红绿灯。还有幼儿直接就说出来自己过斑马线的时候有大人拉着手,这样更安全,不自己过马路,这样就直接引出后面的内容。在玩游戏的时候,孩子们真的把自己当成是小交警,每一张图片都能正确地帮助图片中的小动物安全地通过马路。活动后还有幼儿说自己在骑滑板的时候也会看红绿灯。

对于小班的幼儿,这种基本的交通安全是很有必要的,用游戏化和情景化能帮助幼儿更好地完成目标,延伸活动也能让幼儿真正地动起来,使幼儿的兴趣非常高。

(西城区虎坊路幼儿园 周思佳)

💬 教育活动

交通安全我知道(中班)

一、活动目的
1. 通过谈话活动,认识常见的交通标志。
2. 了解交通规则的重要性,能够自觉遵守交通规则。
3. 初步养成良好的安全意识,提高自我保护能力。

二、活动重点
认识常见的交通标识。

三、活动难点
能够了解交通规则的重要性,有一定的安全意识。

交通安全我知道

四、活动准备
收集各种交通标志(照片或图片)。

五、活动过程
1. 在谈话活动中体会交通规则的重要性。

(1) 认识信号灯

教师:(出示信号灯)这是什么?有什么用?在什么地方我们能看到它?

(2) 认识十字路口

教师:你认识这些地方吗?这些地方有什么?(人行道、非机动车道、汽车道)

（3）过十字路口时，我们要注意些什么？

教师：来幼儿园的路上，我们会遇到十字路口，我们应该如何安全地通过十字路口呢？

2. 初步了解常见交通标志的作用。

（1）教师：（出示交通标志）在车辆穿梭的马路上，除了信号灯这个交通标志外，还有很多交通标志，这些交通标志都有什么用呢？

（2）幼儿讨论如果没有这样的交通标志，我们在过马路的时候会发生什么情况？

（3）你觉得还需要什么样的交通标志能够让我们的出行更安全和方便呢？

4. 延伸活动：老师来当交通警察，请小朋友站在这个十字路口，听警察叔叔的指挥，一起动一动吧！

六、活动反思

幼儿对交通安全有一定的认知，能较客观地认定其他人行为的对与错。在活动中，幼儿的语言表达能力有了很大的进步，尤其是对于自己比较了解的事情，语言的条理性很强。由此可见，生活经验的积累对幼儿的思维、语言发展起着很重要的作用。

但是通常这样的活动，多数幼儿是围绕老师的指导来达成安全知识的学习的，缺乏一定的趣味性，不利于幼儿主动性和参与性的发挥。因此，在此活动中加入了情境表演的环节，使原本比较枯燥的安全活动因为融入了孩子比较熟悉和感兴趣的内容，而显得格外有趣。在情景表演中，孩子们都表现得很认真和投入，孩子们的积极性也被极大地调动起来。

由此可见，在设计活动的时候，要把孩子的兴趣因素更多地考虑进去，牢记"兴趣是幼儿学习的动力"这一观点。在以后的活动中，应该多尝试使用这种活动形式，引发幼儿更多的讨论。

（西城区虎坊路幼儿园　牛萌）

教育活动

我是小交警（大班）

一、活动目标

1. 初步了解交警的工作地点与内容，认识有关交警的物品。

2. 学会简单的交通指挥手势，基本懂得不同手势代表的意思。

3. 感受交警工作的重要和辛苦。

我是小交警

二、活动准备

1. 物质准备：3个百宝箱（帽子、指挥棒、衣服）、交警图片、交警一日工作视频、手势图片、两段有关手势视频、立体的红绿灯、车辆立牌、斑马线。

2. 经验准备：已经大概了解交警这个职业。

三、活动过程

1. 教师邀请交警叔叔来班级，激发幼儿的兴趣。

（1）教师：小朋友，你们好！今天老师邀请了一位叔叔来咱们班，小朋友们你们

猜一猜叔叔是做什么的?

(2) 出示百宝箱,摸一摸、猜一猜。

警察叔叔:小朋友们,你们好!我就是交警叔叔,今天我给小朋友带来了三个宝箱,每个宝箱里都有一样东西,我们一起来摸一摸、猜一猜里面有什么。

警察叔叔:现在请小朋友们排队上来摸摸看这个箱子里面都有什么东西?好,刚才小朋友们都摸了百宝箱里的东西,现在请小朋友们说一说你摸到了什么?

警察叔叔:好,那让我们看看这是什么东西吧。(拿出帽子)原来是一顶帽子,这个帽子小朋友们有没有见过啊?

警察叔叔:我刚才听到有的小朋友说是警察叔叔的帽子。那让我们看看第二个百宝箱里有什么东西呢?谁想上来摸摸看?你们来说说摸到了什么东西,什么形状?

警察叔叔:好我们来看看吧!哦,是指挥棒。现在让我们一起摸摸最后一个箱子的东西吧,你们说说摸到了什么?

警察叔叔:可是这个衣服有什么不一样呢?

警察叔叔:好,我们刚才从百宝箱里面摸到了三件物品,它们都是什么呀?

警察叔叔:那这个衣服为什么会反光呢?

2.通过看视频,了解交警一日工作,明白交警指挥的重要性。

(1) 警察叔叔:那现在,让我们来看一个视频,看看交警叔叔一天在哪里工作呢?他每天做什么呢?

小结:我们看完了视频,知道警察叔叔在马路上工作,帮助人们疏通交通道路,让车辆不拥挤,指挥交通秩序,不要乱闯红灯。

(2) 警察叔叔:那如果道路拥挤了,交警叔叔不指挥道路的话,会怎么样呢?

3.看图片学习手势,并明白它们的意思。

(1) 小朋友们都知道了交警叔叔在那里工作,那你们刚才有没有看到交警叔叔是怎样指挥交通的呢?谁来说说看。

(2) 你知道这些手势是什么意思吗?现在老师这里带来了几张手势图片,等会儿小朋友们一起来学学这些手势怎么做。

(3) 第一张动作是什么意思呢?有没有小朋友知道啊。幼儿讨论。

(4) 第二张交警叔叔为什么两手平伸右手摆。小朋友猜猜看。

(5) 我们来看看第三张吧!这是什么意思?这是可以让交警叔叔左侧的车辆左转弯,掉头。

(6) 我们看看最后一张,这是允许交警右侧的车辆右转弯。

(7) 现在请小朋友们全体起立一起来做一做这些手势,我们一边做动作,一边介绍手势的意思。

4.通过视频里面发生的情况,做出相应的手势,进一步了解不同手势的运用。

(1) 观看这两个视频,幼儿作出相应的交通手势。

小结:刚才小朋友们可真厉害,都知道我们手势的意思,也解决了视频里面发生的问题。

（2）讲游戏规则，玩一玩"我是小交警"的游戏，进一步巩固手势及含义。幼儿可以扮演路人、小司机、交警（1人），根据交警的手势做出通行、停车、靠路边等手势意思。

小结：刚才小交警都表现得不错，车辆和路人也要看指挥。

总结：有的小朋友们要更认真地看交警手势，要不然就掉队啦！我们的小交警表现很好，如果反应再快一点点会更好的。我们为自己和小交警送上掌声。总结结束，感受交警工作的重要和辛苦。我们今天看了交警叔叔工作的视频，也学习了这些交通指挥手势。那我们也知道了在拥堵路段交警叔叔不指挥，有可能发生一些交通事故，有的人可能就会不遵守规则，闯红灯。这时就需要交警叔叔的提醒和指挥。

教师：不管春夏秋冬，交警叔叔每天都会在路上指挥交通很辛苦，那小朋友们，你们想对交警叔叔说些什么呢？

幼儿：谢谢交警叔叔帮我们指挥交通。

教师总结：我们知道交警叔叔不管是刮风还是下雨，他们都在自己的工作岗位上，没有离开。帮助车辆安全行驶，保护人们的安全。我们一起对交警叔叔说一句，谢谢你们保护道路安全和我们。

四、活动反思

本活动的重点是了解交警的工作，遵守交通规则；难点是让孩子形成遵守交通规则的意识。幼儿见到交警的机会比较少，所以幼儿园请了交警叔叔，配合教学。让幼儿大胆向交警提出自己的疑问，让他们在彼此的交流中增加对交警职业的认识。在游戏"小司机"中，现场模拟交警叔叔指挥交通。让幼儿根据小司机的动作，发出不同的手势信号。在游戏"我是小小交通警"中，幼儿参与性非常高，都争着扮演小交警指挥交通。整个活动目的就是让幼儿知道遵守交通规则的重要性。

（北京市西城区虎坊路幼儿园　陈婧怡、刘娇）

第三节　幼儿园集体出行的安全管理

😊 案例导引

2015年8月26日上午9点多，在某加油站附近，出门买菜的市民孟女士看见一名小男孩在路边哭泣，不停地喊着："我要爸爸。"于是孟女士报了警。

公安分局下属派出所民警赶到现场，对小男孩进行询问：家在哪里？叫什么名字？怎么走丢的？但小男孩一直哭泣，不回答任何问题，最后只说出爸爸姓李，就再也不能透露其他信息。

民警带着小男孩在加油站附近一路打听，没有打听到任何信息，便将小男孩带回派出所，并报告至110指挥中心，以便小男孩家长报警，警方对信息进行了比对。可是过了一段时间，派出所仍未接到指挥中心的反馈，民警决定换一种方式帮男孩找家。

在加油站调取监控录像后，民警找到了男孩来的方向，然后顺着这个方向，又调

取了多个监控摄像头。最后，民警发现，男孩是从一家幼儿园走失的。

"监控显示，他掉队了，然后就走丢了。"民警说，从发现男孩到送他回幼儿园，持续了近两个小时。而直到这时，幼儿园老师才发现他走丢了。据了解，男孩今年4岁，上幼儿园小班。

案例中的情况是我们应该避免的，尤其是幼儿园在组织社会实践活动的过程中，要严防幼儿走失，注意各种意外伤害；抓住社会实践活动的契机，开展好安全教育。

与幼儿园相关的集体出行安全，大体分为两类：一类是在幼儿的社会实践活动中，集体出行的安全；另一类是有校车的幼儿园，幼儿入园、离园环节的安全。

一、社会实践活动中的幼儿出行安全

（一）社会实践活动中的幼儿安全管理

在社会实践活动中，加强对幼儿的安全教育，这也是我们开展幼儿安全教育的一种途径，因为社会实践活动对人力、空间、社会资源有更大的需求和互动，会有更多的安全隐患，需要教师提前对幼儿做好安全教育，园所也要做好整个社会实践活动的方案与安全预案，其中，安全预案中需要体现详细的时间、人员安排、应急处置等信息。

下面提供两则安全预案，在第一则安全预案中，大家可以借鉴学习各岗位人员的职责、站位等信息，学习组织一次徒步园外活动的预案细节；在第二则安全预案中，大家可以借鉴学习全园性集体活动中的总体规划与走失、踩踏、交通等各种意外事故的预防和应急处理。

📠 范例

社区远足活动安全预案

一、组织保证

1.建立以保教组为总负责，小组组长参与的安全管理组，统筹负责安全总事项。

2.建立以班长为执行负责人，班级成员参与的安全执行组，监管落实安全各项事宜，将其细节化、具体化。

二、组织结构

组长：园长、副园长

副组长：保教主任

组员：年级组长、各班班长

后勤保障：后勤主任

医疗保障：保健医

三、活动安全

（一）组长职责

1.负责组织远足活动计划、方案制定、出行、食物等安全。

2.组织园内开展远足的活动。

3. 提示组员文明出行、遵守规则、保护环境、安全出行等。

（二）组员职责

1. 全体参与人员在活动过程中要保持整体性，绝对杜绝组员私自活动。

2. 活动实施之前，各班召开以"安全、文明、纪律"等为主题的班会，加强教育引导，做好妥善安排。

3. 组长、副组长、组员之间必须保持通信畅通。

4. 各班随行远足活动人员，要随时关注班级幼儿安全，做好提醒、劝导、警示等教育工作。

（三）应急处理

1. 交通安全：在车辆较多路段，带领幼儿安全行进。

2. 突发情况救援。

（1）班级教师立刻用电话联系上级领导，并报告事故概况。

（2）及时联系随行保健医并及时救治。

（3）班级其他随行人员维持班级其他幼儿秩序，保护幼儿安全。

3. 对体力不支的幼儿及时给予照顾及帮助，如不能坚持，及时上报上级领导及保健医进行救治与休息。

（四）具体实施

1. 活动负责人及时检查活动场所，排除安全隐患，并将详细情况告知安全活动小组和责任人，提醒大家注意事项。

2. 将安全预案和实施细则告知全体组员，强化组员的安全意识。

3. 教育参与活动各个相关人员爱护公物，保护环境和绿化。严禁组员攀折花草树木，严禁乱丢垃圾和随地大小便，自带保洁袋，返回时清理好环境卫生。

4. 活动前期召开安全活动会议，明确各人的职责和工作安排；所有组员准时到达集合地点，不迟到，不先行，坚决反对私自行动者。

5. 任何人不得私自离队，有事离开需请假并征得同意。

（北京市西城区虎坊路幼儿园）

范例

大型群体活动安全预案

一、指导思想

安全工作是学校各项工作的重中之重，要不断增强做好应对各类突发事件工作的使命感、责任感和紧迫感，确保全体师生的生命安全和国家财产安全。全面提高幼儿园应对突发事件的综合管理水平和应急处置能力。为及时有效地处理幼儿园突发事件，根据我园实际情况，特制定此预案。

二、组织机构及岗位职责

成立幼儿园应急指挥部：应急指挥部是幼儿园整个应急救援工作的指挥中心，负

责向上级报告和请示，负责与应急部门和社区联络，负责协调应急期间各救援队伍的运作，统筹安排各项应急行动，保证应急工作快速、有序、有效地进行。

总指挥：园长

副总指挥：副园长、后勤主任

组员：安全保卫干部、保教主任、各部门班组长、全体后勤行政人员

1. 总指挥职责

（1）决定事故应急预案的启动和终止。

（2）统一领导事故应急救援工作，确定现场指挥人员，负责应急队伍和资源的调动。

（3）向公安、消防等应急部门报告，并保持密切联系；应急部门人员到达单位后，配合这些部门指挥应急救援工作。

（4）向上级主管部门通报事故情况和要求提供救援事项。

（5）向单位员工通报事故情况，根据上级主管部门的授权，向新闻媒体公布事故情况。

（6）负责事故原因调查和善后工作。

2. 副总指挥职责

（1）在事故现场指挥救援行动，把事故消灭在初始状态。

（2）指挥现场人员有序疏散，撤离到安全区域。

（3）负责现场应急救援任务分配和人员调度。

（4）把事故情况、可能造成的危害和救援事项向总指挥报告。

（5）维持现场秩序，负责事故现场的警戒和保护。

（6）负责事故后的现场清理、善后工作。

3. 组员、当班在岗教师职责

（1）在事故发生初始阶段，担当事故现场指挥。

（2）在确认事故即将发生或已发生后，第一时间向单位领导报告。

（3）按照应急预案的规定，启动幼儿园事故应急预案。

（4）维持现场秩序，负责事故现场的警戒和保护。

4. 应急救援小组

根据幼儿园的特点和需要，分别设置如下。

（1）疏散引导小组负责人：副园长。

职责：负责组织人员安全、迅速、有序地组织师生疏散到安全地带。

（2）通信联络小组负责人：后勤主任。

职责：负责准确、详细地汇报、传达发生突发事件的各种相关信息工作。

（3）医疗救护小组负责人：保健组长。

职责：负责紧急救护现场受伤师生和其他伤员。

（4）警戒保卫小组负责人：安全保卫干部。

职责：负责发生突发事件时的各项安全保卫相关工作。

三、应急责任制

1.园长是学校安全第一责任人，负责保证学校安全，是学校应急预案的指挥者。

2.事故现场指挥，副园长、总务主任、现场值班教师承担本预案规定的职责，指挥有关人员进行抢险排难。

四、应急设施储备

1.应急处置所需安保相关器材设备由安全保卫干部负责管理，安保器械统一存放在各园安保器材柜，由各园保安班长负责管理。

2.应急医疗救护器材、药品由各园保健医负责储备，由保健组长负责管理。

五、发生突发事件紧急应对流程

1.获得突发事件信息的任何人都应当在第一时间迅速向单位在岗行政主要领导报告。

2.发生人身伤害事件、治安案件，应急指挥部迅速集结优势力量，携带防卫器械，与犯罪嫌疑人进行周旋，劝阻与制止犯罪行为，保护师生人身安全。

3.应急指挥部宣布幼儿园进入全面应急状态，各应急小组立即实施应急救助行动。

4.立即组织现场人员建立警戒线并组织师生疏散，使犯罪分子无法靠近学生，防止事态扩大。

5.医疗救护小组负责救护受伤师生和其他伤员。

6.通信联络组向公安、消防、救护等有关部门、上级单位求救，争取外援迅速赶到事件现场，并保证幼儿园应急组织信息畅通。

7.警戒保卫组人员实施事件现场警戒，阻止无关人员进入幼儿园，维护现场秩序，引导外部救援人员进入事件现场。

8.保证校园周边道路，都能通行消防车、警车、救护车等应急车辆。

9.保证幼儿园内部所有通道和周边道路安全畅通，便于校内师生员工及时疏散。

（北京市西城区虎坊路幼儿园）

"幼儿园预防踩踏安全预案"可参考"大型群体活动预案"。

范例

幼儿走失应急处置预案

为有效预防和及时处置幼儿走失事件，强化监管职责，保证在园幼儿的人身安全，制定本预案。

一、组织机构及职责

（一）幼儿走失事件应急指挥小组

组长：园长

组员：副园长、教学主任、科研主任、后勤主任、保健组长

（二）应急指挥小组职责

接到幼儿走失的信息后，立即组织寻找；及时与家长联系，告知情况；按规定及时向上级汇报；做好善后处理工作。

二、应急准备

(一) 全面落实安全工作责任制

1. 园长和副园长、教学主任、科研主任、后勤主任对防范幼儿走失负管理职责，要建立健全幼儿园安全管理规章制度，坚持对教职工进行安全教育和培训，定期进行安全检查和巡视，发现漏洞及时调整。

2. 教师对班级幼儿安全负监管职责。首先，要把好幼儿来园、离园关，与家长手递手交接幼儿。更换接领人，老师与家长电话联系确认后方可将幼儿放行。其次，要保证幼儿在老师的视线范围内活动，各过渡环节老师要认真清点幼儿人数，尤其是集体外出活动，要有专人负责对幼儿人数的统计登记工作。

3. 校园保安员和安全值班人员应严格履行岗位职责。幼儿来园、离园时须站岗观察，严防幼儿自行走出幼儿园大门或冒领幼儿事件的发生。非接送时间段幼儿园大门须保持上锁紧闭状态，全天候开启门口视频监控录像。

(二) 全面落实幼儿安全教育

教师在教育教学活动中，要结合幼儿年龄特点有计划地对幼儿进行基本的安全知识教育，如不吃陌生人给的食物，不跟陌生人走，在公共场所不远离成人视线单独活动等，并教给幼儿在意外走失时自救和求救的方法。结合实际，园级、班级定期组织一些防诱骗和走失的模拟演练活动。

(三) 全面做好家园共育

请家长结合生活实际引导幼儿了解基本的安全知识。让幼儿记住自己家庭的住址、电话号码、父母的姓名和单位等，一旦走失时知道向成人求助，并能提供必要信息。平时带幼儿外出时，尽量给孩子穿鲜艳颜色的衣服，可在孩子衣袋里放入联系卡。还要随时注意孩子是否在身旁或在视线范围内，切记不要低头玩手机，或遇到熟人和感兴趣的事情，就只顾自己聊天或观赏而忘记了孩子，造成孩子意外走失。

三、应急响应

在园幼儿一旦发生走失事件，按以下程序执行。

1. 班级教师立即上报上级保教部门主任，主任报告园长，同时查看监控录像了解幼儿走失大概发生的时间和当时情况。

2. 在园长指挥下，保教部门主任组织带班人员在幼儿园附近及沿各条大路、小路寻找，同时请班级教师电话通知家长。如果情况十分严重，拨打110报警，请公安部门协助寻找。

3. 园长如实向上级主管部门报告。

4. 副园长、后勤主任接待和安抚幼儿父母和亲属。

四、善后处理

1. 如幼儿独自离开幼儿园24小时未找到，确认走失。依照《中华人民共和国侵权责任法》《学生伤害事故处理办法》等相关法律法规的规定，由有关人员承担相应的事故责任。

2. 无论幼儿是否找到，都要按照"四不放过"原则实施内部教育和处理。

（1）成立由园长为组长的事件处理小组，查找事件原因，对情况进行分析。

（2）事件处理小组对事件进行定性，提出处理意见，提交园务会讨论。

（3）园务会做出处理决定，追究有关人员的责任。

（4）制定和实施纠正与预防措施，弥补工作疏漏。

（5）召开教职工大会，通报事件发生的原因和处理决定，进行有关安全教育。

3. 园长向上级教委书面报告事件处理结果。

4. 各班级对幼儿进行防走失的安全教育。

5. 事件调查和处理的有关资料由安全管理人员收集、存档。

（北京市西城区虎坊路幼儿园）

（二）做好安全教育，为社会实践活动做准备

为防止集体社会实践活动中的安全，除了幼儿园、班级做好预案并加强管理之外，教师还应该积极开展防走失、防踩踏等方面的教育活动，提高幼儿的安全意识，为快乐、安全的社会实践活动做准备。

教育活动

遇到危险我不怕（小班）

一、活动目的

1. 知道拥挤在一起会发生危险的事情。

2. 能积极地参与活动并大胆地说出自己的想法。

二、活动重点

能够知道拥挤发生的原因和如何防范。

三、活动难点

提高幼儿安全意识和防范能力。

四、活动准备

准备踩踏、踩踏后伤亡、预防的图片。

遇到危险我不怕

五、活动过程

1. 出示图片，了解踩踏的原因。

（1）出示图一。

教师：这张图上的人怎么了？（都挤在一起了）

（2）想一想。

教师：挤在一起会有什么样的后果？（幼儿猜测后出示图二、图三）

小结：他们挤在一起造成有人受伤或者发生很危险的事情。

2. 了解预防踩踏的方法。

（1）遭遇拥挤的人群怎么办？

幼儿讨论后教师进行小结。

教师：①一定要听爸爸妈妈或者老师的指挥。②发觉拥挤的人群向着自己行走的方向拥来时，应该马上避到一旁，不要奔跑，以免摔倒。③如有可能，抓住一样坚固牢靠的东西，例如路灯柱之类，待人群过去后，迅速而镇静地离开现场。④当发现自己前面有人突然摔倒了，马上要停下脚步，同时大声呼救，告知后面的人不要向前靠近。

（2）急救方法。

教师：我们小朋友看到有很多人挤在一起时，可以马上打急救电话，急救电话是多少啊？（出示 120）

3. 说说自己。

（1）排队时我们要与前面的小朋友保持安全的距离，注意脚下。

（2）当前面有人摔倒的时候，要大声提醒后边的小朋友，不要拥挤。

（3）那上、下楼梯应该怎么走呢？（我们小手要扶好扶手，靠右行走）

活动延伸：在平时的日常活动中教师多强调、多提醒。

（北京市西城区虎坊路幼儿园　郑艳杰）

📢 教育活动

豆豆迷路了（中班）

一、活动目的

1. 有初步的防范意识和自我保护能力。

2. 通过情景剧了解一些自我保护的常识，知道迷路时应怎么求救。

3. 引起对防走失、防拐骗的重视。

二、活动重点

知道迷路的时候怎么求救。

三、活动难点

在发生意外情况时有一定的自我保护能力。

四、活动准备

情景表演：豆豆迷路了，准备一些走失的图片。

豆豆迷路了

五、活动过程

1. 请幼儿观看情景表演"豆豆迷路了"，教师在主要部分给以提示。

（1）教师引导幼儿讨论

教师：豆豆迷路了，他怎么做的？这样会出现什么后果？并说一说如果自己遇到类似的情况时应采取怎样的做法？引导幼儿明白遇事要动脑筋。

（2）幼儿展开讨论

幼儿说出自己的看法，并进行简单记录。教师将幼儿的记录进行整理、张贴，以提高幼儿自我保护意识。

2. 安全知识竞答。

开展"有奖竞猜"游戏，出示图片，提问问题，幼儿迅速且较完整地说出想法。

（1）在商店里，不小心和家人走失了，你该怎么办？

（2）在公园迷了路，你该怎么办？如果有人强迫带你走，你该怎么办？（可以根据路标、公共汽车的站牌辨认方向和路线，还可以向交通民警或治安巡逻民警求助。）

（3）从幼儿园回家的路上跟父母走失了，你该怎么办？

3. 教师小结，活动结束。

教师：小朋友们平时应当注意准确地记下自己家庭所在的地区、街道、门牌号码、电话号码及父母工作单位名称、电话号码等，以便需要联系时能够及时联系。

如果迷失了方向，要沉着镇静，开动脑筋想办法，不要瞎闯乱跑，以免造成体力的过度消耗。

六、活动反思

在本次活动中，孩子们最喜欢的就是情景剧《豆豆迷路了》，在豆豆走失后孩子们都显得很担心，很希望帮助豆豆。透过情景剧孩子们初步学习到了走失后自我保护的方法。但在有奖问答环节，我们发现孩子们对防走失的意识较为薄弱，对于在公园迷路，以及与父母走散后应该如何处理不太明白。之后我们可以通过故事《小熊回家》《放学路上》等绘本，向幼儿渗透这方面的安全教育。

（北京市西城区虎坊路幼儿园　许可）

📃 教育活动

保护自己　快速撤离（大班）

一、活动目的
1. 遇到突发事件时，幼儿能及时快速地撤离到安全地带。
2. 幼儿熟悉安全撤离路线，提高自我保护能力。
3. 通过活动增强幼儿的安全意识。

二、活动重点
能够在遇到紧急情况时快速到安全的地方避险。

三、活动难点
熟悉掌握安全撤离路线。

保护自己
快速撤离

四、活动准备
准备火灾和地震的录像和图片、班级紧急撤离图。

五、活动过程
1. 组织幼儿观看火灾的录像和相关图片，让幼儿感知遇到突发事件（火灾）时给人们带来的危害。

2. 组织幼儿观看地震的录像和相关图片，让幼儿感受遇到突发事件（地震）时给人们带来的危害。

3. 观看后请幼儿思考并提问幼儿。

（1）引导幼儿说说自己的见识和感受。

（2）如果你遇到突发事情时怎么办？

（3）知道遇到突发事件时不要慌，有秩序地撤离可以避免危害的发生。

4. 老师出示班级撤离图，带幼儿观察并找出班级在紧急情况下撤离的路线和位置。

（1）引导幼儿讨论：为什么撤离要走图中标注的路径？

（2）使幼儿了解图中标注的撤离路径是离户外安全地带最近的一条通道。

5. 带幼儿观察幼儿园撤离路线的条件。（几层楼梯、下楼时需要注意的地方）

（1）引导幼儿讨论：怎样到达安全地带最快？

（2）启发幼儿讲述撤离方法和注意事项。

6. 请幼儿熟悉警报录音并组织幼儿"实际演练"。

（1）听到警报声音时，在老师的带领下，按图标路线迅速撤离到户外安全地带。

（2）发现问题：在撤离过程中如出现拥挤等情况，组织幼儿讨论并查找原因。

（3）再次演练，使幼儿掌握正确的、快速的撤离方法。

7. 活动延伸。

（1）让幼儿用绘画的形式把幼儿撤离时的正确方法表现出来并参与到班级墙饰中。

（2）老师或家长带幼儿了解生活环境（幼儿园、公共场所）的安全通道和出口，认识紧急出口标志。

六、活动反思

今天的社会实践安全活动，孩子们很感兴趣。孩子们看完火灾和地震的录像和图片以后，安安说："地震真可怕。"小鱼说："我在电视上看到过火灾，有消防员叔叔来救火。"孩子们说着自己的经验和感受。但孩子们对遇到火灾和地震时应该如何快速和安全地撤离，大部分幼儿不了解正确的做法，对安全标识和安全通道平时也不太关注和敏感。

今天的第一次火灾演练时，孩子们听到警报声音时，有点慌乱，下楼的时候也有拥挤的现象。孩子们讨论时，自己查找出了原因。瑶瑶说："下楼的时候，我太着急了，所以跟前面的小朋友太挤了。"对于大班的孩子，鼓励他们自己查找问题原因并学会解决问题。在第二次听到警报撤离时，孩子们不仅很有秩序，速度也比第一次快了很多。安全活动不是一次两次的事情，还需要在延伸活动和平时的生活和活动中，老师和家长不断地渗透安全教育，增强幼儿的安全意识。

（北京市西城区虎坊路幼儿园　宣璟）

教育活动

重要电话（大班）

一、活动目标

1. 理解莎莎从胆小到勇敢的成长过程。

2. 体验故事角色的心理变化，学做一些力所能及的事。

二、活动重点

能够理解主人公成长的过程。

重要电话

三、活动难点

能够体验、理解重要电话的意义。

四、活动准备

挂图、故事磁带。

五、活动过程

1.欣赏故事，引发幼儿兴趣

（1）结合图片，完整欣赏故事。

（2）教师：莎莎为什么一个人在家？妈妈临走时对莎莎说了什么？妈妈走后，莎莎感到怎么样？

2.讲述故事，帮助幼儿理解故事内容

（1）重点欣赏第四小节到第十小节的故事内容。

（2）妈妈走后莎莎做了什么？她是怎么想的？莎莎有没有可以去的地方？她去了吗？为什么？

（3）妈妈让莎莎等的重要电话是谁打的？是什么内容？你从什么地方看出莎莎长大了？

3.我长大了

（1）你能为家里做些什么呢？

（2）结合幼儿的生活经验引导幼儿理解为他人做事，无论事情大小都是长大的表现。

六、活动反思

很多幼儿都能够积极地参与活动，幼儿有一定的生活经验基础，在讨论时能够积极地参与到活动中，同时幼儿还能积极地与自身相联系，想出不同的好办法，幼儿积极地与同伴分享自己的小妙招，幼儿还有很强的安全意识，能够总结出遇到陌生人电话时应该第一时间告诉家里成人，不能随便将自己家里的信息告诉陌生人等，在活动中幼儿不仅能够知道勇敢地面对困难，还了解了很多面对陌生人的方法，提高了自我保护意识。

（北京市西城区虎坊路幼儿园　张蕾）

（三）幼儿出行意外及处理

幼儿出行尤其是长途旅行，会有意外伤害、车祸、走失等意外事故甚至遭遇地震、台风等强自然灾害，对此，我们应该有一定的预防措施及处理办法，并将这些知识与技能及时传递给家庭，尤其是寒暑假前，可以借助这些信息做好家庭的安全出行教育。

幼儿出行的安全注意事项如下。

（1）成人带着儿童出行时要认真遵守交通规则，给孩子做好榜样。

（2）私家车上要配备专门的儿童安全座椅。不让儿童坐在副驾驶或配有安全气囊的座位，以免发生意外事故时，气囊弹出导致儿童受到伤害。

（3）乘坐公共交通外出时，不让儿童坐在靠近过道的位置，以免儿童因好奇将小

手伸出，被过往的乘客或服务车等撞伤。

（4）日常教授儿童一些交通安全知识，熟悉各种交通信号和标志。不要在街道上和马路上踢球、溜旱冰、追逐打闹以及学骑自行车等。

（5）在行车过程中，要锁好车门及车窗中控锁。儿童在后座玩耍时，会做出将头、手伸出窗外，触碰电动车窗等危险动作，因此成人上车后应马上锁好车门及车窗中控锁。

（6）长途旅行要随时携带常用药品，在意外事故发生时做好紧急处理。

（7）帮助幼儿建立安全意识，外出不随意和陌生人说话，不吃陌生人给的食品。

（8）让孩子牢记父母电话和报警电话110，以便走失求助，并与孩子商定，一旦走失，去哪些固定地点（如超市、售票处等）等待家人寻找。

拓展知识

蜜蜂蜇伤的处理办法

1.被蜜蜂蜇了要立刻将毒刺拔掉。因为毒液不是马上就能进入身体的。那个脱离的毒刺上有个囊袋，蜜蜂死后它还能持续工作将毒液泵入人体内。快速将其拔除，可以减少被注入的毒液量。

2.做完以上处理后，可以用大量自来水冲洗，稀释带走毒液。

3.蜂毒一般有效成分为酸性，因此可以用碱性物质将其破坏。比如用3%氨水、5%碳酸氢钠溶液或肥皂水清洗可降低蜂毒的作用。对蜜蜂蜇伤则不用上药而是局部涂以醋酸或食醋。

4.可在伤口周围涂南通蛇药或在下列草药中任选一种捣烂外敷，如紫花地丁、半边莲、七叶一枝花、蒲公英等。

5.如果情况严重，应立即就医。

拓展知识

昆虫进入耳、鼻、眼的处理办法

1.昆虫进入耳道

（1）用酒精或油类液体滴入外耳道内，将进入的昆虫淹死，再用儿童用耳镊将其取出，然后用棉签擦净耳道即可。

（2）用此方法难以取出昆虫时，应立即送医院处理。

2.昆虫飞入眼内

（1）紧闭双眼，适度揉搓眼睛，有些小的飞虫会被揉出。

（2）如果飞虫没有被揉出，家人可以翻开儿童的眼睑，让儿童向下看，用消过毒的棉签轻轻地将飞虫拨去。

（3）如果还不能取出，千万不要去动它，用一块消毒的纱布垫盖在儿童受伤的眼

晴上，并用纱布或布条加以固定，立即就医。

3.昆虫飞入鼻内

（1）迅速揉捏鼻子，阻止昆虫深入，然后快速擤鼻涕，用气流把昆虫喷出。

（2）上述办法无效，可用1%丁卡因将其麻醉后再用鼻钳取出。

（3）情况严重者就近就医。

二、幼儿园校车安全管理

真实事例

幼儿园校车事故三则

2014年7月10日17时许，湖南某幼儿园车牌号为湘CG××××的校车在运送幼儿回家的途中，违反相关法律超载且不按规定的路线行驶，行至长沙市岳麓区含浦镇干子村石塘水库时，翻入水库，造成车上包括驾驶员在内的11人（含8名幼儿）全部溺水死亡的重大死亡事故。经调查，事发校车的司机上岗仅几天时间，对校车行驶线路不熟悉，缺乏必要的校车驾驶培训。事故校车为核载7人的面包车，而事故发生时校车却搭载了11人。多位遇难者家属和村民反映，涉事幼儿园的校车平时就经常超载运行。

2016年9月22日8时39分左右，商丘市睢县振兴路与泰山路交叉口，某幼儿园的一辆校车与一辆满载货物的货车发生撞击，事故致13人受伤，其中2人重伤。

2016年9月7日8时许，幼儿园司机张某驾驶私家车将婷婷（化名）从家中接到幼儿园，在幼儿园门前因维修刹车而将女童遗忘在车内离去，就这样，4岁的婷婷被遗忘在一辆密闭的私家轿车里，16时50分许，张某发现孩子被遗忘在车内，随即拨打120，将其送至附近医院，孩子经抢救无效死亡，这辆私家车是婷婷所在的天津市河东区一家幼儿园的"校车"。

近几年，幼儿园校车安全事故频频发生，使"校车安全"成为社会大众关注的焦点，因此，加强校车管理是幼儿园安全管理的主要内容之一，必须引起高度重视。只有规范管理和发展专用校车，才能为孩子提供一条上学的安全、放心的便捷路。下面提供一则校车管理制度，大家可以从中学习为保障幼儿安全的校车管理中的各个细节。

范例

幼儿园校车管理制度

为规范校车接送过程的管理，保障幼儿的人身安全，避免错接、漏接情况的发生，特制定该制度。

1.车辆每次出发前，驾驶员需全面检查车辆状况，车辆正常方可出发。校车定时参加年检和交管部门规定的审查。驾驶员需带齐所有证照，保证良好的身体状况，不

酒后驾驶和疲劳驾驶，不超载驾驶。

2. 跟车老师必须在乘车前仔细对照乘车名单，与领队老师确认核实当日乘车名单及人数无误后，方可上车。

3. 如有幼儿因特殊原因更改上、落点或改乘其他线路车辆，家长须于当日下午3时前通知幼儿园，跟车老师必须在当日记录中做特别说明，以免遗漏。

4. 跟车老师在跟车过程中，必须对照乘车清单，确认每个站点上、落车的幼儿，并在每个相应的名字后打钩确认。

5. 跟车老师在跟车结束前，必须对整个车厢进行检查，确认没有一个幼儿被遗留在车上。

6. 跟车老师在跟车结束后，必须再次检查乘车记录，并在乘车表上签名确认后，再请园长签名，每月底交办公室备案。

7. 督促校车司机必须保持车辆匀速行驶，遵守交通规则，并避免一切不安全驾驶的行为。

8. 检查校车司机在接送的路程中是否正确在各站点停靠，无论该站点是否有人上、落车。

9. 提醒校车司机必须在幼儿上车坐稳后，跟车老师示意可以开车后，方可启动车辆前行。

10. 校车站点及乘车幼儿名单需变更时，由每条线路组织教师提前通知到该车所有跟车人员及司机。

11. 家长接送幼儿必须出示接送卡，变更接送家长需提前说明，跟车教师不能把孩子交接给陌生人。

思考题

1. 在参与幼儿园组织的集体春游活动中，你认为在乘车、游玩过程中应该注意哪些事项，请您制定一份班级春游预案。

2. 假如你要给孩子做"交通规则"的教育，你想通过哪些途径开展？

3. 任选一项本章节中安全教育内容设计一个教育活动。

第八章

社会安全教育

(1) 了解社会安全类突发事件的应对知识，教育的基本内容、途径和方法。
(2) 掌握幼儿园开展社会安全教育的方法。

　　与幼儿生活密切相关的社会安全突发事件主要包括欺骗拐卖事件、恐怖袭击事件、恶性师德事件、性侵害事件等，从小提升幼儿的社会安全意识与自我保护的基本能力，对于幼儿健康发展有十分重要的意义，也是幼儿健康教育、社会教育的重要内容。

第一节　防拐骗安全管理与教育

案例导引

离园环节管理不当致使陌生人接走幼儿

　　2002 年 5 月 24 日下午 5 时许，晶晶（化名）的父亲唐某去幼儿园接女儿时，却扑了个空。唐某找到值班老师询问，老师也一脸茫然。经老师仔细回忆和在幼儿园四处查询，才回忆起晶晶尚未放学时，就被一名自称"叔叔"的男子接走。

　　唐某和幼儿园当即到当地派出所报案。当晚 7 时过，唐氏夫妇才在九龙坡医院见到了伤痕累累的晶晶，晶晶的脸部、背部、手上多达 10 余处挫伤、擦伤。经医生检查，晶晶为中度受伤，系钝物所致。

　　据晶晶自己讲，身上的伤是被陌生人带出后弄的，自己被丢在幼儿园后面的施工工地上，直到被过路人发现，才被送进了医院。

本案例暴露出很多安全管理、安全意识以及安全教育方面的问题。

第一，安全管理方面：首先，幼儿园没有执行严格的接送制度，一般情况下，每个幼儿必须有固定的接送人，最好是父母，如果有特殊情况，需经幼儿父母与教师联系，交代清楚委托代接人的特征、具体接送时间等详细信息，如果没有幼儿第一监护人的委托，教师不可以将幼儿随便交给陌生人。

第二，安全意识方面：教师安全意识淡薄，当家长问教师幼儿接送情况时"一脸茫然"，对幼儿接送安全忽视，没有引起足够重视。

第三，安全教育方面：案例中的幼儿面对一个陌生的"叔叔"没有任何防备地跟着走了，这说明该幼儿没有接受过任何不跟陌生人走的安全教育，假如幼儿有这方面的教育，有"不跟陌生人"走的安全意识，可能不会导致上述安全事件的发生。

一、幼儿园防止"陌生人拐骗幼儿"安全管理

防止"陌生人拐骗幼儿"，首先要加强管理，加强教师与家长的安全意识，不能把幼儿交给陌生人，不能让幼儿独自一人在家或外出，这是最起码的安全常识。为了确保落实，很多幼儿园把常识制度化，严格落实，下面这则制度是幼儿园接待幼儿来园、离园的制度，通过制度学习与落实，提升教师的安全意识。

范例

幼儿来园、离园安全制度

来园、离园是幼儿在园一日生活的重要组成部分。在园幼儿年龄小，安全意识薄弱，自我保护能力较差，家长安全意识也有待提高。在来园、离园过程中，易发生传染病患儿带病来园，幼儿走失、被冒领等重大安全事件也多发生在离园期间。每一位教职工在高度重视这些安全问题危害性的同时，必须熟知防范措施，认真履行岗位安全职责，使幼儿高高兴兴来园，安安全全离园。

1. 幼儿家长每日来园接送幼儿时需主动出示我园制作发放的接送卡，在园门口打卡，并自觉遵守我园接送幼儿时间，在幼儿园门外有序排队接送幼儿。

2. 没有接送卡的家长，请不要排队，请您在幼儿园大门外等候，等持卡家长接送幼儿完毕，由当日执勤行政教师在幼儿园门口统一进行登记，通知幼儿班级教师将幼儿带到幼儿园门口，经确认无误后，将幼儿亲手交给家长带走离园。

3. 幼儿家长委托他人接送幼儿的，必须事先与本班级教师联系，说明情况，委托人需持卡到园，经本班教师与幼儿家长沟通确认无误后方可准许委托人接送幼儿。

4. 幼儿园正常接送幼儿时间段以外家长要求接送幼儿的，一律不准入园，出示接送卡后，由门卫或执勤教师负责幼儿出入幼儿园。

5. 家长要妥善保管幼儿接送卡，办理幼儿离园手续时需将接送卡交回幼儿园。

6. 门卫、执勤教师要严格执行接送卡检查制度，认真验证幼儿接送卡，没有接送卡的人员一律禁止入园。

范例

疫情期间封闭管理方案

一、指导思想

根据上级安全部门的指示,为了进一步加强幼儿园安全工作,预防各类安全事故的发生,同时保证疫情常态下安全防控工作的顺利进行,幼儿园全面实施封闭管理,以保证幼儿在园安全。

二、体检安排

(一)幼儿入园环节

1.入园时间:8:30—8:50。

2.入园地点:幼儿园正门。

3.入园流程(图8-1)。

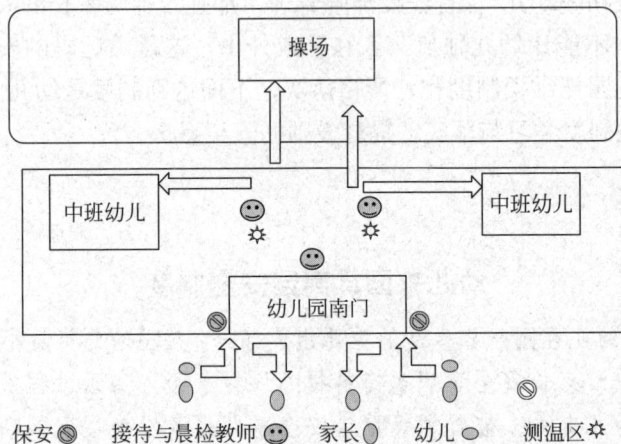

保安◎ 接待与晨检教师☺ 家长○ 幼儿○ 测温区☼

图8-1 入园流程

(1)家长在门外刷卡后,幼儿自主入园,家长自行离开。

(2)幼儿进入大门后,由后勤教师引导幼儿进入消毒区消毒、测量体温和晨检。

进园步骤:鞋底消毒→测温→晨检→进入班级(中班)/户外活动(大班)。

人员安排:保安员3人、后勤教师2人、保健医1人。

职责:1名保安提前进行车辆停靠疏导,放好提示标志物,并保证幼儿独立入园安全。2名保安员站在大门内侧,守卫幼儿入园安全、疏导家长及时离开。

1名后勤教师在门前引导幼儿入园进入测温晨检区。

1名后勤教师协助保健医查看幼儿测温情况并进行晨检,晨检后,提示幼儿到相应区域活动。

1名保健医对幼儿进行晨检,提示幼儿到相应区域活动。

（二）幼儿入园时人员分工及安排（表 8-1）

表 8-1 幼儿入园时人员分工及安排

责 任 人	站 位	工 作 内 容
保安员 1 人	南门外	园门外四周巡视，开门前疏导车辆停靠，放好提示标志物
保安员 2 人	南门内两侧各 1 人	保证幼儿安全有序入园，家长有序离开
后勤教师 1 人	南门内侧	礼貌问好，引导幼儿有序进入教学楼
后勤教师 1 人	楼道内	礼貌问好，引导幼儿有序测温和晨检，引导幼儿到班级对应区域活动
保健医 1 人	楼道内	测温、晨检查看幼儿手部皮肤、口腔内部，关注幼儿精神状态等情况，引导幼儿到班级对应区域活动
中班早班教师	班级门口	负责接待幼儿早来园，同时关注班内已来园幼儿的游戏情况
中班保育教师	班级教室内	关注幼儿早来园的游戏活动
大班早班教师	一层操场	接待班级幼儿来园，准备早操
大班保育教师	一层操场	配合主班教师接待早来园幼儿，配合组织早操

备注：8∶50 关大门，开一侧小门。

9∶00 关门（个别晚来幼儿，由后勤值班教师带入班中）。

（三）幼儿离园环节

1. 离园流程（图 8-2）

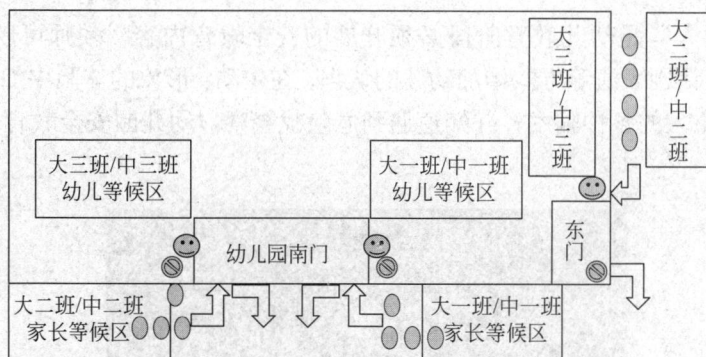

图示：保安 ◎　教师 ☺　家长 ◯

图 8-2 离园流程

（1）家长按规定时间在幼儿园门口的指定位置排队接幼儿离园，保安员有序维护秩序，提示家长提前将接送卡准备好。

（2）各班教师按相应时间和路线将幼儿带到指定离园地点。

2.离园时人员分工及安排（表8-2）

表8-2　离园时人员分工及安排

责任人	站　位	工 作 内 容
保安员3人	幼儿园南门外侧2人 幼儿园东门外侧1人	1.引导家长有序排队，提前准备接送卡，待开门后按照刷卡顺序教师请幼儿离园。 2.引导家长接到幼儿后迅速离开，如需要个别沟通事宜，可等待班级幼儿全部离园后再进行沟通交流
主班教师3人	南门内两侧幼儿等候区 东门内右侧幼儿等候区	家长在门外有序排队刷卡，教师站在门内，看到刷卡的家长，并听到幼儿名字后，依次呼叫幼儿姓名，被呼叫幼儿走到主班教师前，教师手递手将幼儿交于家长手中
配班教师3人	南门内两侧幼儿等候区 东门内左侧幼儿等候区	组织班级幼儿有序排队，安静等候，听到主班教师呼叫幼儿姓名，配合提示该幼儿，走到主班老师处，安全离园
值班教师3人	南门内两侧幼儿等候区 东门内左侧幼儿等候区	值班教师分别配合中一大一、中二大二、中三大三六个班级，完成组织维护班级幼儿秩序，保证幼儿安全的职责

备注：

1.如有晚接的幼儿，班级教师根据天气、时间等情况安排幼儿在旁等待或者回班内等待，并及时电话联系家长。

2.如有未带接送卡的家长，保安员引导家长在旁等待，待班级幼儿接完后，填写登记单，班级教师核实无误后，方可接幼儿离园。

3.班级所有教师配合完成晚离园环节后，再回班完成离园消毒工作。

（北京市西城区虎坊路幼儿园）

二、"谨防陌生人"的安全教育

"谨防陌生人"是幼儿教育阶段必须开展的安全教育内容，教师可以采取故事讲述、情境游戏、话剧表演等方式增加幼儿的认识，在生动、形象的体验中加强安全意识，让幼儿了解陌生人的各种骗术，并知道遇到危险找警察。幼儿园安全教育课堂如图8-3所示。

图8-3　幼儿园安全教育课堂

教育活动

"灰太狼"我不怕（小班）

一、活动目标

1. 知道不能和陌生人离开，形成初步的自我保护意识。

2. 在游戏中学会应对陌生人的正确做法。

二、活动重点

有初步的自我保护意识，知道什么是陌生人，且不能和陌生人走。

三、活动难点

学会一些应对陌生人的方法。

"灰太狼"
我不怕

四、活动准备

1. 物质准备：PPT《小羊与灰太狼》、情景录像《不和陌生人走》。

2. 经验准备：生活中在户外、商场等游玩的经历。

五、活动过程

1. 谈话导入，与小朋友共同讨论。

教师：小朋友们知道什么是陌生人吗？

2. 出示 PPT，激发幼儿兴趣，引入活动主题。

教师：看一看这个故事中的小羊遇到了什么难题？它是怎么做的？

3. 引导幼儿了解面对陌生人时的正确做法。

教师：看一看图片中的小羊是怎么面对陌生人的？他用了什么好的办法？如果是你，你还有什么更好的办法吗？

4. 播放视频，共同讨论应对陌生人的正确做法。

（1）观看情景一，引导说出正确做法。

教师：溪溪一个人在楼下玩，一个陌生人阿姨走过来对溪溪说："小妹妹，这包糖送给你吧，你想吃冰淇淋吗？跟我一起走吧。"溪溪可以跟她走吗？你们觉得应该对陌生人说什么？溪溪应该怎么做？我们来帮助溪溪想办法。

小结：陌生人的东西不能随便乱吃，不管是好意还是恶意，我们都要有礼貌地拒绝陌生人的东西。

（2）观看情景二。

教师：瑞瑞在公园里和妈妈走散了，急得哭了起来，一个陌生人叔叔走上前说："小弟弟，我带你找妈妈吧！"瑞瑞可以和这个陌生叔叔一起走吗？请小朋友想一想，如果你碰到这样的事情，你应该找谁帮忙呢？

教师：对，要找到负责的工作人员帮忙，怎么样区分公园工作人员呢？（穿着工作服的，或者寻找警察叔叔帮忙。）

（3）教师进行小结，总结经验。

教师：在生活中小朋友有没有遇到过陌生人？你是怎么做的呢？

教师：有的时候爸爸妈妈因为有事而让你们独自在家，或者独自玩，小朋友碰到陌生人和自己说话、给自己好吃的东西，邀请自己玩时，都要有礼貌地拒绝，不要随便跟陌生人走。

5. 活动延伸：灰太狼我不怕。

玩法：幼儿变成小羊听着音乐自由、欢快地跳起来。（一名教师佩戴灰太狼头饰，饰演灰太狼）当听到不同的音乐时，灰太狼出现，小羊利用自己的办法逃离或把灰太狼骗走。

六、活动反思

活动导入部分与幼儿进行交流讨论，初步了解什么是陌生人，再到利用幼儿熟悉的卡通形象，让幼儿认识到不能轻易相信陌生人，设计不同情景，丰富幼儿应对陌生人、保护自己的好方法，从而增强自我保护意识，达到教育目的。最后利用游戏的形式让幼儿体验如何应对危险。此次活动相对比较成功，在真实自然的情景中，为幼儿自主学习创造相对较宽松的环境，根据小班幼儿的年龄特点，自我保护的经验还比较少，概括能力以及表述不是很清楚，接下来可在各个环节、各个方面渗透安全意识和自我保护能力。

（北京市西城区虎坊路幼儿园　周缕萌）

💬 **教育活动**

陌生人来敲门怎么办（中班）

一、活动目标

1. 知道不能轻易给陌生人开门。

2. 学会应对陌生人敲门时的方法。

3. 具有一定的安全意识，提高自我保护能力。

二、活动重点

学会几种陌生人来敲门时的应对方法。

三、活动难点

学会遇到问题后，能够动脑筋想办法。

陌生人来敲
门怎么办

四、活动准备

1. 经验准备：熟悉故事《小兔乖乖》。

2. 物质准备：兔子布偶或头饰，大灰狼布偶或头饰，多媒体课件《陌生人来敲门怎么办？》。

五、活动过程

1. 表演《小兔乖乖》，引出活动内容。

（1）（教师出示大兔子布偶）兔妈妈：今天我要到森林里去采蘑菇，得把我的宝宝乖乖一个人留在家里，可我真有些不放心。瞧，我的宝宝乖乖来了！（出示小兔子布偶）乖乖，你一个人在家可得小心，把门锁好，任何人来敲门都不能开呀！

（2）小兔乖乖：知道了，知道了，妈妈你就放心吧！

（3）兔妈妈：那好吧，妈妈走了！（大兔子布偶下）

（4）（出示大灰狼布偶）教师：不好，兔妈妈刚走，大灰狼就来了。

（5）大灰狼：哈哈哈，听说今天小兔子一个人在家，我得想个办法让小兔子把门打开，然后饱饱地美餐一顿。（播放一遍门铃声）

（6）教师：哎呀，大灰狼在敲门呢。这可怎么办呀？快快快，一起帮乖乖想个好办法！

（7）大灰狼分别装成不同身份的人，如送快递的、妈妈的同事等，请幼儿帮乖乖想出应对的方法。

2. 提问：如果你是乖乖，一个人在家，坏人来敲门，你会怎么办？引导幼儿讨论，说出不同的解决办法。

3. 请幼儿观看多媒体课件，看看里面的小朋友是怎样应对陌生人来敲门的情况的。

（1）教师：不仅小兔乖乖遇到了这样的事情，这位小朋友也遇到了同样的事情，想知道他是怎样应对的吗？让我们一起来看一看。

（2）观看多媒体课件：先分步观看，再总体观看。

4. 说一说：引导幼儿根据观看的内容说出遇到陌生人敲门时应对的方法。

5. 小结：当你一个人在家时，有陌生人来敲门，千万不能开门，并想办法解决。

6. 活动延伸：鼓励幼儿继续将自己发现的、各种保护自己安全的方法，以图文并茂的形式加以记录，形成班级里的"安全提示"。

六、活动反思

孩子们很喜欢这节课，他们对图片内容很感兴趣，也有一定的安全常识。通过让孩子们演，让孩子们看，让孩子们想，让孩子们说，孩子们认识到了给陌生人开门是一件很危险的事，对正确的做法也有了一定的了解。在互动中，孩子们基本知道当家里大人不在，有陌生人来时不能轻易给开门。如果万一有陌生人闯进来要随机应变，与坏人斗智斗勇。

今后在日常活动中，幼儿在观看情景短片并在观赏儿歌、故事时，可以帮助幼儿分析与判断应对陌生人来敲门的应对方法。在环境创设中，可以添加一些有关安全方面的小知识，如自救、不同情景下的危险隐患等，引导幼儿发现生活中的危险，并画出解决问题的办法。

在家园共育方面，幼儿的安全意识更需要家长的言传身教。可以利用家长会向家长介绍我们的活动，告诉家长培养幼儿自我保护能力对幼儿健康成长的重要意义。同时也虚心听取家长们的一些意见和建议，达到家园安全教育的一致性。

（北京市西城区虎坊路幼儿园　王蕊）

教育活动

独自在家（大班）

一、活动目标

1. 知道独自在家时应注意安全。

独自在家

2.了解应对陌生人的方法，尝试独立解决问题。

二、活动重点

学会自我保护的方法，增强安全防范意识。

三、活动难点

提高幼儿对陌生人的辨别能力。

四、活动准备

1.经验准备：教师与幼儿有排练情景表演"独自在家的时候"的故事经验。

2.物质准备：自制教学图片。

五、活动过程

1.观看情景表演

情景一：教师扮演陌生人，一幼儿扮演小明：爸爸妈妈不在家，小明在家搭积木，他一边搭积木，一边高兴地唱着歌。这时，有人敲门。小明问："谁呀？"陌生人说："我是卖玩具的，请开门。"（表演停）

（1）教师：小明遇到了什么事情？他应该怎么办？

（2）幼儿分组讨论并在全班表演各自的答案。

（3）评议各组想出的办法，挑选出适宜的行为。

2.继续观看情景表演

情景二：小明没给卖玩具的陌生人开门，这时，又有人敲门。小明问："谁呀？"陌生人说："我是你妈妈的同事王阿姨，前几天刚来过你们家，我给你带好吃的来了，请开门。"（表演停）

（1）教师：小明又遇到了什么事情？他应该怎么做？

（2）幼儿分组讨论并在全班表演各自的答案。

（3）幼儿评议各组的办法，选出适宜的行为。

3.教师结合图片进行讨论

（1）教师：小朋友独自在家时可以做哪些事？不能做哪些事？

（2）教师：除了独自在家会遇到陌生人，我们还会在哪儿遇到陌生人？我们应该怎么办？引导幼儿结合自己的亲身经历或所见所闻进行讨论。如与大人走失后，要在原地等或找警察，不要跟陌生人走，也不要接受陌生人的东西。

4.绘画活动

（1）幼儿以"独自在家可以做/不可以做的事情"或者"拒绝陌生人"为主题绘画。

（2）鼓励幼儿根据情景表演和讨论的内容，与同伴合作完成。

（3）将全班幼儿的绘画布置为主题画展。

5.活动延伸

（1）画展"独自在家可以做/不可以做的事情"或者"拒绝陌生人"，可以在全园巡回展览，请本班的幼儿向全园各班小朋友讲解。

（2）引导幼儿听儿歌《陌生人不能理》《危险的东西不要动》。

六、活动反思

在此次活动中，设置了两个与实际生活非常贴近的情境，激发幼儿的兴趣。特别是有些小朋友，在没有提示的情况下马上就能认识到不能和陌生人说话，不能要陌生人的东西吃等。从中可以看出，此活动帮助幼儿认识生活中可能遇到的问题和冲突，通过分析判断，懂得在生活中不要轻信陌生人的话、更不要跟陌生人走的道理。让幼儿有初步自我保护意识的能力。我们还问了小朋友有关家里的情况，比如家庭住址、电话号码等，没几个小朋友能回答得出来。安全包含的内容是非常广泛的，仅靠老师的教育是不够的，我们还需要家长的配合与支持，共同努力，让孩子们远离伤害。

（北京市西城区虎坊路幼儿园　程焕）

有些幼儿园尝试以童话剧的方式开展幼儿安全教育，例如，北京市西城区虎坊路幼儿园表演童话剧《走丢了，怎么办？》，对提高孩子们的安全意识起到了很好的教育作用。

📖 范例

童话剧《走丢了，怎么办？》

【表演者】

佩奇：张鑫芮　小羊苏西：荆琳溪　佩奇妈妈：侯蓝熙

介绍员：高聿辰　陌生人：何家平　工作人员：何家安　广播人员：苏启轩

【准备材料】 纸板汽车、糖果、服饰6套、恐龙玩具、红绿灯、麦克风。

【开始】

放音乐《小猪佩奇》主题曲，猪妈妈带佩奇外出选生日礼物。

猪妈妈：大家好！我是猪妈妈。

佩奇：大家好！我是佩奇，今天是我的生日，我太开心了。从今天起，我就是大佩奇了，我可以自己选礼物啦。

介绍员：原来猪妈妈答应了佩奇今年的礼物让佩奇自己来挑选，一大早佩奇就拉着妈妈来到了商场。她一边走一边唱。

佩奇：啦啦啦选礼物……啦啦啦啦选礼物。

介绍员：佩奇开心极了，在马路上蹦来蹦去，没有看见前面的交通灯已经变红了。

猪妈妈：啊～佩奇你不要再跳了，有车过来了。

介绍员：佩奇妈妈一把就抱住了佩奇。

【此处暂停】 介绍员引发幼儿讨论：佩奇应该怎么过马路？红灯代表什么？绿灯代表什么？黄灯代表什么？

猪妈妈：在马路上一定要拉好妈妈或者爸爸的手，不然很危险的。过马路一定要看红绿灯，红灯的时候要停下不要动，绿灯的时候才可以前进哦，黄灯的时候要等一等因为马上就要变红灯了。

介绍员：到了商场……

猪妈妈：佩奇，你要跟紧哦，不要走丢了。

佩奇：不会的，我已经长大啦，哇，商场好大呀，有这么多好吃的，好多好多好玩的。

介绍员：这时佩奇看到一个大恐龙玩具还会变形呢。

佩奇：哇！大恐龙就是它了。

介绍员：佩奇兴奋地跑了过去。

佩奇：这个恐龙多大多酷呀！是不是妈妈，是不是妈妈？咦！妈妈去哪里了？

介绍员：佩奇左看看，右看看。

佩奇：啊～在哪里（佩奇跑过去抱紧妈妈），妈妈，我选好礼物了。

陌生人：小朋友你是在找妈妈吗？

介绍员：佩奇赶紧松开陌生人，跑走了。找半天都没有找到妈妈，不一会就迷路了。

佩奇：呜呜呜呜呜妈妈妈妈～妈妈～妈妈～。

小羊苏西：咦！佩奇你怎么了？我在很远就听到了你的哭声。

佩奇：呜呜～我把妈妈弄丢了怎么办啊！

陌生人：小朋友，我来带你找妈妈好不好？

佩奇：真的吗？你真的能找到我妈妈吗？

小羊苏西：不行，你不能信陌生人的话，万一他骗你怎么办？

陌生人：我这里有恐龙玩具与糖果，我们可以一边玩一边吃糖一边找妈妈。

【此处暂停】介绍员引发幼儿讨论：佩奇应该不应该和陌生人去找妈妈？那他可以怎么做才能找到妈妈？

佩奇：不要，我很聪明，我能自己想办法找妈妈。

小羊苏西：别担心，我有很多办法。第一个办法，走丢了别乱跑，站在原地等大人。

介绍员：佩奇听到办法挠挠头说道……

佩奇：可是我已经走了很久很远了。

小羊苏西：没关系还有第二个办法，我们去找商场的工作人员。

介绍员：很快，他们找到了商场的工作人员。

工作人员：小朋友，你可以告诉我你妈妈的电话吗？我帮你联系她。

佩奇：我想想，哎呀，我本来记得的，我太着急给忘记了。

小羊苏西：别担心，我还有第三个办法，我们去找广播室。

佩奇：阿姨，你知道广播站在哪里吗？你可以带我去吗？

广播人员：当然可以。

介绍员：很快，他们找到了广播人员。

佩奇：您好，我找不到妈妈了，您可以广播让妈妈来找我吗？

广播人员：佩奇妈妈，佩奇妈妈，您的女儿正在广播室等您，佩奇妈妈，佩奇妈妈，您的女儿正在广播室等您。

介绍员：没过一会儿，猪妈妈满头大汗地跑了过来。

猪妈妈：佩奇，佩奇。

佩奇：妈妈，妈妈，我终于找到您啦！

介绍员：佩奇找到了妈妈，和妈妈一起去挑生日礼物，这次佩奇紧紧拉住妈妈的手，

不要再把妈妈弄丢了。小朋友们，出门一定要紧紧拉住爸爸妈妈的手，如果找不到爸爸妈妈，一定不要慌张，要动脑筋想办法。

（北京市西城区虎坊路幼儿园　张莉楠）

第二节　恐暴事件的应对与安全教育

一、幼儿园防恐防暴的日常管理与事故处理

😃 案例导引

江苏泰兴恶性砍杀事件

2010 年 4 月 29 日，江苏省某幼儿园发生恶性砍杀事件，致使 32 人受伤，其中学生 29 人、老师 2 人、保安 1 人。作案人为无业人员徐某，于该年 5 月份被判死刑并立即执行。

据搜狐新闻报道，2010 年，连续 40 天我国发生了 5 起校园惨案，上述事件是其中之一，教育部提出，要把维护校园安全作为重大政治任务。校园防恐防暴应该得到高度重视。

防恐防暴的日常管理应以日常防患为主，加强日常管理，防患于未然，但也要有相关的预案，确保一旦发生能够有条不紊地处理。

（一）防暴防恐的日常管理

防爆防恐的日常管理以制度的建立与落实为主，校门安全是防恐防暴的重点环节，幼儿园要加强对此的管理，责任到人、监督到位。

📖 范例

校门日常安全责任书

为了落实"安全第一、预防为主"的要求，切实保障师生安全和校园稳定，做好幼儿园安全防范工作，防止各类安全事故发生，特签订校门日常安全责任书。

1. 门卫和值班人员对保证幼儿园安全，具有直接的责任，要求严格遵守门卫制度和纪律，不擅离职守，熟悉幼儿园内外环境，认真履行门卫岗位职责。

2. 要求门卫和值班人员必须遵纪守法，遵守单位各项规章制度，服从单位管理安排，接受必要的培训、指导、检查和监督。

3. 单位门卫或值班人员实行每天 24 小时值班在岗。上述人员应具有高度的责任心和胜任工作的基本能力。

4. 要求门卫和值班人员做到"三知"（知报警电话、知救援电话、知单位主要领导和保卫干部电话）"四会"（会报警、会使用灭火器材、会扑救初级火灾、会处理突发

事件）"五不准"（在岗当班期间不准饮酒、不准干私活、不准下棋打牌、不准擅自脱岗、不准使用值班电话聊天）。

5. 建立门卫值班记录，实行出入登记签字制度，做好交接班登记。

6. 对来访人员，问清来访原因，特别是陌生人，一律不准直接入园。对必须入园人员，严格按照疫情防控要求，扫健康码和行程码，审核入园人员的健康情况和行程动态，手消、测温、登记，与被访者联系确认后，酌情方可入园。

7. 严格执行幼儿园接送卡制度，除早晚接送幼儿时段，其他时段锁好大门，严防幼儿出门离园。

8. 严密注意园内外各角落环境，周围情况，静园后检查园内环境情况，预防意外，发现安全隐患及时排除险情，并及时向园领导和保卫干部报告。

9. 对进出单位的车辆和人员进行询问和登记。对运出单位的物品应进行检查，对影响校园周边环境的人员、车辆和摊商等进行劝阻或疏导。凡公用财产、用具，没有接到单位领导批准，不准放行带出幼儿园大门。

10. 做好报纸、信件、文件等收发报送工作。

11. 不传送带班老师的电话，如有特殊情况，记录来电内容，然后转告给相应老师。

12. 如有特殊情况需离开传达室时，要找其他人临时替班。

13. 在岗当班期间，服装整洁，精神饱满，正确佩戴安保器具，文明上岗，礼貌待人。

（北京市西城区虎坊路幼儿园）

（二）幼儿园恐暴事件的处理

真实事例

幼儿园教师恋爱不当引发的惨案

2003 年 3 月 7 日下午 3 时 30 分许，北海市某幼儿园门外来了一个 20 多岁的青年男子，要求守门阿姨打开大铁门放他进去，遭拒。青年男子绕到幼儿园右侧翻墙进园，突然露出狰狞面目，拔出一把尖刀，企图冲进二楼的一间教室行凶，教室内的两名女幼儿教师见状拼命抵住门不让他进来，孩子们吓得惊叫着跑出教室。歹徒挥刀朝一位姓戚的女教师刺去，另一位个头较高的陈姓女教师见此情形，转身抢起小椅子砸向歹徒手中的尖刀，"啪"的一声，刀断成两截。

戚教师趁机跑出教室，歹徒捡起断刀追下楼。陈教师大声呼救。歹徒冲到楼下，疯狂地冲进一楼小（2）班教室，挥刀朝向教室里的孩子一阵乱砍，接连有孩子倒在血泊之中。正在办公室的园长陈某听到叫喊声，奋不顾身地冲过去阻拦持刀歹徒保护孩子。另外两名女教师和守门阿姨也勇敢地冲上来，和园长一起赤手空拳地与持刀歹徒展开殊死搏斗。4 人均被刺伤，但她们毫不退缩。正在危急时刻，一名男家长来接孩子，提起一张小凳子冲上去勇斗持刀歹徒，他一凳子砸中了歹徒的脑袋，歹徒头破血流地倒地，陈园长和几名女教师一拥而上，将歹徒捆绑起来，并打 110 报警。

警方迅速赶到现场，受伤人员被送往北海市人民医院抢救。记者在北海市人民医

院外三科病房见到了行凶的凶手，他告诉记者，自己是贵州兴义人，在北海当装修工，与该幼儿园的一位姓戚的女教师谈恋爱，后来恋爱不成双方产生了矛盾，女方是当地人，叫人将他拉到乡下打了一顿，打伤了他的手，还拒付医疗费，他一怒之下失去了理智，昨日下午怀揣尖刀冲进幼儿园报复女老师时杀红了眼，伤及无辜的孩子和其他女教师。[①].

事件启示：这是一起恶性伤害事件，幼儿园园长、教职工和家长不顾生命危险，共同保护幼儿安全，这种拿生命捍卫幼儿生命安全的行为值得肯定。但也有一些问题需要引起我们高度重视。

1. 门卫设置不到位

门卫是保护幼儿安全的重要人员，但幼儿园却安排了一位"门卫阿姨"，这显然是不合适的，面对歹徒，一位阿姨如何能够抵挡，现在很多幼儿园都配备一定数量的专业保安做门卫，保护幼儿园大门，这是非常正确的。

2. 安全意识不到位

当歹徒要求进入幼儿园时，门卫应第一时间问清楚为什么进入？找谁？有什么事情？我们试想假如歹徒说清楚要找某老师，而某老师也及时出来后，可能不会发生幼儿被伤害的事件。

3. 安全防护不到位

案例中描述"绕到幼儿园右侧翻墙进园"，这说明幼儿园的围墙能很轻易进入，不能起到基本的保护幼儿安全的作用。

4. 教职工心理动态排查不到位

排查幼儿安全隐患，不仅要排查教学楼以及各种硬件设备，也要关注教师心理动态，多和教师以及同班教师沟通，发现教师情绪问题及时帮助沟通，避免教师将不良情绪及安全隐患带给幼儿。假如园长及时发现戚老师心理动态并及时加以疏导，教给正确方法，可能该事件就不会发生了。

幼儿园在制度建设、管理监督中要先做好防患于未然，但并不能完全杜绝此类事件的发生，一旦发生如何处理，是教师与管理者必须面对的问题。

恐暴事件处理要以平息事态、控制局面、防止扩散、减少损失为主要原则，针对不同性质的事件，采用制止、宣教、保护、求援、疏散等方法，以保护幼儿、教师的生命安全为中心，有条不紊地开展应急工作，最大限度地减少损失。

1. 暴力威胁事件

（1）如果发生武力方式挟持、逼迫单位职工或幼儿的事件，应立即向幼儿园管理者汇报，并向公安机关报警，要求迅速进行增援。

（2）在犯罪嫌疑人没有伤及人员的情况下，应以宣传教育为主，根据其提出的要求进行劝说，尽量拖延时间，不激化犯罪嫌疑人的情绪。

（3）公安机关应急分队持器械赶赴现场后，依据现场最高领导要求采取措施，保

---

① 案例来自南方网。

护现场人员安全，并注意自身安全。

（4）注意观察暴力组织者的行为、特征，如果条件许可，当即擒获，如果不具备条件，也要想办法接近、控制并劝说放弃武力。现场如有伤员，要立即抢救伤员。

（5）处理恐暴事件要注意收集证据、证人。

2.爆炸物品事件

（1）发现不明爆炸物，要立即向幼儿园管理者汇报，并向公安机关报警，在公安机关到达之前，不能对爆炸物采取任何行动，避免误爆。

（2）控制出入通道，对进出人员进行排查，发现可疑人员立即采取控制措施，报公安局进行调查。

（3）组织全体教职工紧急集合，对有爆炸物品区域进行隔离、警戒，严禁进出。

3.邮寄投毒事件

（1）收到不明快件要小心拆除包装，确认为毒品，应立即向幼儿园管理者汇报，并向公安机关报警。

（2）幼儿园集中所有可能接触到毒品的人在某特定区域，加以保护，等待公安等有关部门前来检查检验，同时提供证据。

（3）查明毒源并切断，保护好现场，如果毒源扩散，应立即疏散幼儿与教职工到安全地点集中。

4.纵火事件

（1）发现火情立即报告幼儿园管理者，立即启动幼儿园消防安全预案，同时拨打119，请求消防支援并进行110报警。

（2）派专人引导消防车进入火情区域，救援中保护好现场。

（3）如果犯罪嫌疑人在现场，立刻围捕，并交公安机关。

（4）灭火后保护好现场，并统计损失。

二、幼儿园防恐防暴教育

防恐防暴虽然更多的是提高管理者与教师的安全意识与应对能力，但是，对于幼儿来说，加强此方面的教育，对于出现意外事故的稳定情绪、安全疏散有十分重要的意义。教师可以采取游戏、阅读、情景模拟等方式组织教育活动，提高幼儿安全意识。

教育活动

勇敢地保护自己（小班）

一、活动目标

1.初步了解自我保护的方法。

2.遇到事情，能够求助他人。

二、活动重点

通过活动，增强幼儿的自我保护意识。

勇敢地保护自己

三、活动难点
了解一些自护方法进行自我保护。

四、活动准备
1.一名教师扮演"坏人"。
2.防恐防暴教学活动 PPT。

五、活动过程
1.导入环节:观看教育活动视频
(1)教师:"故事中出现了谁?他做了什么事?"
(2)教师:"如果你遇到了坏人,你会怎么做?"
2.通过图片情景讨论,学习保护自己的方法
(1)情景照片一:小朋友在操场上游戏时,有坏人闯进幼儿园,我们该怎么做?
(2)情景照片二:小朋友在学本领时,有坏人闯进幼儿园,我们该怎么做?
(3)教师小结:当小朋友们在操场上游戏时,看到坏人,我们要冷静有序地寻找老师,快速逃离到安全区域;当小朋友们在教室里时,听到警报,我们要快速安静地躲避到桌子下、角落里,直到坏人被保安叔叔抓住才可以出来。
3.熟悉警报声,教师带领幼儿进行实践演习
听到警报声响起,幼儿在教师的带领下安静有序地躲避到安全的区域。
4.延伸活动
后续活动继续引导幼儿寻找生活中的不安全因素,并共同讨论保护自己的方法。

六、活动反思
对于小班的幼儿,此次活动是很有必要的,幼儿的年龄小,生活经验较少,对于生活中的危险意识较为薄弱,同时掌握的自我保护方法相对较少,在面对危险时也很容易产生紧张的情绪。在此次活动中,孩子们都知道了遇到事情不要慌,听从老师的指挥,学习有效地保护自己,通过活动也帮助幼儿了解到身边可能存在的一些危险,树立了更高的安全意识,增强了幼儿的自我保护意识以及自我保护的方法。

(北京市西城区虎坊路幼儿园 张莉)

💬 教育活动

坏人来了怎么办(中班)

一、活动目标
1.知道有坏人闯入幼儿园时自己的应对方法。
2.能够根据情况选择正确的应对方式保护自己。
3.通过情景表演,感受在面对危险时要机智勇敢。

二、活动重点
了解有坏人闯入幼儿园时自己的应对方法。

坏人来了怎么办

三、活动难点

根据情况选择正确的应对方式保护自己。

四、活动准备

教学挂图。

五、活动过程

1. 故事导入：观看教学挂图

教师出示挂图并提问。

（1）教师：如果有坏人进入幼儿园，小朋友该怎么办？我们一起看看红红是怎么做的？他的做法对吗？后来发生了什么事情？

①图上有谁？他在做什么？他发现了谁？可能发生了什么事？

②有坏人闯进幼儿园，红红是怎么做的？

③后来发生了什么事？红红去哪里了？

（2）教师小结：幸好红红及时发现了坏人并报告了老师，要不然坏人可能就会来伤害小朋友和老师了，红红真是好样的。

2. 活动展开：情景剧表演

（1）教师谈话导入：那么，如果有坏人闯进幼儿园，我们还可以怎么做？请小朋友们来看一个表演，想一想下面这几种做法，哪一种正确呢？

（2）教师用布偶表演情景剧《坏人来了怎么办？》

场景一：看到坏人，小女孩自己冲过去和他打起来。

场景二：看到坏人，小女孩吓得大喊大叫。

场景三：发现坏人在远处，小女孩赶忙跑去报告老师。

场景四：正在玩耍，看到坏人出现在附近，小女孩偷偷躲藏起来。

3. 活动展开：说一说坏人闯进幼儿园该怎么办？班级三名教师分别带一组

教师：

（1）如果有坏人闯入，能不能自己跑过去抓他或者吓得大叫呢？

（2）如果坏人离你比较远，你该怎么办？离你比较近呢？

教师引导幼儿说一说正确的应对方法。

4. 活动总结：集体分享讨论结果，教师引导幼儿总结

（1）分享讨论结果。

（2）教师总结：如果碰到坏人闯入幼儿园，我们不要害怕，要保持冷静。如果坏人离你比较远，你可以跑去告诉老师或者保安；如果坏人离你比较近，你要想办法找个安全的地方躲起来，就像这个小朋友一样。总之，遇到坏人，保护自己的生命安全最重要。

六、活动反思

本次活动主要分为四个部分。

第一部分是通过故事导入，孩子们对于在幼儿园遇到坏人应该怎么办有了初步的了解。通过观看图片并分析红红的做法，展开了小组讨论。请小朋友参与了小结，加深了幼儿的学习印象，知道了如果在幼儿园遇到坏人就要保护好自己并且及时告诉老师。

第二部分是情景剧表演，在观看情景剧的同时，孩子们十分感兴趣并且专注。

第三部分为幼儿提供了自主表达的机会，围绕"如果坏人闯入幼儿园怎么办"的话题，教师分别带一组幼儿展开讨论，孩子们你一言，我一语，讨论得十分热烈。

最后教师进行小结，为幼儿提升经验，也明确了遇到坏人闯入的正确应对方法。最后一部分就是分享讨论结果，孩子们更加了解了遇到坏人，保护自己的生命安全最重要。

（北京市西城区虎坊路幼儿园 李靓娴）

教育活动

防暴安全我知道（大班）

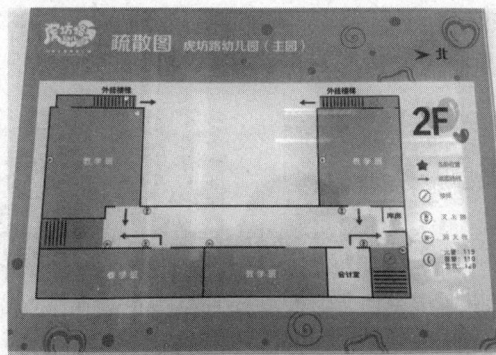

一、活动目标

1. 学会遇到突发事件时，能镇定并选择安全地带逃离。

2. 尝试看懂安全撤离路线图，提高读图、识图的能力。

二、活动重点

学会遇到突发事件时，能镇定并选择安全地带逃离。

三、活动难点

尝试看懂安全撤离路线图。

防暴安全我知道

四、活动准备

防暴安全视频、紧急撤离的图片若干、幼儿园疏散图（图8-4）。

图8-4 疏散图

五、活动过程

1. 观看视频

（1）组织幼儿观看记录视频，认识暴力事件给人们带来的危害。

（2）如果遇到暴力事情该怎么办？

引导幼儿说说自己的见识和感受。知道遇到突发事件不要慌，有秩序地撤离可以避免危害的发生。

2. 图示解释

（1）出示班级疏散图，带领幼儿观察并找出班级在紧急情况下撤离的路线和位置。

（2）引导幼儿讨论：为什么撤离时要走图中标注的路线？使幼儿了解图中标注的撤离路线是离户外安全地带最近的一条通道。

（3）带幼儿观察撤离路线的条件（几层楼梯、弯道情况等），引导幼儿讨论：怎样走，到达安全地带最快？

启发幼儿讲述撤离方法和注意事项。如可以分成两队，沿楼梯两侧迅速撤离；按顺序，不拥挤；听老师的指挥等。

3. 实践演习

（1）模拟发生危险时的情景，引导幼儿进行安全疏散。

（2）教师进行小结。带领幼儿熟悉安全撤离路线，锻炼幼儿的敏捷性和反应能力。增强自我保护能力和安全意识。

六、活动反思

在此次活动中，大班幼儿自我保护意识很强，能提前熟悉安全撤离路线，并且在活动中幼儿反应敏捷，能够自我保护。同时，在教师的引导下增强了安全意识，能学会遇到突发事件时，镇定并选择安全地带逃离。

（北京市西城区虎坊路幼儿园　周浙燕）

三、防恐防暴应急处理

恐暴事件无法预测，却对人的身心造成极大威胁。幼儿园管理者对此要提高警惕，加强教职员工的防恐、防暴培训，并做好应急准备，确保一旦出现事故，能够妥善处理，把对幼儿、教师的伤害降到最低。防恐防暴应急处理演练（图8-5）。下面这则反恐处理应急预案可供幼儿园管理者和教师参考，提高教师的安全意识与应急能力。

图8-5　幼儿园防恐防暴应急处理演练

范例

反恐防暴及个人极端行为应急预案

（一）指导思想

幼儿是一个需要特殊保护和照顾的群体，幼儿园的安全工作及安全教育关系到孩子们的健康成长，更牵动着每位家长的心。这让我们意识到幼儿园的安全工作刻不容缓！为了有效预防、及时控制和消除幼儿园重大突发事件的危害，切实保护师幼的生命及财产安全，提升师幼的自护、自救能力，保证我园正常的教育教学秩序，特制定本预案。

（二）组织机构及岗位职责

1. 反恐防暴应急领导小组

组长：园长

职责：负责全园应急反恐防暴工作的整体部署、指挥、协调工作。

副组长：副园长、后勤主任、安全保卫干部

职责：负责全园应急反恐防暴工作的执行和督导、检查、协调各部门、各班级应急反恐工作的落实实施工作。

组员：各部门班组长、全体后勤行政人员

职责：负责各部门、各班级应急反恐防暴工作的具体落实工作。

2. 基本原则

幼儿园发生或接到突发安全事件后，第一时间组织人员在现场指挥救援行动，且及时向公安、卫生、交警、消防等相关部门汇报、请求援助，本着"先控制，后处置，救人第一，减少损失"的原则，果断处理、积极抢救伤员，指挥现场师生迅速离开危险区域，保护好园内贵重物品，维护现场秩序，做好事故现场保护工作，做好善后处理工作，并按规定及时向上级和主管部门汇报。

3. 各职能小组岗位职责

（1）人员救护组负责人

保健组长：臧锡娟

组员：保健医、各部门班组长

职责：人员救护组负责为受伤幼儿提供及时有效的救护。

（2）疏散引导组负责人

副园长：常姗姗

组员：后勤主任、保教主任、后勤行政人员、各年级班组长

职责：疏散引导组负责引导幼儿迅速疏散至安全地点。

（3）通信联络负责人

后勤主任：胡杰颖

组员：资料员

职责：负责对内、对外的联络及报送信息工作。

（4）沟通协调组负责人

副园长：常珊珊

组员：保教主任、教研组长、各年级班组长

职责：沟通协调组负责与家长的沟通协调安抚工作。

（5）应变保护组负责人

安全保卫干部：张金虎

组员：保安员、厨房人员

职责：负责在公安部门介入之前与侵犯势力的周旋，紧急时的格斗。

（三）预警预防工作

1.分析可能引发事件的原因

由于种种因素对社会不满和因矛盾激化而铤而走险、因严重利益冲突而报复、精神病人发病以及极少数歹徒行凶犯罪等情形是引发学校暴力事件的主要原因。

2.采取针对性的预防措施

（1）加强对教师进行法制和安全教育，增强教师的法制意识和自我保护意识。关键时刻教师要挺身而出，确保幼儿绝对安全。

（2）严格门卫登记、管理制度，大门随开随锁，外来人员一律不准进入幼儿园。

（3）加强对精神病人的关心，在家休养治疗，经济待遇上给予照顾帮助。

（4）对可能引起矛盾激化事件的当事人要逐一排查登记，耐心接待，尽力做好化解工作。

（5）及时掌握周边地区存在的不稳定因素（人或事），采取有效对策。

（四）处置流程

一旦发生幼儿园暴力事件，一般应按下列程序处理。

1.报警，可按紧急报警按钮或立即拨打110报警电话。

2.启动应急反恐预案，各工作小组按照职责开展工作，如发生劫持人质事件，应变保护组的人员要在公安部门赶到之前，尽力与歹徒周旋，规劝其终止犯罪，同时幼儿园要全力保护好在现场或附近的其他幼儿，按照平时演练的路线迅速疏散至安全的地方。

3.第一时间内报区教委办公室、当地派出所。

4.如有人员伤亡，人员救护组要提供及时有效的救护，或拨打紧急救护电话120，以最快的速度把伤员就近送往附近区级以上医院抢救，并通知家长或家属。

5.协助警方阻止暴力行为的最后实施。

（五）善后处理

1.努力保护好现场不被破坏，配合警方调查取证。

2.在警方的指导下维持秩序，做好善后处理工作。

（北京市西城区虎坊路幼儿园）

第三节 幼儿园师德事件管理

案例导引

浙江温岭幼儿教师虐童事件

2013年9月，发生在浙江温岭城某幼儿园一起教师虐童事件。该校教师颜某因"一时好玩"在该园活动室里强行揪住一名幼童双耳向上提起，同时让另一名教师用手机拍下，之后该视频被上传到网上。在视频中看到，被揪耳幼童双脚离地近20厘米，表情痛苦，嚎啕不止。相反，该教师神情愉悦，乐在其中。

事发当天，温岭市教育局接到被虐幼童家长举报，立即赶赴该幼儿园进行调查。并采取了向公安部门通报，以及联合城西街道办事处发出通知，责成校方深刻检查、整改并立即辞退相关教师等。

作为幼儿园教育的关键组成，师德师风建设对幼儿园教学质量有着重要影响，直接关系到幼儿的健康成长，关系到幼儿教育的水平，也关乎社会的稳定和谐。2008年修订的《中小学教师职业道德规范》，从爱国守法、爱岗敬业、关爱学生、教书育人、为人师表、终身学习六个方面提出了教师职业道德要求。其中的第三条"关爱学生"中明确指出，"关心爱护全体学生，尊重学生人格，平等公正对待学生。对学生严慈相济，做学生良师益友。保护学生安全，关心学生健康，维护学生权益。不讽刺、挖苦、歧视学生，不体罚或变相体罚学生。"

虐童事件的发生引发了公众对幼儿教育的担忧，造成了对幼儿教师的不利影响，阻碍了幼儿教育事业的健康发展。只有完善师德师风建设，建设出高水平的幼师队伍，才能够为幼儿园教育质量的显著提升，幼儿教育的长足发展提供有力支持。

为了严格落实师德管理，很多幼儿园在幼儿园的教职工劳动纪律、职工手册等文件中对此做出了细致的规定，并有相应的监督、检查措施。下面这则案例，是一所幼儿园的劳动纪律，大家可以仔细阅读，明确一名幼儿园教师工作的基本要求。

范例

幼儿园教职工劳动纪律

1. 遵守教师职业道德，为人师表、仪表整洁、端庄，言行举止要文明，成为幼儿学习的良好榜样，为幼儿营造安全、温馨的心理环境，师生关系融洽。

2. 树立正确的教育观念，掌握教育原则，保教配合，坚持正面教育，热爱、了解、尊重每一个幼儿，充分发挥幼儿的主动性，促进每个幼儿富有个性的发展。

3. 科学合理地安排、组织幼儿一日生活，建立良好的班级常规，培养幼儿良好的生活与卫生习惯。

4. 教职工严格遵守园内作息时间，不迟到、不早退、不旷工，请假必须经领导批准。

5. 工作人员严禁使用幼儿物品及公物，不在幼儿园内存放私人用品。

6. 尊重幼儿，坚持正面教育，严禁体罚或恐吓、讽刺、挖苦幼儿。

7. 同事之间相互尊重，严以律己，宽以待人，不传闲话，不恶意对人。

8. 保护本班的财产玩具，减少损坏程度。

9. 上班期间不做私活，不擅自会亲友，不打私人电话。

10. 严格执行安全制度，保证幼儿在园安全，防止意外事故的发生。

11. 严格做好每日班级环境清洁工作，保证班级环境干净、整洁，杜绝传染病的发生，保证幼儿身体健康。

12. 不得接受家长赠予的任何物品，不得利用工作关系谋取任何利益。

（北京市西城区虎坊路幼儿园）

值得我们注意的是，教师在发生疑似师德事件时，必须积极、主动、坦诚地与幼儿园管理者沟通，避免因为误判、处理失误造成不良影响，影响自己的职业生涯。由于，在幼儿园会发生类似的事情，家长与教师各执一词，对于教师是否违反职业道德，我们需要用监控录像的取证、多方沟通等方式还原事实真相。

📟 真实事例

孩子脸上的伤是老师打的

一天早上，小班郭老师急匆匆地来到我的办公室，她情绪略显激动。经了解，该班幼儿格格离园后家长发现孩子脸上有伤痕，妈妈问及孩子情况时，孩子回答是在幼儿园午睡时，因为自己睡不着觉，被看午睡的王老师打的，妈妈听后很气愤并随即给孩子录了音。当晚，妈妈就与该班班长郭老师"讨说法"，要求王老师向家长和孩子道歉。随即，郭老师便给王老师打电话了解情况，王老师对此事极度否认。而家长方则一再要求，如此事王老师不给予道歉就把事情闹大。一边是家长、一边是同事，年轻的郭班长不知该怎样处理，并委屈地表示："没做过的事怎么能承认呢？更何况还让道歉？！"

正在我和郭老师交流的过程中，格格的爸爸妈妈已经送孩子进班了，由于王老师带班，家长就在班级门口等待郭班长。我一边安抚郭班长的情绪，告诉她无论事情是怎样的，我们都应该把关注点放在孩子身上。同时，和她一起快速来到班级门外的走廊。见到我们后，妈妈的泪水夺眶而出，当她拿出手机视频给我看孩子脸的时候更是泣不成声。我赶忙拿来纸巾安抚妈妈，并诚恳地表示："孩子受伤了我们很心疼，作为妈妈的我非常理解家长此刻的心情和做法。"这件事情我们一定认真对待。请您给我时间调查了解，如果教师真的出现您所描述的问题，园方绝不姑息！并承诺家长尽快给予回复。家长暂时平复了情绪，随即离园。

回到办公室后，我马上和园长汇报了这件事，园长非常重视，我们马上安排资料员调取当天的监控录像，并向王老师了解情况。王老师态度很坚决，表示绝没发生过打孩子的事，并提出希望园里调监控查看孩子受伤的原因。

经监控对该班午睡环节的显示，王老师的确未出现动手打孩子的动作。我们又逐一对当日各环节进行了回放，也未出现孩子受伤的情景。那么，孩子为什么会认定是王老师打的呢？且在与格格妈妈沟通的过程中妈妈提到：孩子最喜欢郭老师，王老师就是快人快语……

为此，我们将这些问题抛给王老师，从其工作状态、对孩子的爱与照顾、与家长的交流沟通等方面分析问题产生的原因——尽管喜欢孩子，但对孩子的关注与爱不够，工作虽然努力，但因缺少与家长的沟通未能得到家长的认可与信任。特别是，孩子在园时教师均未发现其脸上的伤痕，哪一个老师也说不清孩子是怎么受伤的。

从这一点上就说明，教师在工作上还是尽职不够。王老师认识到了自己的问题并同意我们一起找家长沟通此事。就这样，我于当天下午电话联系了格格妈妈，格格妈妈表示离园后和爸爸一起来。

下午五点半，格格的妈妈爸爸如约来到了幼儿园，我们的沟通开始了。首先，园长就园方处理这件事的过程进行了说明与介绍，并将当日监控视频呈现在家长面前，准许家长亲自查看。格格爸爸见状立即表示相信幼儿园的调查结果就不再看监控了。而格格的妈妈则表示："难道是我的孩子在说谎？"为此，我们与妈妈分析了小班幼儿"常把假想当真实"的年龄特点。

格格妈妈依旧担心："如果冤枉了王老师，以后还怎么相处？老师会不会对孩子不好？"为此，我们和王老师一起帮助妈妈打消了这个顾虑。最后，该班教师向家长诚恳地表达了工作中还存在关注关爱幼儿不够的现象，感谢家长及时反馈问题，让我们有真诚沟通和相互了解的机会。在真诚地拥抱过后，家长也很快释然了，问题得到了圆满的解决。

事件启示： 从本案例可以看出，因为幼儿园可以为家长提供幼儿当日活动的录像，以录像提供的事实为依据，证明在班级活动中未出现教师打幼儿及幼儿受伤的情况。后经双方有效沟通得以化解误会，相互理解从而解决问题。可见，运用录像视频取证，有效保护了幼儿、教师及幼儿园。

《儿童权利公约》里提出儿童具有被保护权。《中华人民共和国未成年人保护法》第二十二条指出：学校、幼儿园、托儿所的教职员工应当尊重未成年人的人格尊严，不得对未成年人实施体罚、变相体罚或者其他侮辱人格尊严的行为。2016版《幼儿园工作规程》总则部分第六条中指出：幼儿园教职工应当尊重、爱护幼儿，严禁虐待、歧视、体罚和变相体罚、侮辱幼儿人格等损害幼儿身心健康的行为。

虽然在本案例中，我园教师未发生恶意伤害幼儿的行为，但"师德问题一票否决"仍需警钟长鸣，"师德教育"要常抓不懈。特别是在新闻媒体暴露的一系列"虐童"事件后，社会及家长对师德问题非常敏感甚至容易产生联想与怀疑。家园之间缺乏一定的沟通与信任，这无形中为家园关系设置了一道屏障。加上家长的育儿知识与经验不足，盲目听信孩子一方的说法，误解消除后又担忧孩子说谎话。可见，树立正确的儿童观、教育观，提高家长的育儿水平刻不容缓。

2016版《幼儿园工作规程》中指出：幼儿园同时面向幼儿家长提供科学育儿指导。

《幼儿园教育指导纲要》指出：家庭是幼儿园重要的合作伙伴，应本着尊重、平等、合作的原则，争取家长的理解、支持和主动参与，并积极支持、帮助家长提高教育能力。因此，作为园所管理者及教育工作者的我们，要善于运用自身的教育理念与专业知识给予家长育儿帮助与指导，正如案例中提及的对幼儿年龄特点的把握及心理疏导。

幼儿是家园沟通的纽带，家园合作的目的也是为了有效地促进幼儿的发展。因此，家园沟通的核心均是围绕幼儿进行的。在本案例中，当教师获悉幼儿出现脸部受伤的情况后，应将关注点首先放在孩子的身上，关注孩子的情绪以及健康状况，运用同理心，站在家长的角度换位思考、给予理解。而不要盲目急于去推卸责任甚至激化矛盾，在处理矛盾、误会的过程中，不能靠冲动而需要冷静地思考、客观地分析从而解决问题、改进工作。

作为管理者，更要从这一案例中引领老师去分析和反思自身工作的不足：为什么家长会评价教师快人快语？在日常工作中，教师对孩子是否有足够的爱和耐心？在晚离园环节教师应该关注幼儿什么以及是否关注到？教师与家长的沟通是否及时有效？家园间是否建立了一定的情感与信任？如果答案是否定的，问题的发生就不是偶然现象。因此，要引发教师深入的思考，只有真正意识到问题了才能谈及改进。而这一过程也是引领教师专业成长的过程。

事件反思：幼儿园工作无小事，幼儿的身心健康与安全更是一切工作的重中之重。因此，作为教育工作者的我们不仅要为人师表、尊重和爱护幼儿，更要忠于职责、身心健康。同时，加强对相关法律法规的学习与培训，树立依法办园、依法执教、依法防范风险的三个意识。

因此，更应借鉴防范法律风险的三种做法（事前防范、事中控制、事后救济）来完善和改进实际工作。隐患险于明火，防范胜于救灾，事前防范最为重要。因此，要注重日常师德教育与宣传活动的开展，建立并形成月月是师德月的思想。发挥教师优势，调动教师工作热情，适时发现并疏导青年教师的不良情绪，给予教育方法的帮助与引领；做好日常监控设备的检查维护与管理，做到监控无死角、无盲点；运用进班检查、监控调取、电话随访、问卷调查、家长接待日等多渠道、全方位地动态了解、检验教师的工作情况；发现风险及苗头及时处理、完善相应的工作机制。杜绝师德问题的发生。

通过此案例的发生，建议幼儿园做好以下几方面的工作。

1. 查摆问题：通过班务会梳理班级管理中出现的问题及改进措施。

2. 学习强化：通过业务学习和日常指导，强化教师"关注幼儿"的行为与表现，提高教师与家长沟通的能力与技巧，全园开展法律防范知识学习与培训。

3. 家园引领：学校引领家长学习儿童观、教育观及各年龄班幼儿年龄特点与适宜的教养方式，运用案例分析的形式学习有效的家园沟通方法；通过家长志愿者活动体验教师工作，实现相互理解。

4. 个性化关照：尊重和爱护当事幼儿，不在幼儿面前议论此事，避免给幼儿造成不必要的暗示与强化；关注当事教师的情绪与工作状态，做好疏导与激励；关注当事

家长的心理疑虑，加强沟通，建立信任。

第四节 性侵害的应对与安全教育

😊 案例导引

大班幼儿女生遭性侵

　　黄先生的女儿小黄就读某幼儿园大班5班。3月30日下午，小黄在外婆接她放学时一直说"下面疼"，外婆将小黄裤子脱了一看，吓了一跳，满裤子都是血，下身全都红肿了，血流到满裤子都是。怀疑孩子被人性侵。当地派出所介入，涉事幼儿园也表示将配合取证。

　　黄先生带着孩子去找幼儿园的班主任，却被幼儿园园长告知，可能是小女孩发育，提前来月经了。"小孩都弄成这样子了，还说这种话。"黄先生很气愤。

　　黄先生告诉记者，他刚见到孩子的时候，孩子的下身仍在流血，而且无法直立行走。

　　小黄妈妈告诉记者，小黄说是一个叔叔把她从幼儿园3楼抱到2楼，"那人用手指钩她。"

　　事发当晚，小黄被送往妇幼保健院进行医治，诊断为外阴裂伤，医院对她实施了缝合手术。记者来到事发的春风幼儿园了解情况，负责人陈女士拒绝接受当面采访，建议记者到街道教育办了解情况，并表示幼儿园会配合警方调查取证。

　　近几年，幼儿性侵犯事件频繁发生，为我国幼儿性教育敲响了警钟。幼儿园是幼儿生活的主要场所，加强对幼儿性保护知识教育是幼儿园义不容辞的责任。做好性保护教育的前提是教师对此有深入的了解，并熟悉适宜幼儿的教育方法，为此，我们寻找了一份教师培训案例，供大家参考。

📖 范例

幼儿性保护知识专项培训教案

　　近年涉及幼儿的性侵事件频发，引起了国内外社会的高度重视，这些事件对社会造成了不良的影响。目前我园教师对幼儿性保护知识缺乏全面了解，对教师进行关于幼儿性保护知识的培训，既能提高全体教职工素质，也有利于保护幼儿的安全，同时保证所有的幼儿都能有一个无忧无虑、充满快乐的童年。

一、指导思想

　　《3—6岁儿童学习与发展指南》指出，幼儿阶段是儿童身体发育和机能发展极为迅速的时期，也是形成安全感和乐观态度的重要阶段。为了有效促进幼儿身心健康发展，满足幼儿生长发育的需要，应让幼儿充分地感受到亲情和关爱，形成积极稳定的情绪情感。此阶段的幼儿会对男女的区别产生兴趣，正确的引导教育有利于促进幼儿的心

理发展，确立健康开明的性价值观。

二、培训目标

1. 提高全体教师对幼儿性保护的重视。

2. 全体教师了解幼儿性保护知识的具体内容和相关法律知识。

3. 全体教师学会幼儿遭受到性侵害后的处理方法。

三、培训对象等

培训对象：虎坊路幼儿园全体教师

培训主讲人：保健医、郑晓宇

培训时间：13：00—14：00

培训地点：虎坊路腊竹分园会议室

培训方法：讲授法；讨论法

培训重点：全体教师了解幼儿性保护知识和相关法律知识。

培训难点：学会幼儿遭受到性侵害后的处理方法。

培训准备：幼儿性侵害的新闻、幼儿性保护知识 PPT。

四、培训过程

（一）案例分析导入主题

播放河南社旗县某幼儿园负责人性侵幼儿、河南平顶山某幼儿园园长猥亵幼儿两个事件的新闻报道。

讨论：近年来幼儿性侵害事件时有发生，您对幼儿性侵害了解多少？怎样看待幼儿性侵害问题？

郑老师纠正教师对幼儿性侵害的误区：幼儿性侵害离我们很远、幼儿性侵害主要受害者是女童、幼儿性侵害的实施者都是男性、幼儿性侵害主要是陌生人实施侵害。

（二）讲授幼儿性保护知识

1. 介绍性侵害的高发场所和侵害方式

高发场所：厕所、校园角落、地下室、停车场、空教室等人员出入较少的场所。

性侵害方式：性交、猥亵。

2. 介绍性骚扰的高发场所和方式

高发场所：办公室、班级教室、睡眠室、卫生间等人迹罕见的地方。

主要形式：暴力型、胁迫型、社交型、滋扰型、诱惑型。

3. 如何辨识孩子已遭到性侵害

（1）生理方面

生殖器官、肛门有损伤、疼痛、出血或感染症状。行走或坐卧时感到不适。

处女膜破裂、出血或两腿内侧红肿、瘀伤现象。

（2）行为方面

异于平常的情绪反应，如焦虑、自卑、恐惧、退缩、攻击等。

对异性或特定的成人反应异常。

极力掩藏生殖器官等身体部位。

（三）介绍幼儿性保护相关法律知识

讨论：您对全球有关幼儿性侵害的法律知识了解多少？

对幼儿性侵害的法律法规及政府文件主要包括《中华人民共和国刑法》《中华人民共和国未成年人保护法》《中华人民共和国侵权责任法》《中国儿童发展纲要（2011—2020）》《关于做好预防少年儿童遭受性侵工作的意见》。

幼儿性侵害的预防措施

讨论：大家认为对于性侵的保护措施是什么？

1. 告诉孩子身体部位的正式名称是什么。

2. 告诉孩子性侵犯在穿衣服或者不穿衣服的情况下都可能发生。

3. 告诉孩子什么是秘密触摸。

4. 告诉孩子每个人的身体都是属于自己的，面对不想要的身体碰触有权利说"不"来拒绝。

5. 告诉孩子在保护自己的时候可以逃跑、大吵大闹。

6. 告诉孩子在什么情况下可以接受别人的拥抱、赞赏或礼物，但要告诉孩子拒绝任何要"保密"的身体接触或礼物。

幼儿受到性侵害的处理办法

讨论：当幼儿遭受到性侵害的时候，我们应该怎么处理？

1. 应维护孩子的隐私与尊严，找一个安静且私密的地方，与孩子坦诚交谈。

2. 反复肯定孩子，把事情说出来是正确的。

3. 留存遭受性侵害的证据。

4. 如果怀疑孩子可能受了伤，及时带孩子到医院就诊，并留存诊断证明。

5. 提供心理支持。

（1）倾听孩子的诉说、接纳孩子的感受，相信孩子叙述的事情真相。

（2）安慰孩子，给予她关心和温暖。

（3）给予孩子必要的心理支持治疗。

（4）实践：教师对幼儿进行性保护知识的相关宣教。

五、培训反思

通过此次培训，教师了解了幼儿性保护相关知识，也学会了处理幼儿性侵害的预防措施和处理办法。在今后的工作中，我园也会加强与家长的沟通联系，多方式地开展对家长关于幼儿性保护知识的宣教，家园共育，为幼儿营造健康、安全的生活环境。

（北京市西城区虎坊路幼儿园 郑晓宇）

根据已有的性保护教育基本知识，结合幼儿发展的年龄特点，教师可以设计符合本班幼儿特点的教育活动，从小加强幼儿自我保护的意识，避免幼儿身心受到伤害。

📚 **教育活动**

我们身体里的洞洞（大班）

一、活动目标

1. 对身体里的"洞洞"有好奇心，初步了解"洞洞"的名称和功能。

2. 知道身体洞洞的秘密，了解它们是我们身体中重要的部位，产生保护自己身体的意愿。

3. 初步了解性安全常识，学会保护自己。

二、活动重点

知道自己的身体有哪些"洞洞"，它们有什么功能。

三、活动难点

学会保护自己身体的"洞洞"。

我们身体
里的洞洞

四、活动准备

1. 经验准备：幼儿对身体有初步的了解。

2. 物质准备：故事《身体里的"洞洞"》、脐带图片、洞洞图片。

五、活动过程

1. 教师出示洞洞图片，激发幼儿对活动的兴趣

教师：小朋友们，今天老师带来了一张特别有意思的图片，猜猜这是什么？

教师小结：小朋友们说了这么多。它是一个小洞洞，其实在小朋友们的身体上也有许多的小洞洞。

教师：请你找一找，说说它们都有什么作用？

2. 引导幼儿找找身体上的"洞洞"，了解身体上的洞洞

教师：请你找一找，说说它们都有什么作用？

（1）五官洞洞

（2）肚脐洞洞

教师：其实在我们的肚皮上还有一个洞洞，肚脐上的洞洞叫什么名字？

教师：它有什么作用呢？

教师：原来肚脐是个被堵住的"洞洞"，它是我们小朋友在妈妈肚子里，妈妈把营养送给我们的地方。

教师：我们要怎么保护它呢？

3. 嘘嘘洞和肛门洞

教师：除了吸收营养的肚脐，还有没有其他的洞洞？

教师：它有什么作用呢？我们要怎么保护它？

教师小结：原来嘘嘘洞和肛门洞是害羞的洞洞，所以要把它们保护起来，不能给别人看，也不能给别人摸！

4. 出示故事《我们身体里的"洞洞"》

教师：今天和你们玩得真开心，知道了身体上原来有这么多的洞洞，我也带来了

一本好听的故事书，名字叫作《我们身体里的"洞洞"》我们一起听听吧。

教师小结：小朋友在身体上找到了许多有趣的"洞洞"，除了身体上有洞洞，在我们生活中也有许多洞洞，我们一起找一找吧。

六、活动反思

本次安全活动《我们身体里的"洞洞"》从一张张洞的图片衍生到我们身体上的洞，并对它们进行了初步的认识。在目标上，我们想通过这节课，让小朋友对自己身体上的"洞洞"及它们的作用有一个更深层次的了解，并学会保护身体的"洞洞"。近年来，社会上性侵害事件的频发和全面教育的开展，人们对于一直以来忽视和躲避的性教育的认知和态度有了不同程度的改观，而幼儿性安全教育对于学龄前儿童更是保护自己的一面盾牌。

（北京市西城区虎坊路幼儿园　赵清雅）

第五节　常见的社会安全隐患

😊 案例导引

动物咬伤不打疫苗丧生

2017 年，21 岁的刘某是大二学生。15 日晚上，班主任杨老师忽然收到了刘某发来的一条微信："老师，我有点难受，明天想请假去医院看病。"杨老师很痛快地同意了他的要求并嘱咐他早点休息。16 日下午，刘某在包医二附院挂了急诊，随后给杨老师打了电话。

"他给我打电话说他难受得厉害，我挂了电话就联系我丈夫一起去二附院陪他做检查。"在各项检查未发现异常后，杨老师为刘某在医院附近租了一间宾馆住下，并让 3 名同学留下陪同，准备第二天继续检查。

17 日一早，陪同刘某的同学给杨老师打去电话，称刘某症状不仅没减轻，反而开始不停呕吐并流口水。杨老师随后给刘某远在通辽的父母打去了电话，商量后，决定带刘某换家医院试试，于是，几人打车赶往包头市中心医院。

被咬伤没出血，他没打狂犬疫苗

"得知刘某的情况后，大夫当时便问他近期有没有被小动物咬过。"杨老师说。由于当时刘某十分难受，他想了很久才想起在 4 月下旬，自己曾在路边被小动物咬过。

4 月下旬的一天，刘某在外出返校途中蹲在马路旁边系鞋带，一个小狗冲了过来，他在用手驱赶小狗时，大拇指划到了小狗的牙齿，肉皮虽破但没有出血。因为家庭情况特别贫困，所以刘某没舍得花好几百元打狂犬疫苗，也没告知父母以免让他们担心。在他看来，没出血应该就不严重。在中心医院传染科内，医生查看了刘某的病情，初步怀疑是狂犬病的症状。"主任当时表示让我们赶紧转三医院的传染科，别耽误。"

杨老师说。

青年遗憾离世

17日晚，在医院病房内的刘某开始出现狂躁症状，他青筋暴露不停嘶吼，将病房的床单被罩撕得粉碎。刘某用手机上网查了狂犬病的相关信息，担心自己犯起病来会伤到他人，于是不停跪在床上双手作揖，让所有人都退出病房。"他已经知道自己的病治不好了，他一直在等他的父亲，他说自己只想再见父亲一面，给父亲磕个头就离开。"刘某的主治医生、市三医院传染科主任毛医生说。

18日上午10时，刘某的父亲终于赶到了儿子的病房，看到孩子第一眼时，这个皮肤黝黑，看上去非常结实的男人哭出了声。他紧紧抱住儿子不停说着："别怕，爸爸来了，病能治好。"他能明显感觉到儿子一直在克制着自己，不让自己狂躁，他能感觉到儿子想在生命的最后时刻安静地和他待会儿。10时50分，躺在父亲怀里的刘某开始昏迷，尽管医生尽力抢救，最后还是离开了人世。在父亲、老师、同学、医生、护士们的陪伴下，永远闭上了眼睛。

如同上述案例一样，很多社会安全事故发生在校园之外，在社会生活中，有很多安全隐患，例如，搭乘电梯、饲养宠物、购买劣质玩具等，教师应该通过校报、微信等手段，积极向家长宣传，并作出正确提示，加强家长的安全意识。

一、被宠物咬伤如何处理

（一）伤口处理方法

（1）立即用干净的水冲洗局部伤口（5～15分钟），并同时机械地挤压伤口，将污染的血液和毒素挤出，挤压伤口以排去带毒液的污血或用火罐拔毒，千万不可用嘴去吸伤口处污血。如有条件可按下列步骤操作：首先用20%肥皂水彻底清洗，再用清水洗净，最后用2%～3%碘酒或75%酒精局部消毒，清洗时间至少15分钟。

（2）局部伤口不缝合、不包扎、不涂软膏，如伤及头面部或伤口大且深需要缝合包扎时，应以不妨碍引流、保证充分冲洗和消毒为前提。

（二）后续处理方法

（1）尽可能让孩子安静、放松，不要有大的活动，以免毒素扩散。特别需注意的是，不要直接包扎伤口，狂犬病毒很容易在无氧的状态下繁殖。

（2）控制病毒、止血、快送医院。送医途中将伤口的上端（近心端）用布带结扎，以控制病毒蔓延。如果孩子有出血，要用消毒纱布压住出血处。在最短的时间内送往附近医院。

（3）及时注射疫苗，抗狂犬病毒血清。此时可同时使用破伤风抗毒素等以控制其他感染，但注射部位应与抗狂犬病毒血清和狂犬疫苗的注射部位错开。狂犬免疫球蛋白会使幼儿产生被动免疫，直接杀死可能已经感染上的狂犬病毒。之后按要求定期为幼儿注射3支狂犬疫苗进行主动免疫，使机体在1周左右时间内产生抗狂犬病毒抗体。

如何预防狂犬病

十日观察法是世界卫生组织推荐的狂犬病防治办法之一。即人被有疾病症状或行为异常的猫狗咬伤后，要尽快去注射狂犬病疫苗，同时观察咬人的猫狗，如果 10 天内没有发病死亡，则被伤者可以终止狂犬病疫苗注射。这种方法可以百分百排除人被传播狂犬病的可能性。

病发前均可接种疫苗

许多人对狂犬疫苗有严重认识误区，民间存在着"48 小时有效""72 小时有效"的说法。这种错误认识，曾直接导致了死亡案例。事实上，被狗咬伤或抓伤后，当然是越早接种狂犬疫苗越好，但并不存在时效性，只要在发病前，按要求全程接种，均可以起到有效免疫作用。

二、幼儿乘坐电梯注意事项

（1）当电梯还没有来的时候，不可以让孩子去扒门，一旦门开了或者发生其他的事情会很危险，所以要看管好自己的孩子，不要去电梯周围，一旦走过去要及时制止。

（2）在电梯内，不可以让孩子乱跑、乱扒、乱按，电梯内不比在平面上，随时都有可能发生危险，因此要照管好自己的孩子，尤其不能够乱按按键，以防止危险情况的出现。

（3）当发生了孩子下电梯，而家长因为一些事情没有下去电梯，这个时候可以告诉孩子在原地等待，家长可以按一个相邻的楼层，然后走楼梯去找孩子。

（4）如果大人下去电梯了，而孩子没有下去电梯，这个时候，要将自己楼层的上下箭头都按上，及时按上，这样电梯的门会再次打开，就可以将孩子抱出来。如果没有抱出来也没有关系，让孩子在电梯里面等着，见不到家人不许出来即可。

（5）被电梯困住是很多人会遇到的事情，可以按下警铃，等待救援。这个时候，不要惊慌，一定要镇静，一般都会很快解决，所以没有什么大惊小怪的，让孩子耐心地等待一会儿。

（6）当电梯发生下坠事故的时候，要告诉孩子，按警铃的同时按下所有的楼层键，然后做下蹲姿势等待救援人员的到来，在电梯里面不要大声喧哗，保持体力。

居家安全隐患盘点

1. 安全用电。总功率超载引起着火或线路损坏；接地或防护不良造成触电，安全使用电熨斗、电热壶等家用电器，并放置在幼儿无法够到的位置，电插座、接线板线

路高度合理，避免幼儿触碰。

2. 煤气。防止煤气中毒、火灾、爆炸，做完饭要及时关掉煤气总闸。

3. 微波炉。微波炉使用不当造成爆炸，微波炉内不应放置金属、木质器具，不应加热有壳、皮、膜的食品。

4. 空调。空调使用不当能够致病，室内外温差过大能致感冒、空调病，不经常换气也容易致病。

5. 门、窗。手指被门夹住是幼儿常见意外之一，在开关门时须先确认孩子的方位，为保险起见也可安装安全挡门器。

6. 桌子。现在市面上有出售各种边角防护套，可把家里有角的东西套起来，以免孩子撞伤或擦伤。当孩子想拿到桌子上的东西时，就会去拉桌布，很容易被砸到或被热食烫伤，最好不要在桌子上铺桌布。

7. 气球。尽量不给孩子买气球放置家中，多数气球内气体为氢气，放置家中，如有泄露，做饭时遇到煤气容易引发爆炸。

8. 雷雨天气。在雷雨天气，家长要及时关闭手机与电视等，避免雷击，并给孩子介绍户外遭遇雷雨天气的处理方式，不在树下避雨，尽量不用金属装置的雨伞。

9. 烟花爆竹。春节期间燃放烟花爆竹，指导孩子在安全的地方观看，不在露天地方观看，避免掉落物烧伤。

📝 思考题

1. 请简要回答社会安全突发事件教育的基本内容、途径和方法？
2. 组织幼儿来园、离园需注意哪些？
3. 简要说明，如发生火灾，怎样组织幼儿撤离、教师如何分工？
4. 简述做好哪些工作可以有效降低恐暴事件的伤害程度？
5. 结合本章的学习内容，设计一个社会安全教育活动。

参 考 文 献

[1] 秦金亮 . 儿童发展概论 [M]. 北京：高等教育出版社，2008.

[2] 李涛，孙刚 . 突发事件应急救援手册 [M]. 北京：军事医学出版社，2010.

[3] 于一才 . 突发事件应对与安全教育 [M]. 北京：航空工业出版社，2011.

[4] 金舒 . 应对突发事件方法与技巧 [M]. 北京：国家行政学院出版社，2011.

[5] 赵国忠 . 教师安全管理手册 [M]. 南京：南京大学出版社，2011.

[6] 艾学蛟 . 突发事件经典案例解析与使用指南 [M]. 北京：中国长安出版社，2011.

[7] 3—6 岁儿童学习与发展指南 [M]. 北京：首都师范大学出版社，2012.

[8] 江川 . 突发事件应急管理案例与启示 [M]. 北京：人民出版社，2013.

[9] 李季湄 .《3—6 岁儿童学习与发展指南》解读 [M]. 北京：人民教育出版社，2013.

[10] 雷思明 . 幼儿园安全策略 50 条 [M]. 上海：华东师范大学出版社，2013.

[11] 天跃图书工作室 . 幼儿园的 50 个安全管理问题 [M]. 福州：福建教育出版社，2015.

[12] 中华人民共和国教育部 .2016 版幼儿园工作规程 [M]. 北京：首都师范大学出版社，2016.

[13] 苏晖 . 幼儿园安全管理实用手册 [M]. 北京：中国农业出版社，2016.

[14] 何桂香 . 幼儿园教师工作指南 [M]. 北京：北京师范大学出版社，2016.

[15] 郭鹏，陈新达 . 大学生安全教育 [M]. 北京：清华大学出版社，2016.

[16] 王威 . 大学生安全教育 [M]. 北京：清华大学出版社，2017.

[17] 邹礼均 . 大学生安全教育与管理 [M]. 重庆：重庆大学出版社，2018.

[18] 李宗茂 . 大学生安全与法纪教育读本 [M]. 北京：中国人民大学出版社，2019.

[19] 汪家兵 . 大学生安全教育教程 [M]. 北京：科学出版社，2020.